当代中华最感人  十大慈孝故事

主　编：刘先锋　于常印
副主编：谢国材　陈龙权　夏学义

中国财政经济出版社

图书在版编目(CIP)数据

当代中华十大慈孝故事/刘先锋主编.—北京:中国财政经济出版社,2009.10
ISBN 978—7—5095—1859—5

Ⅰ.当…　Ⅱ.刘…　Ⅲ.孝—中国—通俗读物　Ⅳ.B823.1—49

中国版本图书馆 CIP 数据核字(2009)第 188144 号

责任编辑:张　铮　　　责任校对:刘光明
封面设计:金　哲　　　版式设计:海　涛

中国财政经济出版社出版
URL:http://www.cfeph.cn
E—mail:cfeph @ cfeph.cn
(版权所有　翻印必究)
社址:北京市海淀区阜成路甲28号　邮政编码:100142
发行处电话:88190406　财经书店电话:64033436
北京富生印刷厂印刷　各地新华书店经销
787×1092 毫米　16 开　17 印张　230 000 字
2009 年 10 月第 1 版　2009 年 10 月北京第 1 次印刷
定价:36.00 元
ISBN 978—7—5095—1859—5/B·0002
(图书出现印装问题,本社负责调换)
本社质量投诉电话:010—88190744

《当代中华最感人的十大慈孝故事》
编委会

顾　　问：陈　瑛　毛溪浩
主　　任：孙春晨　江　鲁
副 主 任：胡岳金　田向杰　倪壁雄　马继霞
执行编委：刘先锋　于常印
总　　编：张冬梅
编　　委：（按姓氏笔画排列）
　　　　　任　路　韦　艳　陈汉庭　陈　刚　高晓秋
　　　　　赵国臣　王嘉亮　张　静　张　地　曹玉姗
　　　　　叶　明　潘　力　周少勇　陈少平　许佩奎
　　　　　郭方宁　朱乔燕　游婷婷　潘跃洪

序
慈孝：中华民族繁荣兴旺之根

中国社会科学院哲学所研究员　陈　瑛

迄今历史的发展证明，我们中华民族可能是世界上最繁荣兴旺的民族之一。这其中的原因虽然多样，但是中国的文化，特别是道德无疑发挥了巨大的作用，而尤其是慈孝，这个民族道德中的基本原则，甚至可以说是我们民族繁荣兴旺之根。

也许有人认为，作为基本道德原则，西方的"爱"，或者印度佛教的"慈悲"，没有打上血缘等级关系的烙印，显得更深刻博大些，不像我们的慈孝似乎有些狭隘，这是一种严重的误解。其实，对于调整人与人之间的关系来说，慈孝不求助于虚无飘渺的上帝和佛陀，甚至也不停留在一般的"人"的层面上，而是立足于现实的家庭，由婚姻、生育而诞生的家，从这里而产生的血缘关系。哪个人不是出生在一个家庭中，不是在家庭里被抚育成长?谁能超脱最基本的父母与子女的关系？由这里出发而产生出来的慈孝实在是更直接、更现实，自然就成为每个人的生命之根。当然，这种基于血缘关系而产生的思想观念，最初可能只是停留在自然生命的层次上，还没有上升到社会生产关系的层面上来，但它无疑是每个人的最现实的、最基本的社会关系之一。正如恩格斯所指出的那样，人类必须进行的是两种生产，即物的生产和人类自身的生产，慈孝正是根植于人类自身生产的基础之上。而它尤其是符合中国自己独特的国情：我们是经过亚细亚生产方式路径进入文明社会的，血缘关系在我们民族中保留下了深深的烙印，因此，建立在这种关系上的慈孝，自然就愈加贴近民族的实际、贴近人民的生活，因而也就能够发挥更大的作用。

从另一个角度看，对于重视血缘关系的民族来说，慈孝乃是他们最基本的道德原则，从这里才衍生出一系列的其他一些道德，例如，为了奉养父母、抚育儿女，人必须进行从事生产活动，这样才有了辛勤劳动、节俭财物；为了父母子女的安全，他必须面对大自然，由此也产生坚强勇敢、机智灵活。而生活在一定的人群之中，为了养家糊口，把日子过得更好一些，自然就需要团结朋友，和某些不友好的人群作斗争，这就要求团结互助、诚实守信……。我们会发现，在中华民族传统美德里，始终有一条红线贯穿着，作为基础，作为支柱，保障着家庭的生存和发展，那就是慈孝。

中华民族的慈孝是否只是局限于与自己血缘关系最近的亲属，目光是否过于狭隘呢。不是，它从来没有停留在血缘相连的个人家属或亲属上，而是包含着更博大的空间、更深刻的内容。我们民族的慈孝只是"施由亲始"，就是从最近的家属和亲属作起，然后还要"推其所为"。这个"推"字很有力量，就是要通过"推"，把慈孝的施行范围逐步推广，像一波波水纹似的从个人、亲属，推到整个民族、国家，乃至全人类，最终实现"老吾老以及人之老，幼吾幼以及人之幼"，使全天下的人都能"老有所终，壮有所用，幼有所长；鳏寡孤独废疾者皆有所养"，实现世界的"大同"。这是一个完整的思想体系：慈孝是"世界大同"的开端，"世界大同"是慈孝的终极目标。它深刻而博大，意义深远。

中华民族就是这样在慈孝文化和精神的鼓励支撑下，才形成了强大的凝聚力，世世代代，繁衍生息；在慈孝精神的鼓舞激励下，努力奋斗、劳动创造，迎接了无数的挑战，克服了一个又一个的困难，造就了千百年来民族的辉煌。不仅是在人口数量上空前繁荣，而且在在物质文明的创建上，精神文明的创造上，也一直走在世界的前头。千余年来，从汉唐到宋明，再到清代前期，中华民族曾经在世界文明发展史上，一直占据并且保持着先进地位，只是到了近代受到西方资本主义的侵略才逐步落伍。

  如今的中国，时代已经发生了巨大的改变，特别是人们的社会生产关系和生活方式发生了巨变，我们的眼界也极大地开阔了。工业化、市场化、全球化、城镇化、信息化，使人们不再是以家庭为单位的小生产，不再是局限于一地，而是"四海为家"，作为社会制度化的血缘也已不复存在了，那么，慈孝文化和精神，还会不会再保留下来，并且继续发挥作用呢？不少人心存疑虑。然而，理论和实践已经证明，作为人类的基本关系之一的血缘关系，无论时代怎么变化，它都会持续存在，并且将继续发挥作用。作为调整人们代际之间关系的慈孝，还将继续发挥作用。当然，随着时代的改变，作为慈孝文化和精神的内容本身，它的作用范围和方式，也会不断变化，它将与时俱进，摆脱以往的狭隘，不再停留在封建主义桎梏里，而且能够吸取世界文明的优秀成果，尤其是注入社会主义活的思想灵魂；它不再是停留在单纯的物质、肉体层面，更不只是停留的人们之间的血缘关系上，它将超越这些关系，向更广阔、更深刻的方向发展，焕发出更强烈的作用，团结、温暖着人民，鼓舞、激励着人们，把过去历代人民期盼的、带着浓重理想主义气息的"大同"，开始变成现实。慈孝的作用随着科技的发展和进步，不但不会削弱，反而会更强。可以设想，在一个真正实现了信息化的社会里，不同代际之间的人之联系会更重要，更亲密地相处。

  值得注意的是，当前人类社会的发展，例如，当前某些国家进入老龄化的趋势，在某种程度上对于慈孝提出了更迫切的要求。如何面对老龄化这个现实？发展科学技术，增加社会财富当然很重要。但是，单靠科学技术的发展是远远不够的，当今老年人缺乏的不只是物质生活资料，他们更需要的是人际关系上的温暖和慰藉，更需要的是文化和精神上鼓励和支持；更何况，没有慈孝文化和精神的支撑，有关老年人的物质生活方面保障也将难以实现。今天，在未富先老的我们中国，充分发挥慈孝的作用，这是建设社会主义和谐社会的必要条件和思想精神前提。用社会主义核心价值作灵魂，作指导的慈孝，必将被越来越多的人们所乐于接受，对于中华民族的复兴产生越来越重要的作用。

慈孝将和公正、民主、自由等范畴一样，对于人类具有永恒的意义和价值。

前　言
——慈孝的力量　中国赞歌

　　他们平凡，平凡的不为人知晓，但他们平凡的背后有着不平凡的故事，一个个践行孝心的义举，一个个传播爱心的瞬间，他们用爱心和孝心铸就了一个共同的称号"慈孝榜样"。

　　中华慈孝节——寻找当代中华最感人的十大慈孝故事（人物）大型公益活动自启动以来，得到了社会各界的大力支持和响应。经过400余家媒体的参与和宣传，共收到推荐和自荐材料1500余件，活动专题页面的访问量达到7.5亿人次，网上累计投票800多万次。这一个个感人的故事令我们动容，让我们为生在这样一个充满爱的国度而自豪。

　　十几年如一日照顾父母的河南洛阳监狱中队长、警察作家王春来，用一颗赤子之心把所有的爱全部倾注到父母的身上，久病床前无孝子的俗语王春来用铮铮铁骨证明了那只是一个传说，犯人在他身上看到的不是冰冷，而是一个如兄长般给与自己前行力量的榜样。

　　186个聋哑儿童，这不是一个简单的数字，这也不是用一次活动和一次采访所能诠释的故事，而这个故事是那么的真实。史金凤，一个朴实的乡村医生，她用柔弱的双肩支撑起了186个残疾儿童的天，这是一种无私的力量，这种力量来自与天下母亲共有的爱，这种爱足以使聋哑儿童不再是社会的负担。

同样是一个母亲，同是一样伟大。萧金定，可能她自己都没有想过要陪伴一个连大小便都不能自理的儿子走过48年。48年意味着什么？意味着17520个日日夜夜，意味着人的一生。从儿子出生的那一刻也就注定了这个母亲的艰辛，有一种可以长久的情叫亲情，一种可以长久的爱叫母爱，这种长久是一个母亲和一个瘫痪儿子的一生。

胡 兰、傅 维、萧金定、倪烈水、曹 伟、赵锁仙、史金凤、王春来、曹翠花、陈瑞明、王春艳、蒋行远、谢延信、王三花、鞠爱彬、洪战辉、莫欣萌、林 萍、吴建平、毛葆庆，一个个至孝的儿女，一个个伟大的母亲，从这一刻起，希望我们记住他们的名字，记住他们的故事，他们是每一个华夏儿女的榜样。

当有人问起，为什么举办这样的活动？慈孝是一种道德，慈孝是一种精神，慈孝是一种传承，慈孝是一种力量。68岁的大导演翟俊杰告诉我们说，当你回到家推开门能喊一声妈，那是多么幸福的事。姜昆说"比孝就是比德"。比孝就是比德，在我们经济发展的今天，更不能忘记中华民族的优良传统，做有道德的人，做有道德的事，让道德的光辉见证我们中华民族的伟大精神。

在祖国60华诞的今天，我们用20个慈孝故事献给祖国母亲，我们用20个慈孝故事为祖国唱响道德赞歌。**文 / 刘先锋**

目 录

上卷　慈教故事荣誉篇

当代中华最感人的十大慈孝人物·中华慈孝奖

王春来·孝子日记——一个警察12年照顾父母的动人情怀……………… 2

谢延信·道德的丰碑：好女婿32年真爱感天动地………………………… 30

史金凤·186个聋哑孩子的"妈妈"…………………………………………… 44

曹翠花·好人大妈30年如一日播撒孝心…………………………………… 55

萧金定·永不褪色的母爱陪瘫痪长子走完48年人生路…………………… 62

林　萍·无偿捐肝的三级跳　让美丽的生命延续………………………… 69

鞠爱彬·"黄香故里"新孝子…………………………………………………… 79

洪战辉·为亲人撑出一片蓝天……………………………………………… 88

陈瑞明·一个退伍老兵的大孝情怀………………………………………… 99

毛葆庆·大爱无声送光明　海峡两岸传爱心……………………………… 108

当代中华最感人的十大慈孝人物·中华慈孝特别奖

倪烈水·践行孝道　编写《劝孝歌》劝人行孝……………………………… 116

蒋行远·7个少数民族22位孩子的"父亲"………………………………… 127

当代中华最感人的十大慈孝人物·中华慈孝提名奖

王春艳·给予了疯婆婆人生的幸福 ……………………………………144

曹　伟·爱润人间"傻子"情　慈善孝心感天地 …………………155

赵锁仙·怀揣一腔大爱　历练苦乐人生 ……………………………165

吴建平·母爱感动天地　唤醒植物人养女 …………………………180

王三花·母爱无疆——六旬慈母捐肾救子纪实 ……………………189

胡　兰·从侍奉双亲到关爱社会　演绎"孝"字人生 ……………196

傅　维·困苦家庭有真爱　换回幸福写真情 ………………………201

莫欣萌·智慧妈妈和智慧女儿 ………………………………………209

下卷　媒体报道篇

一、征集故事阶段报道

1. 新华社：我国首届中华慈孝节将征集十大慈孝故事 ……………219
2. 新华每日电讯：我国首届中华慈孝节将征集十大慈孝故事 ……219
3. 光明日报：寻找十大慈孝故事（人物）活动启动 ………………220
4. 农民日报：寻找当代最感人的十大慈孝故事 ……………………220
5. 中国妇女报：寻找十大慈孝故事（人物）活动启动 ……………221
6. 中国贸易报：中华慈孝节：将征集十大慈孝故事 ………………221
7. 燕赵都市报：寻找最感人的十大慈孝故事我省故事最多 ………222
8. 半岛都市报：本报全省征集慈孝故事入围者送选中华慈孝节 …223
9. 新民晚报：首届中华慈孝节征慈孝故事 …………………………224
10. 今晚报：树立尊老孝亲文明孝道　寻找当代慈孝故事 …………224
11. 海峡都市报：孝心是一种美丽 ……………………………………225
12. 杭州都市报：我国首届中华慈孝节将征集十大慈孝故事 ………230

13. 山西晚报：本报征集当代十大感人慈孝故事……230
14. 昆明日报：中华慈孝节征集慈孝故事……230
15. 郑州晚报：我国首届中华慈孝节将征集十大慈孝故事……231
16. 南宁晚报：寻找身边的慈孝故事……232
17. 德州日报：首届中华慈孝节将举办开始征集十大慈孝故事……233
18. 大连日报：中国征集最感人的十大慈孝故事……233
19. 老年时报：征集当代最感人慈孝故事启动……233
20. 保定日报：首届中华慈孝节将征集十大慈孝故事……234
21. 焦作日报：我国首届中华慈孝节 将征集十大慈孝故事……234
22. 来宾日报：我国首届慈孝节征集十大慈孝故事……235
23. 钦州晚报：首届中华慈孝节将征集十大慈孝故事……236
24. 榆林日报：我国首届中华慈孝节将征集十大慈孝故事……236
25. 新华网：浙江：首届"中华慈孝节"将于重阳节在宁波举……237
26. 新华网：首届"慈孝节"将在宁波举办评选十大感人故事……237
27. 人民网：中国伦理学会会长陈瑛：建议设立"中华慈孝日"……238
28. 人民网：寻找当代中华最感人的十大慈孝故事公益活动……239
29. 凤凰网：首届"中华慈孝节"宁波举行……240
30. 中国网：首届"中华慈孝节"将于10月26日在宁波举行……240
31. 腾讯网：首届"中华慈孝节"将举行……242
32. 中新网：中国将举办慈孝节表彰感人的十大慈孝故事……242
33. 组委会：全国三百余家网媒参与寻找十大慈孝故事……243

二、公示阶段报道

1. 深圳特区报：我市居民事迹入围"当代中华十大慈孝故事"候选……244
2. 辽沈晚报：傻子"成20名中华十大慈孝故事（人物）候选人……244
3. 城市晚报：我省农妇照顾疯婆婆的故事入围"十大慈孝故事"

候选事迹……………………………………………………………245

4. 宝安日报:"十大慈孝故事"候选人倪烈水计划再出书、开讲座
   搞书画展要将忠孝文化推向海外………………………………245

5. 牛城晚报:"本市老兵"感人事迹成为"中华十大慈孝故事"
   候选故事………………………………………………………248

6. 燕赵都市报:邢台陈瑞明事迹入选"十大慈孝故事"候选名单……249

7. 葫芦岛日报:曹伟成为十大慈孝故事(人物)候选人……………250

8. 新安晚报:安徽省孝媳妇候选慈孝人物…………………………250

9. 郑州晚报:最感人的十大慈孝故事20个候选事迹产生……………251

10. 西安日报:周至农妇史金凤入围"十大慈孝故事"候选人………252

11. 盐城大众报:曹翠花成为十大慈孝故事(人物)候选人…………255

12. 孝感晚报:首届"中华慈孝节"将在宁波举行鞠爱彬候选当代
    最感人的十大慈孝故事人物……………………………………253

13. 三秦都市报:周至"爱心妈妈"入围"十大慈孝故事"候选………253

14. 钱江晚报:十大慈孝故事(人物)网络投票昨结束………………254

15. 东南商报:首届中华慈孝节26日开幕……………………………254

16. 陕西日报:"爱心妈妈"史金凤入围全国十大慈孝候选……………255

17. 邢台牛城晚报:牛城老兵入围"十大慈孝故事"候选名单………256

后记……………………………………………………………………257

上卷　慈孝故事荣誉篇

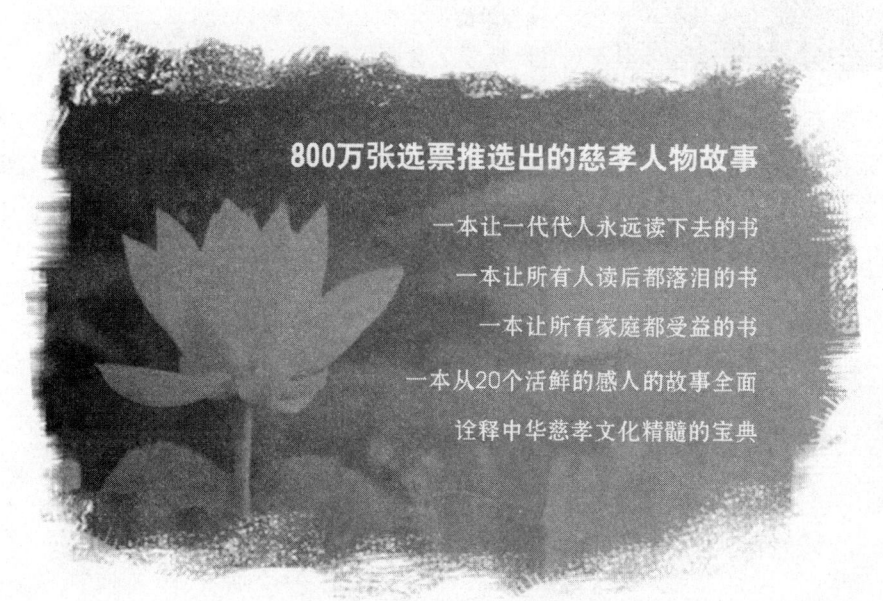

800万张选票推选出的慈孝人物故事

一本让一代代人永远读下去的书

一本让所有人读后都落泪的书

一本让所有家庭都受益的书

一本从20个活鲜的感人的故事全面
诠释中华慈孝文化精髓的宝典

当代中华最感人的十大慈孝人物·中华慈孝奖

王春来

孝子日记——一个警察12年照顾父母的动人情怀

慈孝心语

尽孝是福，这是王春来一生信奉的一句话。为了不辜负父母的期望，为了报答父母养育之恩，他尽了自己最大努力照顾好了双瘫的父母，而父母的微笑是他在工作与生活中最大的动力，这就是王春来的大孝。

推荐单位：《家庭》杂志社、河南司法厅洛阳监狱
推 荐 人： 符琼菊　白铁山

王春来，河南省司法厅洛阳监狱中队长，"感动洛阳十大人物"，作家。他除兢兢业业努力工作外，还以坚忍不拔的毅力与孝心照顾好了双瘫的父母，在父母的病床上写出《监狱中队管理学》理论专著与《黑手伸出高墙》、《明天谁去坐牢》、《河南犹太人》等5部长篇小说，均在社会上引起较大反响。

王春来，填补了我国监狱理论专著的一项空白。他是河南省司法厅洛阳监狱一名普通警察，然而他又是"感动洛阳十大人物"之一的警察作家。

这样一个普通警察，却被原北京市委副书记，司法部常务副部长金鉴请到家中做客，并点名调他进京工作。全国政协委员、著名作家梁晓声特意从北京飞到洛阳，只为了与他亲切拥抱；台湾中山大学教授谢先生专程来到洛阳，只为了给他送来一包台湾茶叶。台湾馥林出版机构陈经理来到了洛阳，只为快点送来台湾繁体字版费；台湾台电电业也派人来到了洛阳，流着泪为他母亲装上了空调……

他们只是为了表达对民族慈孝文化的崇尚。

北京、上海、广州、郑州、西安等各地认识或不认识他的人们，纷纷来到洛阳或打电话，只为表达一句问候。数以百计的工人、警察和不知名的人，为他捐款达数万元钱……

他把所有收到的钱，全部转送给了更困难的灾区老百姓。

他告诉记者："大家不是来看我，而是对中华民族忠孝文化的诉求与顶礼膜拜的表达，这也是我写作的动力。试想，没有忠孝文化这个轴心存在，梁晓声教授和台湾的同胞怎么可能来到洛阳看望一个毫不相干的警察？——我又凭什么在父母双瘫的环境中，写出理论专著和5部长篇小说！"

有人说他是超人，然而记者采访后在震撼的同时，感受到他有一颗平常心。也许从下面的日记里，人们可以看出他的心历路程。

1996年11月17日　阴转晴

又几天没记日记了。

前天晚上我正在家吃晚饭，忽然接到金鉴副部长的电话。因为从1994年6月在全国第一次中队建设研讨会上，我的"关于建立中队管理理论"的论文宣读后，受到了金鉴副部长的高度赞许，也由此认识了金鉴副部长。

之后他便时常打来电话，探讨一些有关基层管理的问题，了解基层警察的工作和想法。这次接通电话后，金鉴副部长直接提出，让我去北京他的家中，有事要当面征求意见。并说他家住在北京市委家属院（他原是北京市委副书记）。

我心里七上八下，金部长有什么事一定要让我去他家里谈？

因为我对北京不熟悉，想让司法部的同志带我去金鉴副部长家，可来到司法部后，司法部的同志听说我要去金鉴副部长家，很诧异，说，我们还没有去过金鉴副部长家哩，金部长怎么会叫你去？我说不信你们打电话问问。司法部的同志当即打通电话后，金鉴副部长热情地说："是我叫小王来我家的，让他快过来。"

在金鉴副部长家，他赞赏说，你写的《监狱中队管理学》填补了我国监狱理论专著的一项空白，作为中队长能以本职工作为研究对象，写出专著很不容易。他提出眼下要加强中队建设理论，让我考虑来北京工作，想加强监狱基层理论的研究……

天哪，这可是好事，我真的太想去北京工作了，也可以说我梦寐以求想去京城，因为在京城能从事最前沿的理论研究。我很感动，也很感激金鉴副部长对我的厚望……

可我没敢答应，我太清楚家里的情况了，长期患尿毒症的母亲已瘫痪在床，自己走了，重病的母亲谁来管呢？父亲是参加过抗日战争的老兵，现在动脉血拴，在战争年代落下耳聋，还有严重的心脏病，处于半瘫痪状态。哥哥与妹妹在外地工作，难得回来，家里主要靠我与大妹，可照料瘫痪老人是力气活，妹妹背不动父母，我走后父母怎么办？

去，还是不去北京？我心情复杂地回到了洛阳。

晚上，坐在母亲床边，看着母亲睡梦中的脸上挂着幸福的微笑，我心里一阵酸楚：记得小时候，有一次和母亲拎着篮子"拾道"，母子俩沿火车轨道拾火车没有烧透的煤核，早上沿铁道走，一直走到下午，汗出尽了，我又渴又累，母亲拎着半篮子煤渣，看我累了就心疼地背起我。母亲弯着腰儿还逗我笑：儿子不是男子汉，还要妈妈背。

看到母亲头上的汗珠，我便不再要母亲背了，却问母亲怎么不渴不累呢？母亲笑笑说，妈妈是大人。

篮子满了，母子俩扭头要回家时，却被一个戴红袖章的瘦男人拦住了，张口说我俩偷煤，将我们关在铁道边扳道工的小房子里。母亲解释说：原煤黑又亮，和火车烧过的灰白色的煤渣完全不一样，怎么是偷？到了夜里，红袖章还是不让我们走，阴阴地对母亲说："你跪下就可以走，还可以带走煤和篮子。"母亲坚决不跪。

后半夜，我一天没吃东西了，饿得实在受不了，哭得上气不接下气。

母亲望了望我，突然跪下了……

出了门，母亲将煤渣连同篮子一下子扔进沟里了，从此母亲再也不捡煤渣了。为了儿女成人，母亲只是拼命干重体力活，她的肾病也越来越重了，全身浮肿。今天儿女成人了，母亲却瘫在了床上，我能为了去京城当"官"扔下父母亲吗？

我眼里满溢了泪水。深深自责：决不能抛下父母不管！

"父母在，不远游。"其实我心里更清楚，北京有没有我王春来都行，可病重的父母不能没有我！

1996年11月19日　雨

屋漏更怕下雨时，妻子下岗了。经济本来就紧张，如今少了一份收入，这日子就更糟。妻子要去新乡市打工，说那里的工资高，我心里不乐意。父母双双病倒在床，妻子离开，这个家怎么办？

今天还是送妻子离开了。我一个大老爷们还要让妻子背井离乡，这人怎么就活得这么窝囊呢！

1997年3月9日　阴

曾凭着10多年与罪犯打交道的经验，我发现，拥有较雄厚财富的囚犯经常流露出的拥有权力的朦胧倾向，我以此为依据预言：10年内，以攫取各级权力为首要目的的黑社会犯罪方式，将在中国渐显端倪！

我将我的发现大声告诉了父亲，耳聋的父亲赞赏地点点头说，是可怕呀，你有什么打算？我说："我要完成一个大工程，写一部长篇小说——用书警示社会。"父亲忍受着右半身的疼痛，说："可我与你妈拖累了你……"我说："爸爸，有您与妈妈在，我才能写出书来，那本管理学不就证明了吗？"爸爸妈妈都笑了。

可我没有写过小说，况且中队上百名罪犯，工作千针万线……

我必须让更多的人认识到今天黑社会犯罪的可怕，一定要完成这部文学书籍。

我命里注定要在工作和照料瘫痪父母的空隙承受写作的艰辛，就像当初写管理学那样拼命……

这段时间，理论语言向文学语言转化，太费劲了。

可我相信我行！

我要用书警示社会，我还要用书告诉父母，父母没有拖累儿子，父母是儿子做事的动力。

1997年5月9日　晴

母亲全身肿得明光光的。

假定有一天母亲的尿毒症到了必须透析的程度，怎么办？恐怕只有选择血透，然而血透面临最严重的问题同样是钱。

我不会去乞求人的帮助，我想我能赚钱医治母亲的病，万一没有足够的钱我已考虑好了退路：请大夫陪我去广东二手医疗器材市场，用一本书的稿费淘一部二手透析机。据说，在那里花3万元就能买个质量稳定的血透机器，虽说是二手机器，听说效果不比一些杂牌机器差，关键是选择最好的虑心；再腾出一个消毒间，在家里为母亲透析，这是省钱的办法，也是没办法的办法。

我必须努力延续母亲生命！不论别人如何评价，我认为这是最佳选择。最可靠的办法还是自己的智慧与努力……

剩下的办法不是等死，就是磕头求人，我都做不来，也不会有效果，医院里没钱治病的可怜人太多了……

1998年5月6日　晴

有人问我，你放弃了去北京，至今也没有提拔，反而受到一些人的妒忌与排斥，后悔了吗？

我刚识字的时候，母亲就让我读了范文澜的《中国通史》、任继愈的《中国思想史》、杨荣国的《简明中国哲学史》，那时我只有12岁。13岁那年，母亲还专门带我去看了"孔子问礼碑。"

似懂非懂的历史让我的人生观改变很大。

记得那一天夜里，我一觉醒来已经是深夜2点，看装卸火车的母亲还没有干完活回来，我就担心母亲。母亲这两天腿肿得跟棒槌一样，走路都大喘气，万一又累倒怎么办？我急忙赶到火车站。

砖灰弥漫的站台上，一群人正在吵嚷什么，我急忙走近，正看到两个人在指责母亲干活慢，还有一个小伙子骂母亲是猪。我不能容忍他如此辱骂有病的母亲，13岁的我一下子扑到那个男人身上，可我不是人高马大男人的对手，被一拳打翻在地，男人上前还要打，母亲冲上来用身体护住我说："对不起，我教子无方，你也别再打了。"男人说："不打可以，你今天的活别干了，就算白干，走吧。"

母亲带着我回家了……可我气急败坏地要准备刀，报复那个狗日的大坏蛋。

早晨，母亲呻吟的厉害，我没有去学校批判"师道尊严"，陪母亲去第一人民医院看病，母亲不舍得花钱，大夫开了6副中药，母亲只取了2副药……母亲拉着我的手却没有带我回家，一直紧抓着我的小手向东走，像怕我跑了似的。我问干吗去，母亲只说，我会告诉你的。走了好一会儿就看到了一个碑,上面好像被什么东西遮盖了。母亲说:"这是'孔子问礼碑'。"

我迷糊糊地望着母亲。

碑前,母亲突然严厉训斥我,昨晚为什么那样粗野地扑上去打人,太野蛮了,不懂一点礼法。母亲太了解儿子了,一眼看出我的心思,厉声问:"你是不是还想报复人家?"我恨恨地说:"不能便宜了那个家伙。"

读过私塾的母亲告诉我:"人有礼则安,无礼则危,故曰,礼者,不可不学也。"母亲说:洛阳是人类灵魂修炼的地方,男儿该懂礼义,懂历史……

从此,我对历史产生了浓厚兴趣。我也由此懂得了人活着的意义,人的荣华富贵如果没有"受体",比如父母、亲人、好友为你高兴,还有什么意义呢?所以我选择不去北京并不后悔。

一个人没有亲人朋友,他即使当上更大的官,有什么意思?现在父母病重,如果放任父母的生命,自己去京城发展当"官",即使当了大官,没有了父母,我会痛苦一辈子的。

儿女有所作为是为了父母的微笑,我宁可不要官帽。

1998年9月28日　风

母亲不愿意拖累我,她还望子成龙!今天她趁我上班时偷偷练习走路,摔伤了腿。可怜天下父母心。

每当我有点成就时,妈妈就会从心底笑出来,我的成就是母亲的灵丹妙药。我要照料好父母,还必须有所作为!

怎么做?

1998年10月7日　阴转晴

我想出了个一举两得的好办法,可以写书,又可以让母亲锻炼走路。

今天我沿墙装了一圈钢管,用布缠裹好。晚上,我背对钢管坐着,用安全带将我、母亲与钢管连在一起,这样妈妈挪动时就被保护了起来,我也可以腾出手写作。母亲挪一步要休息好一会儿,趁着这个空挡,我就可以写出好多字,背着妈妈,感受着妈妈的温暖,有一种天大的安全感,创作的思路源源不动。今天妈妈挪了几步便不动了,待我写完一段字后扭头看母亲,却看到母亲正慈祥地瞧着我笑着。我就问母亲笑啥呢?妈妈还是笑着说:"我的儿子真行啊,想出这样的好办法!这本书肯定写得快。"我得意地说,"当然,谁让您儿子这么优秀呢。"

1999年6月5日　晴

我想让母亲学会走。

这几天设计制作了小孩学走路的圈架子并安上小轮子,可母亲的身体被疾病消耗太大,已经没有力气学走路了。我架着她学走路,可她全身骨质疏松架不得拽不得,我又发明了套带,套在她身上,拉着带子让她走。

套带经不住尿的浸泡,一个套带只能用一天,还需要做冬夏和不同的式样,否则老勒住皮肤的部位很疼。

给母亲做了可以随时能坐的木凳子,大小便的椅子。又给椅子装上轮子,让母亲在屋子里活动一下。

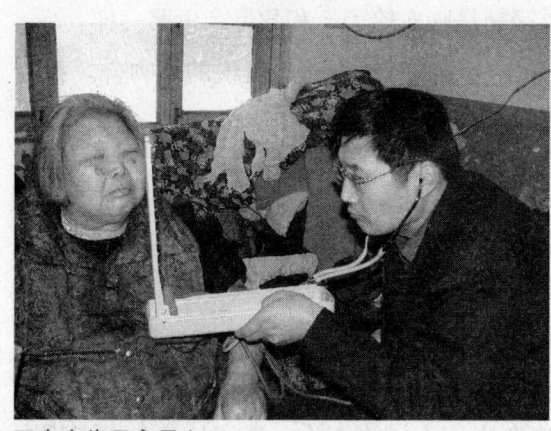

王春来为母亲量血压

我学会了打针、化验、量血压、检查化检的单子贴满了3本杂子。

可是今天母亲却连站立也丧失了。

CT检查母亲患上了脑血栓,等于说,母亲彻底瘫了,根本没有治好的可能。

我不死心，开始送母亲上医院，不同的是要背上母亲，带上轮椅，还要请路人帮忙抬。

我把大夫的药方也悄悄的留下一份贴了一本子，各种药的说明书也积了一叠子。还有对母亲的病情记录分析，包括不同大夫的疗法及对病情的"判决"。特别是对母亲病情禁忌的药，比如二甲双瓜，龙胆泻肝丸等药了解的更透。

我考虑母亲不能走路的根本原因是颈椎病，于是求150医院的黄院长，一定治好我母亲的病，做手术吧。院长说，手术后的效果不敢说，况且你母亲的病太多，我理解你的心情。

我不甘心，天天缠他，他无奈地说："全国做这种手术最多的医院是上海军医大学，他们已经做了一万多例了。"

1999年6月7日　晴

我从电话上与上海军医大学联系，院方说只能来医院检查后，才能说能不能手术，医院还说手术至少要10万元以上，我准备借款。

我原考虑坐火车去上海，可在火车上推轮椅肯定不行，人太多，台阶又高。最后决定坐长途汽车，有急事车还可以停一下。

行前又通过熟人找了正骨医院张主任，请他认真检查一下，他检查后下结论：别做手术了，现在主要问题是脑血栓了，和我母亲生前一样。

我又请专科大夫看母亲脑部CT片子，结论与张主任说的相吻合。我的心简直绝望了，妈妈真的永远要躺在床上了。

1999年6月21日　雾

早晨上班前我给母亲测血压，连测几次收缩压都是75，舒张压不到30……我慌了，母亲却说不要紧。我马上请了假送母亲住了院，大夫不信我测的血压，说血压如果真的这么底，人早休克了，事实是几个大夫护士测量的结果和我一样,大夫才停止了对我的怀疑。

晚上,母亲临床表现为全身难受,白天已经打了5瓶吊针,却始终没尿,母亲越来越难受,请来值班大夫,大夫按一下肚子说,没事,明天再说。一会儿母亲更加难受,我又请大夫,大夫看了一眼就说,没事,再观察观察。我说她今天没尿,大夫说她肚子不硬,说明尿不多。大夫走后就睡了,再也请不动了。我只好请护士想办法,护士说我不能擅自治疗,她去请大夫,大夫关着门在里面说没事,护士没有了主意。我看着母亲越来越痛苦的脸对护士说,给我母亲插导尿管。护士说我不敢做主。我说我母亲难受的原因肯定是尿不出来,你插吧,一切后果我承担,我签字画押。护士还是不敢做主,又要请示大夫,我急了,我知道母亲这样下去根本挺不到明天,我身上一阵阵冒冷汗,不顾一切道:"你插吧,一切后果我承担,我签字画押。"护士说,这可是你叫插的,不是我擅自插的。我说对,是我逼你插的,我只有一点要求,插时多用些润滑剂,小心点就行了,还有,要快。护士插了导尿管后,一下子导出一千cc尿液,母亲脸上慢慢有了血色,很快入睡了。护士笑了,笑着笑着就哭了,我对护士说了声:谢谢,对不起。就瘫坐在地上,靠着病床也睡着了。

1999年7月26日　夜

肾病科张宪主任看我天天守在母亲面前,有时悄悄地流泪,有时找大夫讨论病情和治疗方法,于是对母亲的主治大夫说,"我们一定要认真治疗这个老太太……我很感动她的儿子。"

晚上,张主任把我叫到他的办公室,眼睛红红地说,老弟,从你身上我看到了自己,我也是我们医院的大孝子。我从小没娘,是当农民的父亲一个人硬撑着供我上大学,他心里只有我,连女人也不讨,我能对父亲不孝吗?

他反问我:"你为什么对你母亲这样孝?"我说我也不知道为什么,我想有妈,否则这个家就没有了。母亲辛苦了一辈子……

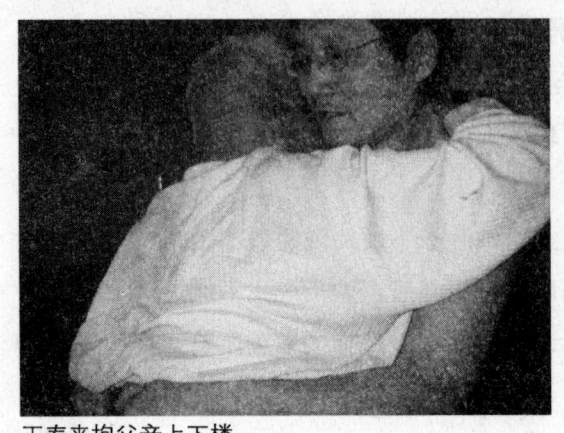

王春来抱父亲上下楼

张主任说：老弟，注意身体，您垮了，谁能代替您照顾母亲呢？我苦笑道，母子连心，由不得自己。

他说认我当兄弟，我很乐意。

2002年3月2日　晴

我终于写完了50万言的长篇小说《黑手伸出高墙》，全国三十余家报刊连载后，社会上也在流传我的事。

郑州一家公司的老板专门到洛阳来找我，问我一个问题，"你怎么做到了忠（事业）孝两全？"我没考虑过这件事，不知道如何回答，脸红了。

2002年6月23日　小风

家属院的老人们都对我很好，今天推母亲散步，围上来一群老太太，她们说母亲有个好儿子，母亲流泪说，没有儿子我早没了。我听了却也想流泪。

母亲近来心脏病、高血压、肾病合并胸积水，眼底也出血，看不清我了。今天母亲连睁眼的力气也没有了，昏沉闭着眼睛……

我用轮椅推她看病，在网上查病情，在征求大夫的意见后，自己为母亲配药方。

2002年6月29日　晴

没有收入的母亲每月近万元的治疗费用，压得我抬不起头来，为了延续母亲的生命就要挣钱，现在惟有的增收方法是文学创作。

写作，发疯的写作，因为写作就是行孝，那方块字就是母亲生命的音符，否则，父母明天住院就没有钱。

我觉得写小说也要忠孝，因为有黄色低俗刊物的约稿，再多的钱也不写，因为那钱脏，母亲不高兴。作者要有社会责任感，才能称其为作家。

我是警察，爸爸说，警职关天。

凭着对众多的职务（官员）犯罪人的心理变化规律的研究，我发现了官员豪华别墅的隔壁是牢房。爸爸闻言笑说：抑制官员腐败的最佳方法是将"衙门"搬到火葬场对面……

曾经的抗日英雄爸爸非常痛恨腐败，同情贫苦的劳动者。我明白爸爸的话看似戏言，实则用心良苦。

怎么让整个社会看到落马官员的"前车之鉴"？我只有用长篇小说的形式向社会惊呼：明天谁去坐牢？

我懂得一般药性较强的药品，虽然或许对于某种疾病的抗制具有特殊的效力，但是可能由于其对身体的不良副作用，而有极为严重的后遗症。刑罚是抗制犯罪的法律手段，也与药品具有同样的现象，它必然对于社会及个体具有某些程度的不良副作用。所以刑罚温情平衡是矫治罪犯的最佳手段，同样，对腐败的最佳药方还是预防。

2002年7月5日晚　晴

听说唱歌对老人身体很有帮助，增加肺活量，我就逗母亲唱歌，有时与母亲一起唱歌，她的声音很小，我却觉得那是世间最强音。

2002年7月9日　雨转晴

想让母亲看看城市的变化，我推她去看洛浦公园，看邙山景色，可母亲似乎对这些没有兴趣。母亲为了证明自己不是废人，坚持让我推她为全家买菜，我便每天背她下楼上市里买菜。有人不理解，说你一个人去买菜岂不更快更省力？可我认为这样才能让母亲认可自己生命的价值。

为了避免夜间尿液浸住皮肤，我在母亲床上挖了个圆洞便于大小便，可夜里床洞太冷，怎么办？琢磨了好几天，终于想出了办法，我又找了一块木板，在上面挖了圆圆的一层，又钻了七个小洞，让尿能在圆凹层范围内向下渗，挡了凉风又避免了尿浸。

2002年7月15日　小雨

母亲屋子里时常冷清，而老人最怕寂寞，况且父母都聋。

我买了一只小黄狗，放在母亲床头，起名黑嘴。我又将侄女从农村接到家里供她上学，在家里聚人气。

在经济异常紧张的情况下，我决定买台旧电脑放在母亲房间，吸引孩子们去母亲房间玩，于是在二手市场买了一台旧电脑。又买了一束花放在母亲床头。还买了两幅一点五米的牡丹画帖在屋子，母亲的屋子有了小孩子的身影，一扫往日的沉重，母亲多了一丝笑容。

2003年6月3日　雨

今天去三院为母亲看病，刚进门时大夫很冷漠，忽然看到我递上贴满化验单和药方的厚厚本子，翻看后便对我热情起来，看完病还将我与母亲送出门。

家离三院有20公里路程，回家的路上突然下起大雨，三轮车无处躲避，我忙脱下警服盖在母亲头上，我则穿背心骑三轮车狂奔，终于钻进四院门诊楼的大棚下，我忙下了车，看母亲没有淋湿衣服，才放下心来……母亲与我相视而笑。

十年陪床，真男人演绎忠孝两全的神话。

2004年5月6日晚　风

我爬在父母的病床上，硬起手腕完成了近40多万字的长篇小说《明天谁去坐牢》，特区文学、河北法制报等刊物也进行了连载。爸爸戴着花镜忍受病痛，艰难地看了儿子写的书，第一次夸我：写得好！我闻听不禁泪水长流。

有人问：听说你是背着母亲写作的？

是的，我背着瘫痪的母亲写作，因为我明白人生本身就是爱的坎坷路程。爱就是生命本身，爱就是希望，还有风骨。我在一步一步往前走，也许这条路走得很难很累很贫穷，可我享受到了精神的富贵，人生有些东西更可贵！

这十几年间，我几乎放弃了一切应酬，更是轻易不敢出远门。为父母治病花去了家里的全部积蓄，为了节省开支，我家里总是吃最便宜的饭菜。

每天早晨5点起床，为父母量血压、诊心率、熬粥；六点半，给父母穿衣起床、洗脸刷牙，给父亲测血糖，打胰岛素，喂药；七点钟，给父母喂饭；七点半，抠大便，换被褥，漱口，再将父母抱上床。用五分钟吃完饭，骑车上班。

中午下班，抱父母到轮椅上活动一下身子；喂父母吃药吃饭，再照顾父母躺下，赶紧吃饭、上班。

下午五点半下班，给父母穿衣服，背父母下楼，推着父母到外面呼吸新鲜空气；六点半回家，背父母上楼，给父亲测血糖、打胰岛素、做饭、喂药、喂饭、洗脚、洗脸、擦洗身子，抱父母上床。

晚上八点半吃饭后，洗父母头天晚上和白天换下来的屎尿布，洗净、晾好。

晚上九点半，再为父母测一次血压。然后坐在父母床头，边给父母按摩，边看书写作。

凌晨十二点，休息。

2004年6月1日　晴

今天母亲问：河南犹太人不是计划今年完成吗？我搪塞道，快写完了。母亲叹息说，我和你爸爸耽误了你的前程……

为了证明父母没有影响我，我必须尽快把《河南犹太人》也写出来。

其实在写作《河南犹太人》的初期，我常常问自己这样一个问题：河南犹太文化是中华文化的组成部分，而文化是经济的灵魂，我们中国人自己不珍惜、不发掘老祖宗留下的这份文化遗产，难道指望别人吗？

华夏文化和犹太文化是人类创造的两大文化。而两大文化在中原大地上的碰撞和交流却是鲜为人知的。我要将这段文化交流的历史追问放在当代监狱里进行。以一个未受污染少年的目光，去发现一些身陷囹圄的老人和女子面对羊皮卷的文化信念，血缘于文化母体剥离中的遥相啼笑，以此揭开黄河滩上这一群高鼻梁，蓝眼人的神秘身世和融入极具包容性的中华文化的历程。塑造了一组个性独特的画家、将军、才女——河南犹太人的形象。这也许是在警示我们：一切文明之果都是在痛苦的炼狱及文化融合的火焰中铸就的。

老祖宗留下的黄河犹太文化即将消失，河南犹太文化可以从中华文化中剥离掉吗？

——也许我们对待文化的态度正决定着中国经济崛起的速度。

2005年12月25日　晴

《河南犹太人》终于在中国文联出版社出版了，今天我将拿到的新书交给母亲，母亲却盯着我的脸说：我儿瘦了。

出版社还将在郑州专门为这本书举行新书发布会。我很感激他们。

2006年2月 年二十八零星小雪

现在是凌晨2点……快过年了，白天到处洋溢着节日的喜悦，可我在铁路医院望着病中的妈妈，只想放声痛哭……

晚饭前，母亲的状态不太好，在床上躺了一天，喘气困难，没有一点精神。怎么喊，母亲只是摇头。没有一点娇气的母亲不难受的厉害是不会这样的。要过年了，为了让母亲能吃点食物，我告诉母亲说："我的《河南犹太人》和《明天谁去坐牢》被文联推荐到台湾了，还有梁晓声教授的《一个红卫兵的自白》，韩寒的《一座城池》一块儿在台湾出版了，妈，你高兴吗？"

母亲闻言马上睁开了眼睛，笑容也写在了脸上，用苍老的声音说："儿子，妈高兴，高兴。一个人可以不做官，但不能不做人。妈妈不闭眼就是为了看到儿子有出息哟！"

母亲说罢，突然要我扶起她，要全家人摆酒庆贺。我当然不能扫母亲的兴致，便做了几个菜，说："妈，您吃点清淡的蔬菜，酒杯端一下就算喝了。"轮椅上的母亲微笑着说："儿啊，妈就是死，也要喝了这杯酒！"没料到母亲说着突然将酒倒进嘴里，我伸手夺下酒杯时已经晚了，母亲哪能承受酒的刺激，当时就窒息了……我急忙拨打急救电话，当我带着救护车回到家时，母亲已经昏迷过去了。

——那救护车鸣咽的声音不正是母亲在用生命为儿子祝福吗？

母亲在医院抢救了3天……昏迷中的母亲脸上始终写满了笑意。

2006年3月2日　晴

母亲是大年二十八入院抢救的，可怕的大夫向我下达了病危通知……连续下了四张病危通知……

十五以后，大概是三月份了，母亲怕花钱，在我不同意的情况下（大夫说就这样了）出了院，这段日子父亲动脉血栓也完全瘫在床上……我支撑不住了，快倒下了……

过去头脑很清楚的母亲回家后越来越糊涂了。我到处寻医问药，终于给母亲找来了效果不错的药。欣喜的是母亲在我的治疗下病情好转，不，应该归功于我咨询过的大夫和互联网。

2006年3月15日　小雨雪

夜里一个小时就要给父母翻身换尿布，空闲时抽出枕下的写字板写作……这样折腾后回床上就很难再入睡了，长期睡眠不足，精神越来越差，白天头昏脑涨。

昨晚实在困得睁不开眼睛，干脆躺在父亲的旁边睡，伸手就可以换尿布翻身。又将母亲的床拉过来与父亲的床并在一起，我躺在父母中间，太好了，这样我夜间闭着眼就可以为父母翻身换尿布，枕下的写字板就能多抽出几次写字，今天白天我精神好多了。

今天有人问我，是什么支撑着我？其实我还是没考虑这个问题，只是拼命做需要做的事。但我知道我成功的喜讯是治疗父母疾病的灵丹妙药，而稿费是母亲生命的音符。如果说我有成绩的话，那是我背后瘫痪的父母激励的结果。

这不是空话，做儿子的光照料好老人的生活起居是孝，努力在工作和事业上多出成绩，让老人感到儿子有出息，也是孝，而且是大孝。

2006年12月26日　阴

不知道为什么，情绪总走不出阴晦的冬季。

我想睡觉，甚至想睡他个昏天黑地，可是不能……

——为了母亲的微笑，儿子只能拼尽全力。

2007年2月9日　小雨

我的房子虽说只有两居室，且没有装修，比起朋友们的上百平方米的大房子显得狭窄、简陋，但父母能在晚年愉快地生活，这是任何豪华的房间无可替代的。

当你知道爱你的人在充满期待地看着你，当你知道哪怕是一点点成绩都能给父母带来无限慰藉时，你身上就充满了力量。

2007年2月22日　雪

父亲从医院回来后就再也站不起来了，时清醒时糊涂……

看着坐在轮椅上的爸爸妈妈，依稀他们过去娇健的身影，再环顾熟悉的家，那看习惯了的旧沙发，那左右摆动的小桌，我的鼻子总是酸里巴叽的。

一时的感觉很累，什么心情也没有了，尽管梁晓声教授还在等着给我新书写序，可我写不下去了。

2007年3月8日　阴

母亲躺在我为她特制的，可以大小便的床上，静呼吸三口后必然伴随好一会儿急促地喘息……

整整11年了，不知道用我那辆三轮车或轮椅送母亲上医院多少次了，不记得住院多少回了，化验单已经钉成厚厚的本子。脑子里恍惚着病房墙上大大的"静"字。

能伺候父母，应该是幸运的，哪怕老人瘫在床上，孩子们回家也有个奔头啊！所以，好好伺候他们！我是幸运的，他们是幸福的！

2007年12月12日　大雪

连续4年，父母总在年关住院……

今年我父亲在二院二楼抢救室抢救，母亲在四楼抢救室抢救，生命垂危的父母身上插满了管子。我与妹妹没白没夜耗在医院，没人送饭没人替一会儿……我什么都不想，只担心父母的生命……因为妹妹搬不动老人，我发疯一般不停地穿梭在楼上楼下父母的病床前……

一个月了，妹妹熬垮了，病了……

怎么办？

我欲哭无泪，只能咬紧牙关，只有坚持坚持坚守住父母的生命，我相信父母一定能挺过来的，要挺住……

2007年12月15日　大雪

我已经没有什么知觉了，把自己忘了。

照顾老人最大的问题不是体力劳累，而是心累，心又累又怕，父母的每一声呻吟，都像针扎在我的心上，根本没办法休息。

可是我还是企望父母都活一百岁！是的，我感觉拥有父母是无所取代的幸福，哪怕父母瘫痪在床。每当出差回家，能叫一声"妈"，我会感到无比幸福。尤其夜深人静，伴随钟声母，亲那熟悉而苍老的声音催儿睡觉，还有什么声音比这种声音更让我感到幸福呢？

我始终认为，尽孝是福！

2008年1月18日　下午4时雪

又要过年了，1月12号早晨7点，父亲大脑左部再次大面积血栓，已经抢救了6天了，医院说恐难苏醒。医生问我，如果开颅减脑压你会同意吗？

即使开颅也不一定保住命,随时会死亡。

——上帝啊,怎样回答大夫的话,谁能告诉我?

我只能用绝望的眼睛望着大夫,泪水夺眶而出!

任大夫说,别太悲伤,老爷子年龄大了,签病危通知书吧!我结结巴巴地说,不,不……我父亲是参加过抗战的英雄……任大夫郑重地说:"你父亲生还的机会很小,即使活下来,也很可能是植物人了……"

我一个星期没合眼了……

不觉得饿,不困,也不觉得累,只是左胸阵阵隐痛……我的泪水在父亲昏睡的床头已悄悄流干,望满天雪花,绝望中只想问上苍,为什么要让人类这么重情?

家乡惟一幸存的老兵——默默无名的抗日英雄要在家乡随爸爸而消失了!

今生最恐惧的事情要来了,这回是真的了……

日本人机枪打不死的传奇"战地虎"真的要走了,战场上的火炮奈何不了的汉子要离开人间了,满身硝烟的父亲真的要走了……医生开出的三张病危通知书开始了一个无人知晓的英雄生命的倒计时,爱我的爸爸要被天人拖走了……

这个世界上仿佛只有我在痛哭,深夜病房外望着黑天满面泪水,上苍回馈我的是冰冷雪花的抚摸,是那零下七度寒风的拍打,还有驱不去的回忆。

依稀窗外,又飘起了雪花,我看到枪炮声中爸爸攻入日本鬼子的炮楼前的石碑下,鬼子一梭子子弹将一尺厚的石碑砸断两截,父亲暴露在鬼子的枪口下……

我看到在漆黑的深夜,父亲发现一队国民党军队悄悄摸来,他一人架机枪将敌人打得落花流水,战利品只有醒目的12个草帽……

我看到大别山上父亲在重复刘伯承的话,谁突出包围,赏大洋五块。

依稀窗外,天地一片白茫茫,雪中我看到壮年的父亲牵我小手在雪地奔走,嬉戏……

依稀窗外,天地一片白茫茫,雪中我看到壮年父亲笑我道,一个坏人的匕首捅破你一层肉皮就后怕?如果有日本鬼子的刺刀刺来你还不尿裤子？真是笨熊，像刑警吗？

从此我面对罪犯不再言怕！

然而这一切的一切将定格成永远——爸爸，我想你——

2008年1月15 雪

我不明白2008年1月12日以后的大雪为什么下个不停……

今天是2008年1月15日……对了，这一天是我的生日。

这一天我将父亲从急诊科转入神经内科，并开始观察父亲颅压，可是怎么观测呢？我问护士，护士说，穿刺脊髓。

我问有没有颅压升高的临床表现，护士说，表面看不出来。我又问大夫，怎么样发现我父亲颅压高了呢？大夫说，颅压在坚硬的脑壳内，怎么能看得出？我又问其他护士，几乎都说看不出颅压，我急了，问大夫，那你们怎么知道病人颅压情况？如果观察不出来，岂不耽误治疗？大夫只是说耽误不了。

我不死心，每天观察大夫如何检查父亲病情，发现几乎所有大夫都要观察父亲的瞳孔。于是在晚上人少的时候我问值班大夫。颅压与瞳孔有关系吗？大夫说，有关系，瞳孔变大说明脑疝形成，有脑疝的根源肯定是脑压大。我恍然明白了。

我从大夫那儿了解到，7天是颅压高峰期，过了7天，颅压开始下降，开颅的几率也将开始减少。

外面的雪下得很大，我步行两个小时，买到了一只便于携带，光线又柔和的小手电。于是，从1月16日晚上，也是发病第4天开始观察父亲的瞳孔。

我一个人留在病危的父亲身边。

2008年1月24日 雪

几天来大雪纷飞。

母亲还是心衰躺不下，加之糖尿病足痛，大夫说有可能截肢……母亲晚上难受得厉害，不能入睡，我夜间护理母亲白天也不能睡。

天空又飘起满天雪花，我却有不祥预感，爸爸的病情每况愈下。

出了外科楼，雪下得更紧，转眼天地一片白茫茫。

我真不知道这雪对我和我家预示着什么，又要过年了，前年过年是母亲住院，去年年二十八早晨爸爸又中风……

父母双双离去，孤独的儿子情何以堪。

2008年1月29日　雪转晴

今天的天勉强算晴了，白皑皑的雪随处可见，感觉更加寒冷。

昨晚母亲在抢救室抢救了一夜，还是躺不下，状况显著不好，早晨5点20分我在病房一边照顾母亲，一边为父亲煮米油，突然接到脑外科杨大夫电话，他说你是三号病床的家属吗？你父亲不行了，你们准备一下，拿上身份证和户口本来吧！

我将母亲交给同病房的陪护帮助照看，拿上父亲的衣服跑向那可怕的抢救室，边跑边打电话通知妹妹快来医院，妹妹答应的声音有些发颤……

父亲静静地躺在抢救床上……

——战场上的抗日英雄静静地躺在抢救床上。呼吸没有了，心跳也没有了……我大喊快开呼吸机抢救……

我迅速为父亲挤压心脏，一会儿，监护器上出现了心跳，50次，70次，110次……半小时后，心跳又停止，我又急忙按压，心跳又恢复了……

我坚持不懈，汗水涌遍全身……

——不，英雄的爸爸怎么会死？打死我也不会相信，爸爸是闯过枪林弹雨的人，不可能与死划等号，我拼命为爸爸按压心脏，望着爸爸迷离的眼睛用悲怆的声音与爸爸对话：

——爸爸，今年的雪为什么下这么大？你常说穷人最怕大雪封门的日子，家里没吃没盖的，只有当兵了。

爸爸，你曾经说你的一生会流着血走，抗日战争打完了，你拍拍身上的征尘，活了下来；解放战争打完了，你总问，我还活着吗？原认为你不会流着血走了，没料到今天你丢下一个头颅盖，依然流着血走了……爸爸，儿子知道你不怕死。

爸爸，儿子舍不得您走……

我不停地为父亲按压心脏，屋子里的人似乎都在听我诉说……我为爸爸按压了3个小时……

8点多了，白班的大夫都来了。张主任把用尽力气的我扶到一边，他接手按压……"不用按了，老英雄已经走了……"他说。

爸爸永远地走了，我撑起身来，用颤抖的手，为爸爸最后一次穿好了衣服……

推爸爸去太平间的路上寒风怒吼，恰似我激烈的胸膛，又像我在号啕大哭……

推爸爸去太平间的路上洁白一片，飞舞的雪花像父亲在轻轻抚摸儿子的脸庞……

2008年1月31日　雪

在邙山坟地。

我哭，禁不住地哭，天旋地转，泪水要冲走人世间一切生离死别……

世界上最痛苦的事情，莫过于眼睁睁看着亲人离去而自己却无能为力！

父亲过世了，我几乎被击倒，但挺了过来。母亲还在医院抢救，我没有时间化解悲伤，一定要让母亲开心地活着。已经失去了父亲，不能再失去母亲了！

2008年2月1日　阴

从爸爸的坟墓前匆匆赶回到母亲病床前。

病重的母亲盯住我的眼睛，问："你爸爸怎么样了？" 我说："爸爸……爸爸好呀，爸爸还说，等您病好了一块儿回家哩。"母亲仿佛感觉到了什么，轻轻摇摇头："儿子，我不再透析了。" 我忙说："妈，咱家还有钱，卖房子的告示不是已经贴出去了吗，房子卖了又够透析一阵子。"妈妈又轻轻摇摇头："今年的雪好大啊！你爸肯定惦记受灾的南方，我太了解你爸爸了……儿子，省出一次透析的钱，捐过去。咱家不易，人家更难。"

按照妈妈的叮嘱，2月15日，我以爸爸的名义，往南方灾区寄出了300元钱。那是母亲一次血液透析的费用。

让我感动的是我的警察战友们听说我的事后，一下子捐给了我2万多元钱。这些钱我没有动用一分，在灾区救助站，我将战友们这片火热的心，全部送给了更困难的灾区老百姓……

没有想到母亲一天住院治疗的费用能达到11500元，每天五、六千元的住院治疗费似乎是正常的，面对完全自费的沉重负担我措手不及，却又不敢在母亲面前流露出来。我变成了负债的杨白劳。忽然觉得除了卖房子，我一无所有……

任何让我放弃父母的理由我都不会接受，只要能守在父母身边，即使租住贫民窝里，我也会觉得幸福。

2008年2月8日　晴

"儿子。"

深夜，母亲怎么也睡不着，就喊坐在病床旁的我。

"妈，不舒服吗？我去喊大夫。"我很紧张，赶紧站起来，我知道母亲一直坚强，不是十分难受，不会喊我。

母亲摇摇头，示意我坐下来，然后，紧紧握住我的手，说："儿子，你40出头了，要学会一个人走路！无论遇到什么，要坚强，不做官可以，却一定要做人，要微笑面对生活。"

"孩子,你不用再瞒我,我知道你爸爸已经走了,妈妈也没有多少日子了。我现在最担心的是你,你用情太深,但记住,无论怎样,要坚强!"母亲微笑着,泪水却滚落下来。

"妈妈,你放心!"我试图微笑,却哽咽了,伏在母亲床边,肩膀剧烈抖动着。母亲伸出一只手,轻轻抚摸着我的头。

2008年3月6日　晴

现在是凌晨两点,母亲难受,我用白矾水为母亲敷腹部。腹腔又出血了,很多,明天要求尽快肠镜检查。

今天有电视制片人找我,想改编《河南犹太人》一书,拍电视剧。我燃不起一点兴趣。总觉得人是活人的,为亲情为爱情为友情而活,没有了人,一切名利都索然无味。

2008年4月1日　晴

母亲越来越痛苦了,3天前在第一人民医院呼吸消化科病房,刘大夫说:"出院吧,你母亲再治也是这样了,所有的药全用过了,再住院也没意思了。"我无语,已经在二院、一院和150医院住了太久了,从去年11月到现在整整半年时间了,各种抗生素也打得太多了,肠道有益菌全部遭到破坏,结肠溃疡并形成三次大出血。

无法再用药了……可怕的恶魔已经逼到鼻子前面,我作为男孩子必须应对……

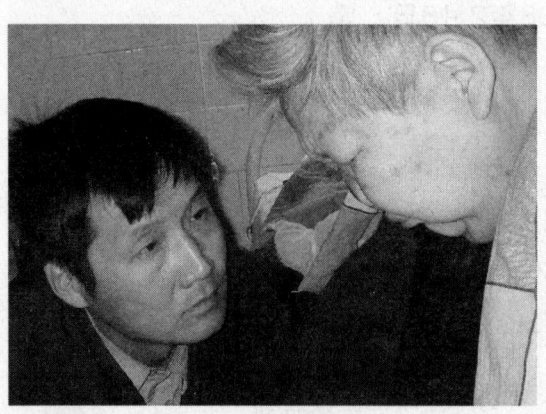

王春来听着母亲的每一声呻吟,都像针扎在心上

2008年4月9日　雨

此时是2008年4月9日0点，悲痛的我无奈地看天塌地陷……

2008年4月8日，听说栾川大山里有个李大夫医术很神，我连夜进山，来回跑了700里山路，辗转来到李大夫家。他看我两眼红肿脸色苍白，知道我疲惫到了极点，拦住急着往回赶的我，强令躺在病床上，说："你要不想在半路暴毙，就给我好好睡一会儿。"李大夫逼我喝了一碗参汤后才送我走出山门，拍拍我的肩头："老弟，你真是个爷们儿！钱，我一分不收。药，你拿去！"

当我拿着药回到家已是零时，妈妈正等着儿子。窗外，山雨欲来；屋内，静得可怕。妈妈声音微弱地说："儿啊，把你写的几本书，都给妈拿来。"当我煎好一碗药端到母亲床前时，时间已是2008年4月9日凌晨3点。

风雨声中，我看到慈祥的妈妈安详地合上了双眼……

母亲已驾鹤而去，雨依旧……从此我将永远失去母亲了……我不敢相信母亲将会永远离开这个家……

2008年4月27日　阴

我谨记母亲的话：要坚强、要微笑面对生活。然而，每每看到还挂在墙上的一沓沓处方，看着被母亲无数次扶着练习走路的钢管，泪水就簌簌流下，把试图挤出来的微笑冲刷得一干二净。

我像一只垂死的病猫，妈妈爸爸100天内都走了，心头老是闪出父母的影子，伸手欲牵；却失重垂下，口中不断发出喃喃哀鸣，泪水也不觉流涕长潸。不用劝我，道理我都懂，什么不幸也都见过，只是放在身上都像经历了一场浩劫，儿女活着的劲头打了折扣。

不适应现在的家，没有妈的家就没有了温度，不适应欲喊爸爸，声音止于喉咙中的感觉。没有牵挂的家让我怅然若失。家，将从此永远变得冷静，找不回那从前的纷乱而温馨的气息。

不想上班，升官发财的念头忽然很无聊。拿起笔的手颤抖的厉害，越急也稳不下来，索性撂下水笔。此时的生命所能做的只能是望着白色的屋顶，愣到有人打来电话才梦醒一般。

从此我将独立于生活船头，不论是风、是浪、是骤雨、是触礁，只有儿子一个人应对。

不再有人喋喋不休地让儿子注意生活的灯塔，不再有人默默却舍命去堵因儿子淘气弄漏的小船，生病倒下时不再有人逼儿子吃药打针，夜半钟声不在伴随那沧桑的声音摧儿睡觉。

我已经意识到，从此漂流在外不再有人为我牵肠挂肚，浪迹天涯不再奢望钟点一样飞来的家书。没有人再去唠叨儿子不好好吃饭，晚上出门没有人逼儿加厚衣服。

我还知道，在我每天迈出家门的瞬时，身后那双惦记儿子的目光消失了，儿子背后的大山倒下了。门口小凳子上不再有人翘首企盼儿子的归还。

……

放心吧，爸爸妈妈，儿子一定善待生活好好活着。儿子也会有所作为不辜负你给予的生命。

2008年12月29日　晴

今晨7点，我又来到了爸爸妈妈的家，一切都没有大的变化，可爸爸妈妈怎么会不在呢？爸爸最喜爱的小柜子，他像宝贝似的小箱子还在那儿，每到过年，爸爸总要打开小箱子，拿出他的军功章翻看……

可现在小箱子冷冷清清地摆在那儿，已经落上了尘土。

记得每年冬天来临，我正考虑取暖问题，可回到家，家里总暖洋洋的，爸爸总把小煤炉点燃了。晚上也有热水烫脚，可我太懒，不觉得那热水有什么特别，现在，早晨涮牙，牙齿承受不了那冰凉的水时，才意识到那热水的珍贵。

家，太凄凉太冷，眼前那一块块旧棉花那一块块破布，妈妈怎么不来收拾？那是妈妈的宝贝，她从不舍得丢弃……是，妈妈也走了，劳作了一生的妈妈也走了，这个家真的只剩下我一个人了，哥哥姐姐妹妹们也不会再回来了，家，真的散了。

我太脆弱了，一个人在家里放声痛哭……

爸爸妈妈不时闪在我的眼前，我实在承受不了离开父母的痛苦，这是割肉般的痛。

2009年1月26日　大年初一晴

从昨天早上八点接班，在狱内呆了一天一夜，今早八点交接班。

从狱内走出来，虽然阳光明媚，风还是刺骨，骑上车子耳朵冻得疼………忽然不知道该去哪儿了。

今天是大年初一，不远处的鞭炮声此起彼伏，往年这时候爸爸妈妈总要催我回家吃饺子了，可现在电话静得要死。不会再有人关心儿子能不能吃上饺子了，更不会有热乎乎的年饭等着儿子了……

骑上车不由向坟地走去，去找爸爸妈妈去吧。

邙山的坡不大，只是在远处一阵阵鞭炮声中有些冷，一个人孤零零地想着父母走向坟地。

尽管当了多年警察但对坟地总有些恐惧，可此时站地坟地中却有一种亲切的感觉。整个坟场只有我一个人，在爸爸妈妈的墓碑前有一种回家的感觉，总想与爸爸妈妈说说话，说说儿子这一年来的收获与生活感受，可爸爸妈妈总不吱声……

下了山，又回到了爸爸妈妈那曾经热热闹闹的家，此时却冷冷地只有我一个人，窗外的鞭炮声忽远忽近……

当代中华最感人的十大慈孝人物·中华慈孝奖

谢延信

道德的丰碑：好女婿32年真爱感天动地

慈孝心语

　　大孝至爱的真情，支撑着一个家庭的幸福；一诺千金的真诚，感动了整个中国。平凡的谢延信，一辈子只照顾一个家庭，演绎了一段别样亲情。

推荐单位： 河南焦作煤业（集团）鑫珠春工业有限责任公司
推　荐　人： 何延生

　　谢延信，一位在滑县黄河故道上长大的中原汉子，一位在焦作煤矿成长起来的煤矿工人，他以农民特有的质朴和执著，以矿工特有的仗义和坚韧，直面家庭的不幸，结婚一年妻子便去世，在以后的32年里，他担起了伺候瘫痪的岳父、丧失劳动能力的岳母、呆傻的内弟的重担，用大爱无私的胸怀，演绎了一段世间真情，谱写了一曲新时代矿工"爱的奉献"。曾荣获河南省敬老楷模特别奖、全国五一劳动奖章、河南省十大道德楷模、寻找感动中国的矿工——十大杰出人物、中华孝亲爱老之星、首届全国道德模范、2007感动中国人物等荣誉称号，2009年9月14日，他被评为100位新中国成立以来感动中国人物之一。

亡妻灵位　一诺千金

　　谢延信原名刘延信，是车庄村的棉花技术员，也是刘家四个儿中最小的一个。在车庄村，刘家是一个充满了和睦、温馨的大家庭，一家十几口人生活在一起，从没有跟街坊四邻红过脸。特别是小儿子刘延信，不仅待人厚道，而且对生产队的活更是认真负责，赢得大家的交口称赞。

　　1973年4月16日，21岁的刘延信与同乡一位农家姑娘谢兰娥喜结良缘，建立了幸福美满的小家庭。兰娥的父亲当时是焦作矿务局朱村矿的一名矿工，在农村每月有个"活钱儿"，算是条件比较优越的家庭。她看上刘延信，一是看上刘家兄弟们多，为人诚实，本乡本土遇事有个照应；二是兰娥家只有姐弟二人，弟弟患有先天性智障，生活不能自理，有刘家的关照，兰娥的父亲谢召玉就可以在矿上安心工作了。婚后，刘延信沉浸在新婚的甜蜜之中，妻子兰娥也很快融入了这个和睦的家庭，孝敬公婆，与妯娌们相处得很好，家里地里都是一把好手。

　　1974年9月，谢兰娥生下了一个可爱的女婴。初为人父，刘延信犹如糖中放蜜，甜不待言。然而，天有不测风云，就在婴儿刚过满月时，兰娥得了产后风，命如悬丝。一天，兰娥趁着精神稍好，就对守在病床前的刘延信说："延信，我怕是不中了。我走后，你要照顾好咱爹妈和咱那苦命的傻弟弟，以后再找人家，只要对咱闺女好就行。"新婚刚刚一年的一对新人，四目相视，泪流满面。当时的医疗卫生条件相当落后，大家都深知产后风意味着什么，刘延信双手捧着脑袋，他不知是该点头，还是摇头……刘延信的真情并没能挽留爱妻的生命，在女儿出生40天后，谢兰娥带着千般留恋、万般牵挂，离开了这个世界。

　　突然而至的横祸，令刘延信如五雷轰顶。他不敢面对前来凭吊的乡亲，不敢面对两鬓斑白的父母亲，更不敢面对尚在襁褓中的孩子，以及承受"白发人送黑发人"凄凉的岳父岳母。他欲哭无泪，怨恨苍天夺走了他心爱的妻子，留下他和女儿，不知今后的路该怎样走……

望着棺木中的妻子,看着悲痛欲绝的岳父母,以及跑来跑去不知发生什么事的傻内弟,刘延信和心灵受到了极大震颤。他想着妻子临终前的生死相托,在那一瞬间,刘延信做出了一生最重要的决定——

他"扑通"一声跪倒在岳父母面前,"咚咚咚"地磕了三个响头:"爹、娘,兰娥不在了,从今以后,俺就是你们的亲儿子!你们放心,今后的生活俺来管,百年以后俺为你们送终。"

一番话,一片情,令在场所有人无不潸然泪下。"男儿膝下有黄金,事到危难见真情!"也许谢延信自己都没有想到,这一跪,跪出的竟是32年男子汉字字千钧的终生承诺;这一跪,跪出的是他心昭天日的忠贞孝心;这一跪,跪出的是一个大孝至爱,感天动地的谢延信……

自此,22岁的刘延信选择了谢姓,改名为谢延信。承担起了照顾亡妻谢兰娥一家人的全部责任。

岳父病榻　孝心常昭

谢延信给岳母梳头

那时,岳父谢召玉一个人在原焦作矿务局朱村矿上班,在滑县乡下老家的岳母冯季花患有肺气肿、胃溃疡、低血压、关节炎等疾病,不能下地干农活,丧失了劳动能力,呆傻的内弟,吃饭穿衣都需要人打理。为了照顾老人的生活,谢延信把岳母、内弟接到了自己家里,挑起了伺候岳母、照顾内弟的重担。为了给患病的岳母补充营养,平时逢年过节才吃肉的延信,定期给岳母做羊肉吃暖胃,双手不能沾冷水,延信每天洗衣做饭全包了。慢慢地,岳母从丧女的悲痛中解脱出来,高兴地逢人便夸:"俺女婿待俺比亲儿子还亲,要不是有这个'儿'的照顾,俺们一家早就化成灰了。"

屋漏偏逢连阴雨。1979年冬，岳父在朱村矿患了脑中风后昏迷不醒，被工友送到了焦煤大医院抢救。延信接到单位发来的电报，背着5岁的女儿，领着几乎瘫倒的岳母及呆呆傻傻的内弟赶到了医院的急诊室。看着病床前的氧气瓶、输液管和进出匆匆的医生、护士，谢延信深知岳父的病绝非小可，他安顿好一家老小，便开始守候在岳父身边，一遍又一遍地呼喊着岳父，祈祷上苍能留住岳父的生命……

每天，谢延信都定时给岳父翻身，观察岳父病情的变化，随时去叫医生护士。别的病人陪护还有个替换，而谢延信一天24小时从来就没有清闲过。饿了，啃口干馍，喝一杯开水，实在困得不行了，就躺在病房冰冷的水泥地上眯一会儿。

岳母冯季花看到病榻前的谢延信，心里感动不已："实冬腊月啊，亮（谢延信的乳名）一个人天天晚上躺在病房的凉地上，一躺就是三个月啊。"每说到此处，冯季花的眼里噙满了泪水。

也许是女婿的真诚感动了上苍，也许是老人放心不下多病的老伴、苦命的儿子，在与死神顽强地搏斗了7天7夜后，老人从昏迷中苏醒了过来。医生告诉谢延信："病人的命算是保住了，但你岳父永远站不起来了。回到家里照顾得好，可以多延续几年生命，照顾得不好就难说了。"三个月后，谢延信用平车拉着岳父出院了。

走出医院的大门，谢延信犯难了：现在怎么办呢？带岳父全家回滑县老家，家里只有一间半房，医疗条件又差；回矿上，房无一间，这一大家子如何安顿？这时，矿上向他们一家伸出了温暖的手，在西工人村职工临时招待所为他们解决了两间9平方米的小房。从此，延信在矿上安了家。

以前，尽管自己难，可还有岳父这根柱子撑着；现在，这根柱子也倒了！家里一病一瘫一傻一幼，4个人的生活均不能自理，生活的重担全部压在了自己一人身上，自己就算有三头六臂，也忙不过来啊！在两难面前，谢延信选择了舍弃自己的女儿。

把女儿送回老家，谢延信又匆匆踏上了返回矿上的路。临分别时，女儿拉着父亲的衣角说啥也要回去找姥姥，任奶奶千哄万哄也无济于事。谢延信只得狠心地掰开女儿的小手，头也不回地走了。身后是女儿撕心裂肺叫着"爸爸，爸爸"……，眼前是岳父病榻前期盼而无神的眼睛，谢延信这个不曾流泪的汉子，强忍着夺眶而出的眼泪，硬是没有回头。

每次提到女儿，谢延信就止不住内疚的心情。他说，他这一生欠女儿的太多了，女儿从小没有享受到母爱，也没有享受到父爱。因无人管束，女儿小学毕业后就辍学在家；因没尽到责任，女儿的眼睛被人误伤而无钱治疗几乎失明；一家人生活在矿上，却把女儿一个人留在了农村。

一家四口人的生活，仅靠谢召玉每月60多元的病休工资常常捉襟见肘。为了解决一家人的温饱问题，谢延信就到附近的砖窑上出砖，到建筑队打小工，到搬运队当装卸工。只要钱多，活再苦再累他也愿意干，为的是挣点钱贴补家用。白天，他一颗汗珠掉八瓣地干；晚上，回到家里依然整盆整盆地为岳父洗衣服，为岳父烫脚、按摩。

1983年7月，谢延信顶替岳父，成了朱村矿掘一区的一名工人。上班第一个月发工资，延信想给老家的父母买一件礼物，可看到岳父一个人在家闷闷不乐，他就走了五六公里路，到市里花半个月的工资为老人买了一部小收音机。晚上，岳父跟着收音机唱豫剧，他用嘴为岳父伴奏，父子其乐融融。他经常在单位找一些报纸、杂志读给岳父听，10多年间，延信给岳父读过的武打和章回小说不下百部。

1989年春，岳父又先后患上了肝硬化、癫痫、咽炎等症，多次住进焦作矿务局医院，谢延信从不嫌弃。老人大便干结，他带上手套，给老人一点一点往外抠；听说冬瓜皮、茅草根可以利尿通便，他就到野地去挖，每天给老人熬水喝。

时间长了，邻居们一直以为精心伺候老人的是他的亲儿子，当他们从冯季花嘴里听到了事情的原委，无不为谢延信的一片孝心所感动，邻居们夸他："是个亲儿子也不过是这个样，这样的女婿真是难得。"

1995年5月，岳父患了肝硬化，病入膏肓。谢延信拉着平车要送岳父去住院，岳母冯季花知道家里根本就没钱，流着泪劝谢延信别送了："人活多大是个够啊！"平时对岳母百依百顺的谢延信，今天却坚决不同意："不管咋说，这是条命啊。再穷，咱们也不能在家等死啊，传出来，我成什么人了？"随后，谢延信从老乡那里借了1000元钱，把岳父送进了医院。

1996年8月的一天，已昏迷了两天两夜的谢召玉，突然睁开了双眼，嘴张了几张没有发出声音，混浊的眼神里充满了期望。深知老人心事的谢延信把岳父的头抱在自己怀里，对老人说："爹你放心，只要有我一口饭吃，就不会让俺娘和弟弟饿着。娘百年以后，我上班，让弟弟跟着我；我退休了，让弟弟跟我回老家。决不让他受一点委屈。"听罢谢延信的话，老人两行热泪流了出来，带着对女婿的感激和依恋，带着几份满足和几丝惬意，安详地走了……

从谢召玉得病到他病逝，经历了漫长的18年。这18年如一把道德的尺子，无时无刻不在丈量着谢诞信的爱心。18年来，在谢延信的精心照料下，谢召玉没有得过一次褥疮，没有穿过一件尿湿的衣服，没有睡过一床尿湿的被褥。而谢延信在这18年里，青春变白发，不到50岁的他，已是两鬓飞霜。

为了这个家，谢延信善待了家庭的所有成员，唯独没有他自己。一件衬衣他穿了10年，一双塑料凉鞋他穿了6年。为了省钱给老人治病，他多年没有尝过水果的滋味；为了省3元钱路费，他骑着自行车走了300多里路回滑县老家去看望自己的母亲，一到家就累倒在床上再也起不来，心疼得老母亲失声痛哭；为了省钱，至今他没有坐过火车；1990年，他患了严重的高血压病，他听说中医用偏方醋泡花生能降血压，一吃就是13年，直到2003年因脑出血住院抢救，他从没舍得花一分钱为自己买药……

岳母心中　胜似亲儿

俗话说，一个女婿半个儿。在岳母冯季花的心目中，谢延信这个女婿赛过自己亲生儿。

冯季花今年已经82岁了，年轻时落下了关节炎、肺气肿等老毛病，

谢延信安装好电话后，岳母高兴的给老家报平安

手沾不得冷水，出门怕迎风。自从谢延信撑起这个家后，无论春夏秋冬，全家人的衣服都是由谢延信来洗。在农村那段日子，虽然生活比较苦，每到冬天，谢延信总是千方百计买来些羊肉、羊杂给老人吃，这对一个生活在农村的人来说，已是相当的"奢侈"了。

冯季花的儿子彦妞，出门不知道回家，为了这事，谢延信真是没少操心，经常满世界地找彦妞回家。到了朱村矿工人村之后，热心的街坊四邻，经常担负起"监督"彦妞的任务。只要他离开工人村远一点，就有人把他领回来。

一次彦妞解完大便不知道擦，弄得满身都是，谢延信不顾一天的劳累，把彦妞带回家，帮他换洗衣服，弄得自己满身都是脏物，却从不对彦妞有半声呵斥。每天，谢延信不厌其烦地照顾彦妞洗脸、吃饭，把他打扮得干干净净的。邻居们问不常说话的彦妞："谁对你好？"

"亮哥。"彦妞怯怯地小声回答。

"早上谁给你洗脸？"

"亮哥。"

彦妞喜欢逗小孩，又常常逗得小孩哇哇大哭，家长找上门来，谢延信总是赔着笑脸，给家长道歉，有时还会用塑料包装带编个小篮送给对方，以示歉意之情。

谢延信的妻子亡故后，不少人为他提亲，可一见面，不少人都打了退堂鼓。谢延信给对方提出的条件只有一条，就是不能嫌弃岳父家的三口人。冯季花看着20多的小伙子找不到对象，心里十分着急。有一次，情急之下的冯季花撵延信走。

谢延信噙着泪说："要是您觉得我是这家的累赘，没有照顾好您，我可以走,如果不是这个意思,我决不离开这个家。"

看着动了真情的谢延信,冯季花忍不住老泪横流,娘俩哭成了一团……

苍天不负好心人。1984年9月,谢延信在丧妻10年以后,一位年轻、能干的农村妇女谢粉香带着两个孩子,走进了谢延信的生活,与谢延信一起承担起了这个重任,爱的接力棒又传了下去。

谢粉香选择谢延信只有一个理由:"他对前妻的父母都那么好,对我更不会差了。"谢粉香爱慕延信的善良与诚实,愿与延信共同赡养老人、照顾弟弟。他们组成了一个大家庭。妻子粉香在滑县老家替延信抚养女儿、侍奉双亲、耕种责任田,每隔两个月到矿上为全家拆洗被褥。

冯季花冬天怕冷,一贯生活俭朴的谢延信,专门为老人在房间里安装一套土暖气,为这每年要多烧不少煤球。邻居说:"要安干脆两卧室都安算了。",谢延信却说:"安装一片能保证温度就行,我不怕冷。"

在谢延信的眼里,冯季花和自己的亲娘一样,梳头、烫脚是经常的事。房子拆迁时,他把向阳的一套卧室留给岳母和弟弟,自己住在背阳的卧室里。这一切看似那么普通、平常,但在常人眼中,谢延信这个女婿确实难得。

2003年,谢延信突发脑溢血不省人事,就在救护车即将开动的瞬间,年近八旬的冯季花紧紧拉住车门,发疯似的对躺在救护车上的延信说:"儿啊,你可要挺住啊!娘在家等着你回来,你要是有个三长两短,你可叫娘咋办呀?"车子缓缓启动,冯季花踉跄着拉住汽车不愿撒手,她生怕延信有个什么闪失。

老人回到家里,饭不吃,茶不想,常常一个人发呆。邻居们来劝她,她说:"亮的病都是俺一家人拖累的呀!他爹药不断,我的药也没断过,他咋不知道自己也吃点药呢?13年了,就靠着醋泡黄豆这个偏方治自己的高血压,没有为自己买过一粒药片呀!"邻居们听到此话,无不动容……

死神也许是因为谢延信的大善、大爱而离他远去。经过抢救,谢延信醒了过来,他醒来的第一句含糊不清的话就是对谢粉香说:"别让娘和彦姐来，路太远。"

这就是人世间不是亲生胜似亲生的亲情，在谢延信的精心呵护下，岳母与女婿已是十指连心的母子之情了。

女儿眼里　慈爱至善

谢延信的女儿刘变英如今已是有孩子的人了。对于幼年，她的印象并不清晰，许多往事都是奶奶和村里人告诉她的……母亲刚去世时，最伤心的就是父亲。她刚刚出生40天，父亲经常抱着她，在村子里找奶水吃，碰到有奶水的妇女，父亲就要剜心般地解释一番，以求得人家的同情。那是多么揪心的一幕啊……

后来是奶奶叫伯伯们去亲戚家借来一只下过羔的山羊，为变英挤羊奶喝。羊奶膻得很，变英哭着不愿意喝，有时放点白糖还好一点。在20世纪70年代，物质紧缺程度可想而知。为了买到白糖，一家人想尽了办法。好在当时县里一位王部长住队，看到此景专门安排供销社照顾一下：总不能让孩子饿死呀！听奶奶讲，变英小时候，吃的白糖足足有一麻袋。

奶热好后，谢延信生怕烫着女儿，每次都是用脸去试温度，口对口地喂女儿，延信对女儿那份细心，分明是在补偿她缺失的母爱………

应该说，女儿连着谢延信的心，女儿是他的最爱。但在变英的记忆中，16岁之前她没有穿过一件新衣服。有时，难得回家的父亲会从焦作带回一大包旧衣服。"这些衣服都不破，洗洗还能穿。"谢延信这样告诉变英。变英知道，这些衣服都是爸爸的好心邻居送给她的。变英许多事记不清了，但有几件事至今让她难以忘怀……

变英16岁那年，春节前父亲回家办事。她有生以来第一次向父亲要钱，和姐妹们去乡里玩，父亲从口袋中掏出了5元钱。

16岁正是姑娘们爱美的花季。在半坡店乡同去的姐妹们有的买过节的新衣服，有的买各种化妆品，而变英手中攥出汗的5元钱，什么也没敢买。父亲再婚后，又生了一个小妹妹，长得十分可爱，变英想把妹妹打扮得漂漂亮亮的，给她额头上点个红胭脂点，于是狠狠心，花2元钱买了一盒胭脂。

回到家，父亲很生气。她也是有生以来第一次看见父亲生气。她委屈的泪水在眼里打转，硬是没让它流出来。父亲吃过饭后，把她叫到跟前："妮，咱不能跟别人比，钱该花的花，不该花的地方不能花。"当时变英并不完全理解父亲的话。别人在外上班的父亲，过年总能给孩子买几件新衣服，而自己的父亲怎么这么小气？！

1992年，她18岁的一场经历，让她了解了父亲……

那年，一群孩子晚上在村里玩耍，一块石头正砸在变英的右眼上，天黑也找不到是谁打伤的。母亲谢粉香带着她连夜去乡里检查。医生说，眼伤得太重，必须到大医院治疗。第二天一早，谢粉香就带着她心急火燎的来到焦作。父亲带她到矿务局五官医院检查，医生说，需要住院治疗。父亲对医生说没带太多的钱，明天再来办住院手续。

晚上，回到家里，常挂在父亲脸上的笑容不见了，吃过饭，他把自己关在房间里。变英在外面分明听得见，父亲在里面一声声的长吁短叹，在变英的记忆中，再难再苦，父亲都是含笑面对，对于这一点，所有认识他的人都佩服。

第二天，父亲送变英回家。临上车时，父亲突然问她一句："妮，你恨我吗？"变英不知可否地摇了摇头。就是因为这住院押金，使变英失去了最佳的治疗时机，至今变英的右眼几近失明。

在焦作，吃着父亲简单得不能再简单的饭菜，看着矿上送给他的家具，感受着一老、一瘫、一傻同室生活的窘境，变英知道：父亲并不是不想给她治，是实在拿不出这几千元的住院押金啊！

谢延信喂内弟吃饭

1994年农历腊月二十二是变英出嫁的日子，妈妈谢粉香早早就把嫁妆准备好了。腊月二十一的下午,父亲回来了,他把变英叫到跟前,对她说:"妮,好女不争嫁妆衣,你结婚,我也没啥送你的,送你一本织毛衣的书,里面有我抄录的两首诗。"

变英接过了父亲递过来没有封面的织毛衣书,只见上面工工整整地写着"黄连虽苦,饮后舌根下却有甜的回味;糖精水是甜的,使用过度则变成苦水。充分表明,有苦才有甜,甜与苦相连,甘愿常吃苦,才能常久甜。"另一首是这样写的:"节约是幸福之本,浪费是贫困之苗;生产好比摇钱树,节约好似聚宝盆;克勤克俭粮满仓,大手大脚仓底光;艰苦奋斗记心上,勤俭节约细水长。"

这本书是谢延信从旧书摊上花1元钱买的,与当今送给女儿房子、车子或万元巨款相比,这份嫁妆虽然是显得太寒酸了。但谢延信传给女儿的是一笔丰厚的精神财富,他在教女儿今后如何生活,如何做人。他馈赠给女儿的,自然也是自己最为称道的。它不仅是给女儿的治家箴言,更是对自己一生无怨无悔选择的诠释。这是一份独特的嫁妆,在物欲横流的今天,谢延信送给女儿的是一份珍贵的、无法用金钱衡量的嫁妆……

工友评价　敬业爱岗

接触过矿工的人,都知道这是一群有血性的汉子,他们彼此间以命相托,情同手足。井下危急时刻冲不上去骂娘动粗,上井后仍然同桌豪饮,从不记仇。

社会上少数人认为,矿工的形象就是傻乎乎、黑糊糊,举止粗俗,挣钱不要命。殊不知,他们看似粗俗的外表下隐藏着一颗金子般的心。

谢延信在朱村矿是一名掘进工,每天都在与水和顶板打交道。在工友的心目中,谢延信是个文化人,干活井井有条,考虑问题细致,说话慢条斯理,整天脸上挂着微笑。

曾跟他学过运搬的张建良,如今已是鑫珠春公司掘一区的副区长了,谈起谢延信仍掩饰不住钦佩之情……

1986年,他刚从驻马店农村来到矿上,跟着谢延信学运搬。与别人不同的是,谢延信不是站在旁边用嘴说,而是边干边给他们讲解如何挂钩、如何摘钩、如何使用保险装置、如何开绞车。一班下来,谢延信没有闲的时候,这给张建良留下深刻的印象。

新工人看见往掘进头送空车,就想图省事,扒在矿车上少走几步路。谢延信马上责令他们下来,新工人像做错事的孩子,等着师傅的训斥。而谢延信却给他们讲兄弟区队扒矿车出事故的案例,讲规程,讲他们为什么来打工,一番话入情入理,讲的新工人心服口服。

后来张建良当了这个组的副组长,全组最好分配工作的就是谢延信,无论是攉煤还是运搬,他从没有二话。他知道谢延信搞运搬是一把好手,只要工作交给他,空车进得来,重车出得去,各种材料准备的整整齐齐,让他这个当组长的省了不少心。

一次,在中北区掘进时,突然发生了冒顶,上面塌落了三四米,顶板水流如注。张建良大喊一声:"绞架!"全组人闻令而动,都忙着备料。大家看着上面黑糊糊的空顶,心里发怵。一个中等身材,胖乎乎的身影来到张建良面前:"我给你看着上面,干吧。"说完递上了一根坑木。

处理冒顶最危险的就是绞架人,其次就是负责递料观察的人,他是绞架人的保护神。如果上面来压,负责观察的人提醒绞架人马上撤离……经过一番苦战,冒顶处理妥当了。张建良这才发现给他递料的是谢延信。

"谢师傅,怎么会是你?这要是出事,我咋向你的家里交代啊!"

"这不是活赶到这了嘛。"谢延信像从水里捞出来的一样。

谢延信的家庭情况,工友们是从侧面了解到的,老谢在班上从不提家事,他给人的印象就是每天乐呵呵的。他参加工作26年,无论在什么岗位,干一行,爱一行,精一行,从没有因家庭拖累而影响工作。1992年秋,他岳父住院一个月,延信白天上班,晚上到医院伺候岳父,没有影响一天工作。在井下工作8年里,他像一台不知疲倦的机器,苦活累活抢在先,累活险活冲在前,每年出勤都在300个工以上。

谢延信1990年得了高血压,矿上把他调到机电科看瓦斯泵房。这是个远离矿区的单人作业岗位,领导很少去检查。可谢延信从不迟到,从不脱岗,每天把泵房内外收拾得干干净净,随时经得起检查。他尽职尽责站好每一班岗,坚持到最后一分钟,10多年来,没发生一次事故,机电设备完好率在90%以上。

机电科的领导这样评价谢延信:"他就是颗螺丝钉,把他拧到哪都不会松扣。"

谢延信面对如此家境,从来都是笑对生活。他喜爱书法,不大的小屋里,挂满了书法条幅,充满了书卷气。

家境困难,他下班后就开出了一片菜地,种上了油菜。妻子谢粉香来探亲,看着他种得密密匝匝的油菜,说他种的太密了。他笑着说:"这就是你不懂了吧?嫩苗时可以剔着吃;大一点,可以氽一下拌着吃;油菜开花时,可以炒着吃;最后结籽可以榨油吃,这可是个绿色小银行啊。"

组织上对谢延信的情况十分关心,每到救济时就会想到谢延信,可他从来不主动写申请:"比我困难的人多了,不只是我谢延信一家。"

这就是谢延信,一个能坦然面对困难的人。常挂在嘴上的微笑,就是他对生活的态度,对未来的信心……

众口皆碑　大孝至爱

谢延信用32年的执著,书写了自己精彩的人生;用32年的付出,诠释了中华民族的传统美德;用32年的孝心,给孝道注入了时代精神!

1997年,他作为焦作市家庭美德报告团惟一的男成员,向全市人民讲述了自己的经历,感动了无数的人。焦作电视台等有关新闻媒体采访延信时,问他:"你家最值钱的东西是什么?"

延信指着他床头桌子上岳父的骨灰盒说,"它最值钱,买这个骨灰盒花了150元。"

"你为什么把岳父的骨灰盒放在床头,不寄存在殡仪馆?"

"存在殡仪馆还得拿寄存费,放到我屋里感到心里踏实,我始终认为我爹没有离开我。"说这话时，延信止不住流下了热泪。

记者们感动了，流泪了：这是真正的平民英雄！

2006年以来，《工人日报》、《中国煤炭报》、《当代矿工》、《河南日报》、《大河报》、《河南工人日报》、《焦作日报》、《焦作矿工报》、焦作电视台等众多的新闻媒体也对他感天动地的事迹进行了报道，许多记者在采访延信时，被他的事迹深深感动，为他伟大的人格流下了热泪。在"寻找感动中国十大矿工"活动中，顺应胡锦涛总书记提出"八荣八耻社会主义道德观"的大环境，谢延信再次成为媒体关注的焦点……

在焦作市委组织的"谢延信先进事迹报告会"上，来自市直机关的公务员都被谢延信的事迹感动，唏嘘之声充满了整个会场。

河南省委书记徐光春为一个普通的煤矿工人亲笔批示："读了这篇报道，心灵受到极大震撼。大孝至爱的谢延信，以其崇高的道德境界揭示了做人的真谛，是我们学习的榜样……"

在河南省组织的"十大敬老楷模"评选中，评委会破例授予谢延信"十大敬老楷模特别奖"；在河南省文明委等七家组织的"中原孝贤"评选中，谢延信再度入选。

焦作市联合全市十大网站，现场视频访谈谢延信；以谢延信为题材的豫剧正在创作之中。

谢延信的名字出现在全国几百家网站上，跟帖的几天内就达3000多条。人们用最美的语言、最真挚的情感来歌颂谢延信，赞颂他创造的这一宝贵的精神财富。

谢延信是高尚的，高尚的是他32年的矢志不渝，无论是成为新闻人物，还是名不见经传；

谢延信是伟大的，伟大的是他用32年的平淡生活，使一个不幸的家庭平安的生存下来，为国人构筑了一座道德丰碑；

谢延信是平凡的，平凡的是他32年来，用平凡创造了非凡，用微笑面对生活、面对人生……

当代中华最感人的十大慈孝人物 · 中华慈孝奖

史金凤
186个聋哑孩子的"妈妈"

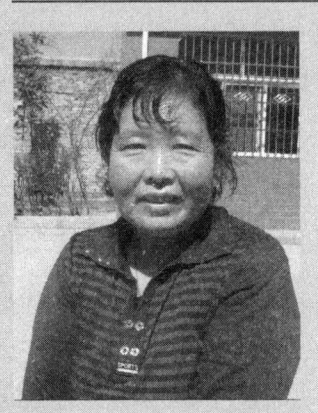

慈孝心语

从收养聋哑弃婴到开办聋哑学校,史金凤用自己的爱心致力于聋哑儿童教育事业,更是把一份慈母大爱献给这些特殊的孩子们。

推荐单位: 陕西省周至县县委宣传部
推 荐 人: 张 伟

她本是一位普通的乡村医生,和丈夫种植着近10亩的猕猴桃果园,小日子过得相当舒心也非常平静。不曾想到,只因18年前在寒风中抱回一名被父母抛弃路边的小生命之后,彻底改变了她的家庭和人生。18年来,她以博大无私的胸怀和常人难以想像的苦楚,收养了100多个聋哑智障儿童,为这些可怜的孩子建造了一个温暖的家,让他(她)们走出无声的世界。她,就是全国有名的"美德在农家"示范户,全国三八红旗手、中华慈善总会和江苏卫视、香港亚洲电视联合举办的"感动中国十大真情故事评选"活动的候选人史金凤。

炽热母爱　唤醒一个即将永远沉睡的生命

今年刚满55岁周岁的史金凤，是陕西省周至县楼观镇塔峪村百果园自然村的一位普通农家妇女。农历1991年正月22日的清晨，寒风飕飕，天空飘着雪花。史金凤早早起了床，她要去西安给自己的诊所购买药品，顺便为在西安上学的女儿送几件御寒衣物。当她来到楼观台停车点时，却发现六七位等车者围在路边指指点点，未等她上前看个究竟，客车"咔"地一声就停在她的身边。她刚上车，就听见一位年长者说："真是造孽，把那么小的月娃子放在路边，时间久了就会冻死的……"史金凤听后连忙从车上跑了下来。雪白的大地上，一个黑糊糊的包裹就放在路边。史金凤解开包裹，里面露出一个还未满月的婴儿。婴儿身旁，放着一张写着"只因家贫，盼望好心人将娃领回"的纸条。

史金凤一摸，孩子全身冰凉，却发出嘶哑微弱的哭声。她知道，这是一个弃婴，母性的慈爱告诉她：先把孩子抱回家再说。

回家后，她立即给孩子喂奶，可孩子就是不吃。史金凤再仔细一看，发现孩子额头和脚上到处都是针眼。史金凤这才意识到，这孩子肯定患有医治不好的疾病！"

在家人一片抱怨和不解的眼神中，史金凤连忙把这个孩子抱进县城一家医院。果然，这孩子患有肺炎和先天性心脏病。医生说，这个孩子病情太严重了，劝史金凤放弃治疗。可史金凤却和医生争执起来，说是你们一定要想办法把这个孩子救活。医生说县里的医疗条件有限，他担不起这个责任。

第二天一早，史金凤抱着孩子急匆匆赶往西安，住进西安儿童医院。住了17天，孩子的病情基本得到控制，除了心律没有多大变化外，其他症状基本缓解。史金凤这才长长地舒了一口气，她笑了。可她笑的也很苦涩，因为这17天把她身上所带的7800元已经花的一干二净。

看到孩子病情好转，史金凤跑前跑后求助村干部和乡邻们寻找孩子的亲生父母。可时间一天天过去了，弃婴的父母始终没有找到。

1991年5月8日，史金凤撞进楼观镇党委书记胡振华的办公室，恳请他发动群众在更大范围内找寻弃婴的父母。她说："这个娃现在没事了，他的父母可以放心地养育。我还要办我的诊疗所，帮丈夫务果园！"临走时，史金凤还一再表示："这个孩子的父母找到后，给娃看病的钱我一分一文不要，我再给娃5000元的生活费，帮他家渡过难关！"

然而，经过镇政府的多方努力，寻找弃婴父母的事一直没有消息。7月13日，史金凤又专门上县城找县民政局，想把孩子放进孤儿院。可民政局的负责人告诉她，周至没有这个机构。看着这个找不到父母的苦命孩子，无奈的神情写满史金凤的脸上。于是，史金凤硬是说服了全家人，把这个弃婴留在家里，为他正式取名庞小明。

一年后的正月22日，史金凤对丈夫说："小明捡回来整整一年了，咱们就把小明的生日定在去年捡回家的这天。你去买个生日蛋糕，让小斌和晓燕都回来，一起为小明过个周岁生日！"

欢庆的气氛中，大家兴奋地逗小明取乐。突然，史金凤的心猛地一颤。不对啊，正常情况下一岁的小明应该吱吱呀呀学着说话了，可小明只是"啊啊"乱喊。平时她只认为小明由于发育不好，语言表达和动作可能迟缓一些，所以没在意，现在却发现小明似乎对外界的声音没有反应。史金凤坐不住了，第二天就抱着孩子立即赶往西安检查。可由于孩子太小不能做听力测试，好几家医院检查后都认为这个孩子可能是先天性耳聋。

从此，史金凤抱着孩子踏上了艰辛的治病之路。而这条路，她一走就是8年。8八年里，她一趟又一趟往返于西安、郑州、太原、成都。为了这个孩子，她花去家中10多万元的积蓄。

史金凤原来的家，现在成为伙房

体力和经济的消耗，并没有换回小明病情的好转。1998年2月28日，史金凤带着孩子去西安中医研究所作脑测听。医生在做完检测之后对她说："你今后不用再给孩子治疗了，这孩子听力太差，无论怎么治疗都是无效的！"医生简单的一句话，对史金凤来说犹如晴天霹雳。她实在接受不了这个残酷的打击，8年里花了那么大的心血得到的却是这样的结果。她万念俱灰，紧紧地抱着孩子，打算跳楼。这一举动可把医生护士吓坏了，"你救一命再搭一命，值得么？孩子虽然聋哑，但是只要耐心去培养他，他也会和正常人一样生活！"

4月的一天，史金凤从报纸上看到上海有家医院采用手术治疗耳聋效果好的消息，立马产生了带小明去上海治疗的想法。可儿女们难以理解，说小明难道是亲生的，我们是抱养的。亲戚和邻居都不理解，好多人都劝她："你是有儿有女的人了，年纪也大了，花那么多钱为自己买罪受，太不划算了！"可这时的史金凤非常倔强，"不行！既然我和他有缘，就有责任呵护他，反正只要有一线希望，我都要去尽母亲这份责任！"

1998年5月9日，史金凤抱着孩子，前往上海求医。到了上海才知道，这个耳蜗手术光是手术费就得24万元。医生听她是农村来的，劝她不要做了，说是这样的手术费一般的农家负担不起。可史金凤当时只有一个念头，一切为小明着想。她苦苦地哀求专家，说是只要能给孩子治好病，就是砸锅卖铁倾家荡产也心甘情愿。专家们被史金凤炽热的母爱感动了，专门开会，决定为小明做手术，同时也决定免除大部分费用。5月18日，当医院给小明做完详细检查后，才告知她孩子病情特殊不能做手术。

大爱无痕　她用爱心创造了人间奇迹

史金凤无奈地回了家，一位资深老中医告诉史金凤，说是用裸露在深山崖石上的老葛根熬成药汤可以缓解孩子病情。史金凤听后如获至宝，不顾丈夫和亲人的劝阻，独自一人上了山。

陕西关中的8月，正是一年里最热的月份，也是深山里马蜂和毒蛇出没频繁的季节。1998年8月5日,史金凤骑上车子,直奔秦岭深山的九焰乡栗子坪,又步行20多里乱石小道,才来到荒无人烟的40里峡谷。为了找到裸露在崖石上的老葛根,史金凤忍着常人难以忍受的痛苦,向一座布满葛根的悬崖爬去。她的手被锋利的崖石割开了口子,鲜血一滴滴地淌了下来,她顾不上擦拭,只是一个劲地用小铁镐探寻老葛根。就在她把捆好的老葛根拉下山时,一条和老葛根颜色一样的大蛇突然蹿在她的脚下。史金凤吓得走了神,只听"啊"的一声便摔下山崖。可是,深山里一片寂静,没有一个人。过了好长时间,史金凤才苏醒了过来。她忍着钻心的疼痛,一步一步地爬到了谷底。

在谷底,史金凤有幸遇上了进山割漆的漆农。好心的漆农搀扶着她来到栗子坪,然后打电话叫来她的丈夫和亲友。爱子心切的史金凤,在双腿被摔成粉碎性骨折送往医院治疗时,还不忘催促丈夫进山取回那两捆大约重50斤的老葛根。也就是那次进山,给史金凤留下了至今还不能痊愈的后遗症。说起来真是让人难以置信,史金凤为给小明熬药,先后熬坏了42个药锅。

转眼小明到了上学的年龄,为了让他接受文化教育,史金凤把全县20多个乡镇的200多所小学全部跑了一遍,最终也没有找到能够接受小明这样孩子的特殊学校。后来,史金凤终于打听到40多公里外的户县有一所聋哑学校,就把小明送去上学。

小明在户县上学,史金凤每周都要跑80公里往返接送,寒来暑往,风来雨去,她从不言苦。可是,史金凤每次送小明去学校时,小明就哭闹,死活都不愿意去学校,因为小明很不喜欢这个远离父母的陌生环境。史金凤想,小明可能太恋自己了,干脆心肠硬一点。于是,她在学校附近找了一户有聋哑学生居住的人家托管小明。没想到,托管后的第一个周末,那家人就把电话打到家,说小明清早就离家出走了。史金凤闻讯连忙发动亲友寻找,她们寻遍了户县县城的角角落落,就是没有找到小明。后来,还是心细的史金凤在一辆收班的公交车上发现了小明。当时司机和乘务员也不知小明什么时候上的车,由于司机与小明没法交流,正准备把小明送往

史金凤与她的聋哑孩子们在一起

救助站。

史金凤再也不想让孩子离开自己,她要为小明办一所学校,请老师到家里来教孩子。可是她也清楚,要是没有其他同学做伴,小明一个人恐怕也无心读书。一天晚上,史金凤对丈夫说:"我想办个聋儿学校,学生就是咱小明!"丈夫急了,"别胡思乱想了,几十万人口的大县都办不起聋哑学校,何况你呢?"可史金凤听不进去丈夫的劝说,还是一心想着办学。

第二天,史金凤骑着摩托车,想在周围几个村子找几个聋哑孩子和小明一起上学,她一再声明老师的费用全部由自己出,其他孩子一分钱也不收。当她听说邻村有一个到了入学年龄的聋哑孩子,就热情地找上门去。没想到,对方却冷冷地说:"我们才不上当受骗呢,念书不念书没有啥意思,只要我们的娃不饿死就行了!"对于别人的不理解,史金凤只能默默地流泪承受。

史金凤软缠硬磨,终于动员了3个聋哑孩子同小明一起上学。于是,她聘请了本村的女高中生耿小群作老师,并送耿小群去户县聋哑学校培训。有了学生和老师,在当地却买不到课本和教材。1999年的8月12日,史金凤又专程到北京购买聋儿全国通用教材。北京销售教材的人被史金凤的精神感动了,说是你赶快回家吧,我们保证教材在你人未回家之前就会把教材送到你的家。

1999年9月1日,只有2张破旧桌子、4名学生、1位教师的特殊学校正式开学了。史金凤根本没有想到,4个聋哑儿同处一室,咿咿呀呀,有口难开,动作也令人费解。虽然开学前耿小群已经到聋哑学校培训学习过,但真正独当一面教育这些聋哑儿童时,却显得手足无措。于是,史金凤就和她一起探索。教聋哑儿童和正常的孩子区别很大,史金凤和耿小群往往要花很长的时间去引导他们。刚开始时，孩子连一个"啊"字的音都发不准，史金凤就平躺在床上，在自己说"啊"字的时候，让他们把手放在自己的喉咙处去感觉，然后再让孩子看自己的口型。就这样不厌其烦不间断地重复，两周之后，这几个孩子终于发出了准确的"啊"音。

1999年9月20日，是史金凤终生难忘的一天。这天，小明见了她，突然张口艰难地喊出了一声"妈……妈"，史金凤不敢相信自己的耳朵，怔怔地站在那里发呆。当小明再一次叫出"妈妈"扑向她的怀里时，史金凤搂住孩子大声地哭了……是啊，为了让聋哑的小明叫一声"妈妈"，她整整等了9年。史金凤大喜过望，拉着小明逢人就说："你们看，孩子会叫我妈妈了……"

聋哑儿开口说话，邻里们都说这是个奇迹，而史金凤知道，这是自己的爱心创造了这一奇迹。好多聋儿闻讯后，拽着家长来到史金凤的家哭着闹着要上学。史金凤为难了，不收吧，作为一个做母亲的于心不忍，收下吧，简陋的条件怎能容下这么多的孩子。最终，她和丈夫反复商量，决定腾出自家住的房子，拿出自己行医多年的积蓄，再把近十亩猕猴桃园的收入也拿了出来，收下了这些可怜的孩子。

宽阔胸怀　为聋哑孩子撑出一片晴朗的天

其实办学条件简陋还不是史金凤最担心的事情，能让聋哑孩子尽早发出声音才是她感到最头疼的事。8岁的焦哲由于很少与人交流，因此从不与同学说话，老师单独授课时也不敢看老师。这让史金凤非常焦急，因为每当老师把焦哲的手放到自己的喉咙上时他就哭个不停。史金凤想，总不能让孩子哭啊。于是，史金凤就带着焦哲出去，给他买糖开小灶。慢慢地，焦哲和史金凤熟悉了，愉快地接受语训，很快发出了声音。

史金凤始终相信，对聋哑孩子只要给予足够的耐心和爱心，终究是会让他们学到知识的。学校里有一个叫"老顽固"的孩子，刚来学校时连嘴都不会张，这让史金凤和老师为难了好长一段时间，可她们始终坚持帮助训练"老顽固"开口说话。有一天，史金凤从外面刚回来，"老顽固"就用含混不清的语言说："妈……妈，我……要！"史金凤听到那一声，就说你再继续喊，这孩子还是"妈妈我要……妈妈我要……"史金凤把摩托车一骑，把孩子带到菜店里去，见什么菜给指什么菜，见什么吃的东西给他教这是什么吃的东西。连续带了3天，那个"老顽固"终于说出了"妈妈，我要糖！"在这件事的启发下，史金凤很快转变教学方式，孩子们进步都很快。

史金凤博大无私的母爱和善举赢得了四邻八乡称赞，他们纷纷把聋哑孩子送到这里来。很快地，教室就不够用了，史金凤只得租下村民闲置的6间空房。由于这些空房都是土坯房，大多是几十年的老房子。所以每逢雨天，屋外下大雨，屋内下小雨。上课时，课桌上都放着脸盆接水。

2003年5月24日，由于突遭暴雨，住着46个孩子的一栋房屋突然崩塌，所幸发现及时，这些孩子才躲过一劫。丈夫接受不了这样的惊吓，向史金凤摊牌了，口气很硬："贴钱办校我不心疼，出了事咱们可担不起这个责任，从明天起学校马上解散！"那一夜，史金凤辗转反侧，彻夜未眠。

第二天，当史金凤把解散学校的想法透露给孩子们后，孩子们全都哭了，一下子跪在史金凤的面前，苦苦哀求着史金凤不要赶他们回家。这一幕强烈地震撼了史金凤，她也哭了。看着这些可怜无助的聋哑孩子，史金凤猛然间感到自己太残忍了，不像一个母亲。于是，她立流着眼泪一字一板地宣布："告诉同学们，学校不解散了，'妈妈'就是再难，也不会放弃你们。从明天起，'妈妈'就给你们筹钱建教室！"孩子们听后，一下子把她围了起来，大一点的孩子把她抱了起来。

平日里像绵羊一样温顺的史金凤，这时变得非常"霸道"。她"逼"着

史金凤给她的聋哑学生上课

丈夫拿出家里所有积蓄，还把弟弟给儿子结婚的3万元钱拿了过来，又把妹妹卖果子准备盖房的2万元钱强行借了过来，给已成家的儿女硬性摊派任务。就这样东拼西凑，终于筹集到10万多元，在自家的宅基地上建起上下共有12间的新校舍。

史金凤说："让聋哑孩子走出无声世界，到大自然里去听百灵鸟的鸣啼，就是付出自己的一切也无怨言，因为这是自己从不言悔的人生追求！"是的，史金凤对每一个孩子都爱得真切、无私。

7岁的聋哑女孩程飞燕，家住陕西省旬邑县农村，刚来学校时就感冒了。白天，史金凤为小飞燕端水喂药，做可口的饭菜。到晚上，她让小飞燕和自己睡在一个被窝。3天后，小飞燕的病好了，史金凤要送她到班上集体住宿时，小飞燕突然跪了下来，哭着说："妈妈，我要和你一起睡！"看到孩子这一举动，史金凤把孩子紧紧地搂在怀里，好多天和她睡在一起。

去年暑假的一天，史金凤突然接到两位学生家长的电话："我们的孩子不见了，现在不知去了哪儿？"史金凤闻讯后，连忙丢下家里的农活，四处打寻。当她得知两个孩子是被一个外地的聋哑学生骗走时，心急如焚。于是，史金凤立即向公安部门报案，并动员全家人找寻这两个孩子。通过多种渠道打探，她捕捉到骗子的去向信息。为了两个孩子，她历时半个月，先后到河南、浙江、山西等地。在公安部门的协助下，终于在山西找到了他们。历尽磨难的两个孩子见到史金凤，一下子就扑进她的怀里，"妈妈，我们再也不离开你了！"

"春风潜入夜，润物细无声。"史金凤用一颗炽热伟大的母爱关爱着每一个聋哑孩子。特别是那些已经走向社会的孩子，至今让史金凤魂牵梦绕，感动难忘。

2005年的5月29日，史金凤突然收到一封来自上海一家皮具加工厂的信件和800元汇款。这是一位名叫李涛的聋哑孩子写的，他在信中写道，"亲爱的妈妈，我发工资了。这是我发的第一个月工资。我长这么大，从来没见过这么多的钱。如果没有妈妈您含辛茹苦的辛勤培育，就没有我的今

史金凤与丈夫庞甲一和捡来的聋哑儿子庞小明

天。我认为，这些钱应该属于妈妈，所以我把第一个月工资寄给您——亲爱的妈妈……"是的，李涛在这里不仅学会了手语和基本的文化知识，更重要的是在这里找到了做人的自信。

第二天，史金凤专程登门把这一消息告诉给李涛的父亲，李涛的父亲听后说啥也不相信。可当史金凤把李涛寄来的信件和800元工资交到他的手里时，这位曾经对儿子失去信心的男子汉一下子哭了，"扑通"一声跪在地上，"我……我不知该怎样感谢你啊……"

其实李涛带给史金凤的不仅仅是一份欣喜，更重要的是给了她办好聋哑学校的力量和信心。到如今，已有26名孩子经过训练已进入了普通小学，同正常孩子一样接受教育，6名孩子进入技工学校定向学习，38名聋哑孩子从学校走向社会，在西安、上海、深圳等地工作。目前，家里还有来自陕西、河南、四川和山西四个省16个区县的116名聋哑孩子。

18年来，史金凤始终把聋哑孩子当成自己的亲生孩子，她既当教师，又当保姆。不知疲倦的劳累，使他体力过度透支，积劳成疾。2008年10月，一直感到下腹疼痛的史金凤在县里一家医院检查时，发现腹部右侧长有肿瘤。医生建议她马上去西安进行复查，以便确诊后接受治疗。可她回到家，又四处奔波全身心地投入到新校舍的款项筹集上，把医生告知她尽快复查身体的事抛到九霄云外。今年初的一个晚上，疼痛难忍的史金凤靠在床角，痛苦地呻吟起来。这时，恰巧被窗前经过的孩子们发现了。孩子们这才喊来其他老师和同学，围在她的身边。史金凤一看实在瞒不下去了，这才将检查的结果告诉给老师和子女。就这样，史金凤硬是挺到2008年1月10日，亲眼看着孩子们考完试，平平安安地离校回家了，这才去医院复查。经诊断，她患的是淋巴瘤，属恶性肿瘤。由于病情特别严重，医院在第二天就为她实施了紧急手术，取下一个重达2.5公斤重的肿瘤。

"爱心妈妈"患病后，立即引起社会各界的关注。西安市慈善会会长郝树茂闻讯后，专程到医院看望她，并代表市慈善会捐助她1万元作为医药费。可接过钱的史金凤却说："这钱我收下了，但我把它要用到新校舍的建设中，至于我的医药费，我的子女是会负责的！"之后，一些素不相识的网友也纷纷相约，专程去省人民医院探望这位"爱心妈妈"。西藏拉萨独益生物科技有限公司总经理赵银良闻讯后，在去医院看望史金凤的同时，还为该校送去电脑和新桌椅。

由于长期的化疗，史金凤的头发大量脱落，身体状况也大不及以前。面对这些，史金凤表现得相当坦然。她说："这个学校，我一定要竭尽全力地办下去，我给儿媳已经说了，就是我离开了这个世界，再苦也要再难把这个学校办下去！"

史金凤的事迹感动了中国。几年来，她先后获得了全国和省市的"三八红旗手"、"慈善奖"、"巾帼文明奖"、"特殊教育先进工作者"、"先进教育工作者"、"社会办学力量先进集体"等荣誉称号。也是全国有名的"美德在农家"示范户。2005年，她有幸成为中华慈善总会和江苏卫视、香港亚洲电视等单位联合举办的"感动中国十大真情故事评选"活动的主角。

当代中华最感人的十大慈孝人物·中华慈孝奖

曹翠花

好人大妈30年如一日播撒孝心

慈孝心语

　　对曹翠花来说，奉献是一种信念，更是一种力量。她平凡而伟大，用自己的双手撑起了一片爱的天空。

推荐单位： 江苏省建湖县近湖镇人民政府
推 荐 人： 肖兆力

　　曹翠花，1955年出生，江苏省建湖县近湖镇先锋社区居民，建湖县港务处桥东作业区女职工。1995年获得江苏省"百颗孝星"；2006年获得江苏省"孝亲敬老之星"；2007年获得江苏省"孝女之星"；2008年获江苏省十佳道德模范，同年获盐城市首届道德模范；2009年入选全国道德模范提名。

采访中,她几次泪湿眼眶,"我这一生,不知道什么叫享福,有时回顾过去,也会惊讶自己当时是怎么挺过来的……"她扮演着一个个普通的社会角色,却用真心阐释着每一个角色所能发挥的极限。

在水乡建湖,曹翠花是一个名副其实的新闻人物,因为她30年如一日坚持做好事。她的事迹先后被《中国妇女报》、《中国交通报》、《中国老年报》、《新华日报》、《南方日报》、《盐阜大众报》以及省、市电视台等多家媒体宣传报道。作为一位普通女性,曹翠花一直就有这个信念:好事做了就做了,不图别的,就图个尽责任、尽义务、尽孝道,让所有的孤寡老人的日子,都过得幸福安康。

未出闺阁先做娘

"那时单位离两个孩子的住所不远,每天来回走动都要穿过一个狭长的小巷子,时不时总会听到指指点点的小声议论。一个刚满20岁尚未嫁人的大姑娘,同时拉扯着两个孩子,这在当时是一件可以轰动小镇的大事情。"曹翠花的两个孩子并非亲生,这是一个需要付出爱心和勇气的选择。

1974年,曹翠花在建湖县港务处做机修工。一天,听说一个以前同事的爱人病危,她连忙赶去医院,然而眼前一幕却让她感到揪心。躺在病床上的这位年轻妈妈才28岁,见到曹翠花,突然拉起她的手,嘴巴不能动弹,像有话要说,意思是:"妹子,有空看看我家宝宝,两个小孩好玩

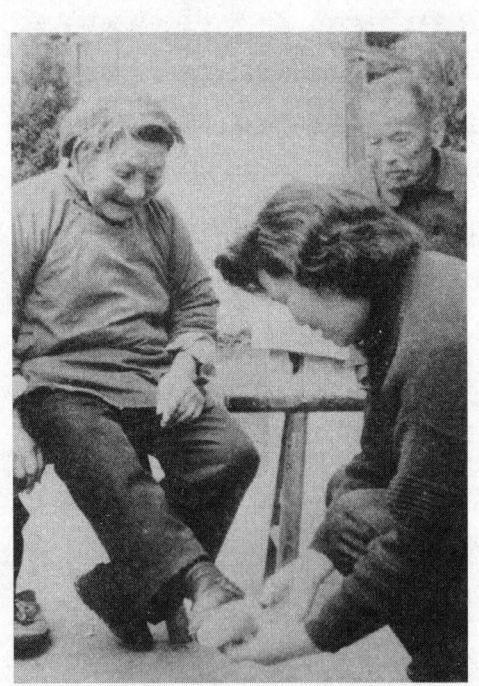

曹翠花在建湖敬老院为83岁的老人量尺寸

呢!"这两句未说出口的话那一刻被曹翠花理解成了"临终遗托"。

其实,她与两个孩子的母亲并不熟识,仅见过那一面。只是,这两个嗷嗷待哺的孩子大的2岁,小的才3个月。

也是这一次结缘,让两个孩子的叔叔刘步领对曹翠花产生了深刻的印象,"这两个孩子正是他的侄儿侄女,我和他的互相了解是在照顾两个孩子的过程中慢慢形成的。"两人恋爱期间,为孩子端屎端尿、缝补浆洗、生病治疗就被还未过门的曹翠花一人扛下了。街坊邻居看了多有不解,甚至是猜测怀疑,什么样的议论都有,顶着这样的舆论压力,20岁的曹翠花硬是做了一年的"未婚妈妈"。

21岁,为了给病重的婆婆"冲喜",曹翠花嫁入刘家。婚后一年,她与丈夫刘步领的女儿出世。又过了一年,儿子出世,曹翠花一下子成了4个孩子的母亲。对4个孩子她没有偏爱,甚至对领养的孩子付出和照顾更多。

"丈夫在水泥厂工作,一年回来不到五次,年迈的公婆已不能走动,拉扯孩子及所有的家务自然由我一人承担。"于是,每天早晨——喂完孩子早饭后,把大的送去上学小的哄好不哭,曹翠花早已经顾不得自己吃饭了,"10年没吃过早饭",曹翠花说:"那时洗尿布的河离家有一段距离,如果晚上太黑没人散步,一个女人是不敢去的,衣服就要放到第二天早上洗,即使四五点起床,还是觉得来不及"。

繁重的家务曾让曹翠花一度体力不支。1979年,曹翠花几乎是在"鬼门关"上走了一遭。"走路时两条腿在打晃,耳鸣眼花,去建湖医院检查,医生说是长期的严重贫血和营养不良,血小板极低,需要立即送到大医院治疗。上海同济医生的一个老教授对我说,再不休息和调理,你就没救了。"

这种身体拖垮的情况在曹翠花身上发生过两次。但在极度艰难中,她还是一手把领养的两个孩子培养到高中毕业,就业成家,整整照顾了25年。

婆婆临终只唤媳

嫁进刘家的几十年里，除了做4个孩子的母亲，曹翠花一进门就挑起照顾病重的婆婆的重担。常年患严重支气管炎和肺病的婆婆从未下过床，从曹翠花进门第一天起，婆婆的尿盆屎盆都是这个新媳妇端。给婆婆洗澡也成为她的必修课，夏天每天给老人擦拭身子，一遍又一遍，擦了整整10年。

"婆婆夜里突然发病，都是我带她去医院，我背过、用平板车拖过、送水车推过、自行车送过、躺椅抬过……"曹翠花细数过去的点滴，眼眶里不禁模糊起来。

曾经有很长一段时间，曹翠花的生活是这样的：白天上班，安顿好公爹和一大群孩子吃饭，晚上到医院给婆婆治病，侍候老人吃药打针，自己饱一顿饿一顿。时间长了，街坊邻里都知道刘家有一个比女儿还孝顺的媳妇，觉得婆媳之间能处成这样，真难得。

"做媳妇，委屈也是有的。"曹翠花的养子养女也是丈夫的侄子侄女，这样的关系有时让她在家里更难处理。印象最深的一次是养子上幼儿园那年，"刚把两个孩子洗好澡，照应上床，结果女娃娃调皮，一屁股又坐到澡盆子里，弄得全身是凉水。婆婆见状，心疼不已，毕竟也是她的亲孙女啊，她忍不住怪我，'你看你，如果是你亲生的，你能让娃娃这样吗？'"受到委屈的曹翠花一声不吭，帮孩子重新洗一遍，照顾上床。自己随后躲进了小房间里，一关上门，眼泪竟止不住往下流。

这是曹翠花十多年来觉得最委屈的一次。"再难，即使一个人偷偷抹眼泪，也不要和老人当面发生争吵。她年纪大了，晚辈不应该与她计较什么。"那一次后，婆婆也再没有对曹翠花抱怨过什么，甚至想通了以后还拉着媳妇的手，说一些安慰的话。

10年里，婆婆总是习惯喊她"宝宝"。儿子已经半尺人高的曹翠花，在婆婆面前，一直被这样唤着。"听着一点也不觉得别扭，将心比心，媳

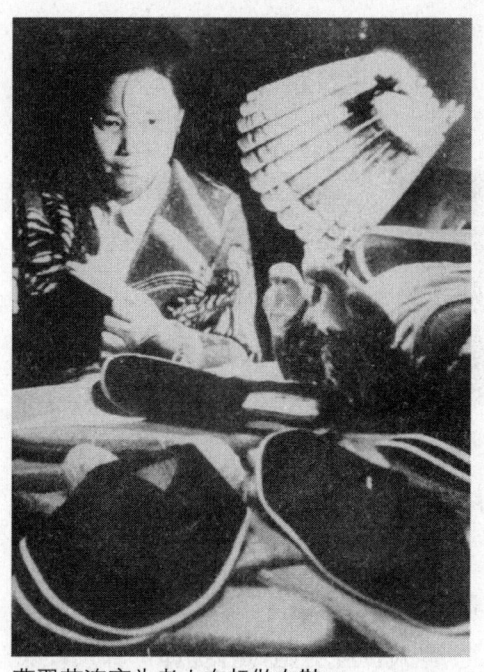

曹翠花连夜为老人在赶做布鞋

妇就是女儿，甚至女儿不在的时候，应该要比女儿还亲。"如今孙女早已长大的曹翠花也经常同儿媳讲起婆媳之间的许多故事。

曹翠花的婆婆去世是1985年冬天的事。前一晚老人家像是有预料似的，突然对儿媳说："宝宝，给我把衣服穿好吧，我要出去。"一听这话，曹翠花感觉到了什么，心里一酸。虽然当时婆婆的4个女儿都在跟前，但很奇怪地，老人只是一个劲地对儿媳说："我只要你陪我。"那天下午，老人拉着曹翠花的手，闭上了眼睛。

"给她守夜那晚，是我一个人躺在她旁边，看着她，哭了一夜。10年了，和自己的妈妈早已经没有区别了。"曹翠花说。

一针一线总关情

曹翠花最为人知晓的，是她为五保老人做布鞋的事。建湖全县每一个敬老院的老人都领到过她纳的布鞋。"看着老人高兴地把鞋捧在手上，穿在脚上，我觉得自己还是一个可以对社会作贡献的人。"

"现在纳得没有过去多了"，曹翠花翻开家里两蛇皮袋的布鞋，为了防潮，里面一双一双都用塑料袋包着，"这些是今年一年纳的"。从1991年开始，每晚临睡前她必做的功课就是"糊骨子"，纳鞋底，粘鞋帮。仔细看，她的手与常人的手是不同的，右手腕和手指被来回抽动的线勒出了道道红痕，右手几个指头都是弯曲的，食指已经严重变了形。

曹翠花在接受广西卫视摄制组的拍摄采访

一针一线总关情，双双布履暖人心。1991年秋，在敬老院，有的老人接过鞋袜禁不住哭了，说要保存下来，"权当女儿为我们送老鞋吧"（民间有习俗：老人临终穿布鞋吉庆）。这情景让曹翠花两眼潮湿。从那时起，她许下了一个心愿：用10年时间，为全县所有敬老院里的老人每人做一双布鞋，买一双棉袜。

19年里，曹翠花一共做了1856双布底鞋，买了1856双袜子，无偿送给全县15个乡镇敬老院里的孤寡老人。有人曾经为她做过统计：每只鞋底1700针，400双就是136万针。如果以每3秒钟纳一针计算，就要花去1130多个小时。这不包括剪样、糊布、做鞋口等工序所花的时间。曹翠花自己也曾留心过，她用了12公斤多白线，500多根针。她说，一斤布最多做三双鞋，那么她这么多年做了1856双鞋，就用布310公斤！

为什么想起纳布鞋免费送老人？问起这个话题，她只是陆续地向记者提到几件事。"1979年去上海同济医院治病，自己的身体其实已经垮了，是那位72岁的退休老教授把我给救活了。人家70多岁了还在替人治病，我拿什么奉献社会？"对这件事，曹翠花一直心怀感恩，却无以为报。

"小时候家里太穷，父母都在船上，别人家的船是装粮食，我家的船装的都是砖头。读书读到三年级，爸妈觉得女娃娃没有必要念书了，伤心之余我放下了书本。我一直觉得自己书读得不多，是一个对社会没用的人，所以特别想能做一些事情弥补我书读得不多的缺憾。"

如今，曹翠花退休工资不到800元，加上丈夫的退休金，两口子收入1500元左右，日子本来已过得很紧，纳鞋所花去的时间和成本，让日子过得更加艰难。儿子在昆山生意做赔了，她卖掉了自己在建湖的房子，为儿子抵了债。"现在连在建湖的'根'都没有了"。得知采访，她是前一天专程从昆山赶回来的。这半年她和老伴在昆山儿子租来的房子里住。生活对她来说仍然不易，苦尽尚未甘来，做母亲的她至今还停不了为子女操心，心里还牵挂着那些敬老院的老人，一辈子没有享过福。

曹翠花告诉记者，虽然生活压力很大，但省吃俭用的同时，布鞋还会继续做，因为这早已成为她生活的一部分，一种精神寄托，"在纳鞋的时候，这辈子经历的事、吃过的苦会一一浮现，日光灯下，觉得心静，踏实。"她说："苦惯了，人就不能空下来。有时看着一双双做好的布鞋，才知道，原来，我还是一直被需要的，这种感觉对我很重要。"

"奉献千秋唯觉少，一片赤心可对天。"这些年来，随着年龄上升，曹翠花视力减退，精力也大不如从前，但她为老人们尽责任、尽义务、尽孝道的想法没改，做法没变。在维持基本家庭生活的同时，曹翠花省吃俭用，总想多挤出点钱来，多买些鞋材，多为老人们做些布底鞋。

记得县里给曹翠花上报全市道德模范材料时，她说过这样的话，评上评不上都要做一个快乐的人，评上了很快乐，如果没评上也不会失落。的确，曹翠花把为老人们义务做鞋当作一件无比快乐的事，并在有生之年坚持不懈，为的是让老人们生活得更加舒坦。

春色宜人，只缘百般红绿争芬芳；秋光爽目，皆因万类霜天竞自由。世间万物，因和谐而妍美，家庭社会，因和谐而温馨。今后，曹翠花，这个普通的爱心大妈，为建设和美家庭、和谐社会继续发光发热。这是一种信念，更是一种力量。如同一块红煤可以引燃千万块煤，一颗红亮的心可以引红千万颗心。相信，越来越多的人们将和曹翠花一起，精彩上演生生不息的爱心接力，共同创造生机盎然的和谐人间。

当代中华最感人的十大慈孝人物·中华慈孝奖

萧金定

永不褪色的母爱陪瘫痪长子走完48年人生路

慈孝心语

48年的辛酸和操劳贯穿了一个母亲的一生，母亲的伟大和平凡就是用一颗永不褪色的爱心铺就的。

推荐单位： 厦门君赢投资有限公司
推 荐 人： 尤国振

萧金定是晋江金井的一位小学教师，照顾瘫痪长子48年，她用坚韧与母爱谱写了一曲时代的赞歌。

萧金定夫妇和大儿子

2007年1月21日，晋江某酒店，一对幸福的老人正在举行金婚喜宴。50年的风风雨雨，幸福、平淡，或是风雨，其间的滋味又怎能说清？这一对金婚夫妇又有着怎样的情爱历程？当二儿子王冬竹在宴席上宣布捐出10万元给当地慈善总会时，我们惊诧地发现：那些隐藏在笑容背后的是一个长伴瘫痪儿48年不离不弃的母亲的悲喜泪花。

这对夫妇就是晋江金井的王珍评和萧金定。他们年轻时没有举行婚礼。如今，这个婚礼有着不同寻常的意义。就是在这样一个家庭里，这对夫妇用爱书写着一份足以感天动地的真情。

八月怀胎成一生之痛

他们的相遇好似偶然中的安排。王珍评下乡到前垵后，通常会去干部家里串门。渐渐地，就有人为他介绍对象了。萧金定是那种很听大人话的姑娘。听父母说他人老实，嘴巴又甜，认识将近一年就准备结婚。没有托媒，1957年，他们去区里登记。萧金定只记得登记那天他们是走路去走路回来的。婚礼没有轿子、没有汽车。当时他家里很穷，只有一张旧床、破桌子和旧水缸。他还是家里的独子。结婚时没有请客，没照结婚照，糖果用手绢装，米买了一袋子。她下决心要当个好妻子、好母亲。

她是位小学老师，婚后生了五个孩子，两个女儿三个儿子。第一个孩子是大女儿。两年后，又怀上了，就是她现在的大儿子。有一天，她走在路上突然肚子疼。途遇乡村的医生。医生平时跟他们家关系较好，见此情景就问："萧老师，你怎么了？"萧老师说："肚子疼。"这位医生赶紧拿药给她吃。那时候她怀着孩子虽然已经8个月了，可由于她比较高，看不

金婚萧金定、王珍评夫妇和主持人在一起

出是怀孕,她怀孕9个月时才看得出来。吃完好心医生的药,她回家肚子疼得更厉害了。第二天还再疼。隔了一天,吃完午饭后她就早产了。

"当时接生的医生就告诉我,孩子的情况有些不妙。"萧金定回忆。果然,由于生下来只有八个月,孩子还没有完全发育好,手和脚都比较细。而且出生后一直哭。到3个月时孩子得了疝气。5个月时发现脚脓毒。脚开了六七个孔。他身体很差,到7个月时又患鸡阵风。晚上给他换衣服的时候,发现后脖子周围红红的。第二天换衣服再看已经肿了。第三天赶紧抱着去找医生。将脖子这边割开,已经化脓了,十分严重。到11个月时孩子又发高烧,三四天没吃没睡,导致脑膜炎。才出生11个月,他就已经做了几次手术了。那时候家里很穷,没有条件去大医院,医学也不如现在先进,结果就这样残疾了。天生残疾的儿子成了她一生的痛。

照顾瘫痪儿子和七口之家

身为小学教师的她工作负担重,而大儿子整天都需要人照顾,她还要四处寻医问药,而丈夫又要在外赚钱,她便担起了家里所有的重担。她已经记不清背着孩子走了多少个地方,访了多少位医生,半夜爬起来抱着孩子去看病的场景,更是数都数不清呀。

这样奔波了好几年,可孩子还是四肢软弱无力,不会说话,医院也说这孩子可能一辈子都要在轮椅上度过了。从此之后,萧金定全权料理起了孩子的生活。大便、小便、吃饭、睡觉、洗澡,每一样常人看似简单的事情,却都要由萧金定来为儿子完成。如果长期躺在床上,身体上免不了会长疮，萧金定就每天给儿子擦身。后来，萧金定还向盲人师傅学会了按摩，每天为儿子按摩身体，以减轻他身体的疼痛。

每天早上，她5点多就起床了，先是给儿子按摩，然后再吃药。儿子躺着有时身上会碰伤。给他涂点药，再开始做其他的事情。烧开水，喂完猫狗，做完这些才去锻炼。锻炼完了再去买菜，买完菜回来接着照顾病床上的儿子。

正值国家自然灾害的1960年左右，他们七口之家，要养活五个嗷嗷待哺的孩子真不容易呀。那时，萧金定一个月的教师工资才30元，如此微薄的收入哪能养活一大家呢？老公也不过是村里的支书而已。他们于是想尽办法挣钱。于是夫妻俩去海边捞牡蛎。老公捞完了就去上班。萧金定却挖了牡蛎去卖，换成地瓜什么的，不然家里就不够吃了。下班回来后吃完晚饭再去海里捞。她回忆当时情景："我一直固定跟一个卖豆腐的换豆，一斤豆换八块豆腐。那块豆腐给它夹起来分成四块，一个孩子一块，蘸豆豉汁吃，以前哪里有酱油啊！"小女儿忆苦思甜地回忆："那时候都没什么菜，但是我想吃油条什么的，妈妈就会让我去买。在外人看来人家都觉得不可思议，说你们家里经济又不是很富有，还要让小孩想吃什么就吃什么，但我妈妈就有这种胸怀，小孩子想要的，她就是再难也会去争取。"

每年的10月17日是个热闹的日子，孩子们都穿新衣服。有一回大女儿没有新衣服穿，妈妈很发愁，就把自己的一件线呢衣找出来，那衣服是她曾经下放时穿来挑担子的，穿得都发白了。她灵机一动，将那件衣服翻过来，里子是红的，很新的样子，她迅速剪裁一番，翻过来给孩子穿上，乍一看还很像新衣服，红艳艳的。她认为，小孩在学校读书，不能被人瞧不起，必须给他们穿得整整齐齐，打扮得干干净净的，虽然我们吃得不好，可是人家也不会知道。

有位表嫂见她可怜，说表哥比较有钱，愿意借给她二三十块钱拿去用，买点好菜给孩子们吃。她总是笑着拒绝说："嫂子啊，我现在拿了，可我什么时候才能还你啊，不然，吃白食多不好意思。"她嫁过来50年里，没有借过别人一分钱。

随着孩子们一天天长大,虽然能帮她分担家务,可是肩上的担子更重了。二儿子到了找对象的年龄,有介绍的姑娘进门,因为房子问题就告吹。婆婆只有老公这么一个儿子,人情往来多,要有积蓄真难。

差一点下不了床

1978年,正逢改革开放好年头,偏偏一场灾难悄然降临。1982年,萧金定突然发现腰部有块地方的肌肉发白,而且很不舒服。去泉州检查,查不出是何病。那些医生,有的说是鸡阵风,有的说是劳损,有的说是骨刺炎,有的说是骨增生,还有的说是肺结核。说了很多种,久治无效。后来没办法下床了。教研组的同事来看她,说,人总是会生病,没关系,要尽力治一下。她敏感地意识到什么,向老公索要病历。要不是好不了,人家才不会这么说。老公说,那些病历拿到你们学校给你请假用了。原来老公早从医生那里得知她患的是癌症,只不过安慰她是普通病而已。那时候针一拔就感到天昏地暗,手脚僵硬,浮肿,什么话也说不出来。一次老公请回专门诊治癌症的福州肿瘤科王主任。那时候她已经不能亲自登门求医了。事先她老公向王医生说过病情,王医生说可能不是癌,并看了她拍的片,先抓了几副药给她吃看情况再临床诊治。果然药很灵,吃下去就能走路了。就这样她从死神手里逃出。

半年后身体康复,生活的负担压得她快挺不过去了。萧金定一边教书想一边做生意赚钱。从未做过生意的她,要开始厚着脸皮搞"营销"。初次她提个包,里面30个线,走路去金井,到厂里问人家要不要买线。"问一句我的耳边和嘴边都会发热。因为我不好意思。"

萧金定儿子王冬竹向慈善总会捐款10万

结果人家说要买，问有什么样子的。调一下，30个线都卖完了。她感到惊奇：一个月工资才30元，卖30个线就可以赚1块5，接下去就是装180个线，后来发展到买自行车载线，一边各放两箱，中间再放两箱，生意超过她的想像。再后来人家送辆摩托车，就走遍泉州、青阳等地。后来从单位请假出来做生意。最后，生意由怜惜她的二儿子接班。

命中注定你是我肚子里爬出的小孩

每当她为大儿子而忧伤时，就有一种声音仿佛对她说：没关系，手指有长短。

她想着大儿子，头脑并不傻，还很聪明。每一次去金井的医院看病，在车上，司机就会说："金定啊，你何必付出这么大代价，像这种残废的情况在丙洲治治看，能好就好，不能好的话就算了，反正你有那么多小孩，这样辛苦也不值得。"萧金定心想：就算一只小鸡掉到潜水缸里面，我们都会救，何况是我肚子里爬出来的小孩呢。有时候她会哭，这时候大儿子就会说："妈妈，你不要难过，我还有这些弟弟妹妹，我反正是没用的人，活着是多余的，也给你增加负担。"听他这么说她越发难受："这就是命中注定的，他生来如此，又不是故意要拖累我们。他这次发高烧到40余度，昏迷了。我很怕，他都没有意识了。诊断只说是身体缺什么元素，我一下子弄了半包洋参给他喝，我想试试看，结果果然有效。现在给他吃虫草燕窝，吃了很多盒了。"

"有一天，儿子突然用含糊不清的声音问我，国字里面到底有没有一点啊？我当时很纳闷，走出来一看，原来他正用脚在地上写中国两个字。我当时激动得眼泪一直流个不停。"萧金定并没有专门教儿子写字，可是弟弟妹妹们会给哥哥租连环画来看，看久了，他便尝试着自己去写。"这是对我的辛苦最大的回报。"萧金定说，孩子们相亲相爱也让她感到安慰，"二儿子每次回家都要到床前去看望哥哥。"

在孩子们的眼里，父母几乎没有吵过什么架，他们也从不和父母顶嘴，无论父母说什么。父母也不会要求他们什么，只能说孝顺，一种感念之恩。父母几十年如一日的坚持，对子女是很大的震撼。于是他们想到为父母筹办热热闹闹的金婚。

为了感谢父母对大哥的照顾和对全家人的付出，王冬竹将特意为父母办一场晚会来纪念。王冬竹说，照顾一个瘫痪的人一天容易，一个月一年也能够理解，可是48年如一日，就很不容易了。母爱的伟大让他感到十分可贵，父母是家里的兄弟姐妹永远的榜样。

"由于父母的辛苦培养，我们几个兄弟姐妹在事业上也都有了一些成就，我想替瘫痪在床的大哥答谢母亲这48年来不离不弃的照顾之恩。"王冬竹说，"这次，在父母金婚纪念日的时候，我将替他们向晋江市慈善总会捐款10万元，以表达感恩之心。"

当代中华最感人的十大慈孝人物·中华慈孝奖

林 萍

无偿捐肝的三级跳　让美丽的生命延续

慈孝心语

林萍用自己48%的肝脏，撑起了8岁女孩100%的生命，演绎了一场跨越血缘、无私奉献的人间大爱！

推荐单位： 太平洋寿险镇海支公司

推　荐　人： 陈兴土

　　林萍，女，42岁，宁波市镇海区骆驼街道团桥村人，太平洋寿险宁波镇海支公司职工。

背景

今年5月3日，43岁的林萍，割掉了自己的胆囊，捐献了48%的肝脏给一位8岁的小女孩，她们没有一点血缘关系，也从未见过面。这起无偿捐献的感人事迹披露后，在宁波掀起了一股爱心的浪潮，大家在为林萍的无私大爱所感动的同时，纷纷为小女孩的治病捐款，奉献着自己的一片爱心。

6月23日，宁波一位读者投书本报，认为按照现有的法律，这种没有血缘关系的人体活体器官捐献是违法的，无论是捐献人还是接受者。那么，究竟怎样看待林萍捐肝，记者做了深入调查——

跨过血缘关系：却"踩"到了法律地雷

4月10日，宁波镇海区骆驼街道团桥村8岁女孩徐洁患上一种名为"肝痘状核变性"的病。这种怪病的发病概率是百万分之一，连医院里都没有药，如果不到上海去进行肝脏移植手术，生命只有两三个月了。

同村的林萍，是太平洋寿险宁波镇海支公司的一位业务主管，一向心地善良、待人热情。当她得知这个消息后，就跟村里徐洁的大姨妈去医院看小徐洁。没想到，这一看，让林萍的心再也平静不下来了。当时，她在小孩子的病床前，抹着泪说，这么小的孩子就这么懂事，如果阿姨身上的肝能给你割一点，就好了。

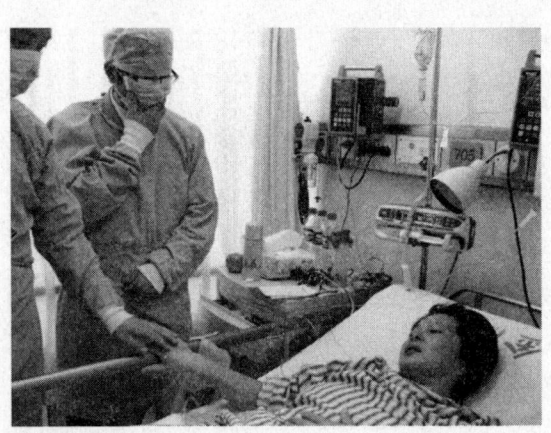

林萍在病房里

没想到，林萍就因为自己随口说出的这句话，却鼓起了孩子父母的勇气。他们带着徐洁到上海市瑞金医院去给女儿配对。

但是，家里没有一个和徐洁配得上的。惟一的办法就是等待肝源，而且这种几率也很渺茫，徐洁家人陷入了绝望。林萍知道后，就自告奋勇地说："我也是O型血，可以去试试。"原先她想，不管自己能否配对成功，至少能给徐家一些希望。或许在这段时间里，刚好能等到肝源呢！

4月23日，林萍瞒着家人去上海做血型配对，结果竟然配型成功。这种中500万大奖的概率，偏偏让林萍碰到了，仿佛是命中注定。既然如此，林萍也不退缩了，说出去的话，就应该兑现。

当林萍把自己的决定告诉家人的时候，没有一个不反对的，掀起了一场不小的家庭风波。

最后，林萍还是一意孤行要兑现自己的承诺，不能把徐家刚刚拥有的希望，给无情地掐灭。

可林萍没有想到，自己这样做竟然是违法的。医院原来以为她是小孩子家的亲人，一直到配对成功要准备手术了，签字时才知道，林萍和小孩没有一点血缘关系。根据《人体器官移植条例》规定，人体活体捐献，必须自愿无偿，而且捐献者和受捐者要有血缘关系，否则是违法的。

寻找亲戚关系：合理跨过法律门槛

出现这种情况让徐家很绝望，正一筹莫展的时候，一个律师朋友打电话给林萍。在电话里，林萍诉了一通苦，说自己想做点好事也做不成。一问缘由，朋友就在电话里骂她，劝她不要做这样的傻事。

从上海回宁波的火车上，林萍突然想起来，朋友不是律师吗，这违法不违法的事，问问不就知道了。

结果，得知情况的朋友想阻止她，劝她说："这种事，法律明文规定，没有一点选择余地。你要么放弃，反正现在是法律不允许，又不是你后悔不给了，谁也怪不了你；要么，你去做法律不允许的事，尽管没有人会来追究你，但这是违法的。不但是你犯了法，连接受你捐献的小女孩，还有医院也是犯了法。当然，医院也不会给你做的。"

真的没有一点希望吗？林萍不相信，也想不通：为什么在有血缘关系的亲人，一一配对都没有成功的时候，也不允许外人伸出无偿的捐献之手？难道就要眼睁睁地看着这个小孩在痛苦和绝望中，离开亲人？

林萍决心很大，不想放弃，她既要捐肝，又要让自己不违法。她上网查了查，是有这个规定，《人体器官移植条例》第十条说："活体器官的接受人限于活体器官捐献人的配偶、直系血亲或者三代以内旁系血亲。"但是规定后面，还有这样一句话："或者有证据证明与活体器官捐献人存在因帮扶等形成亲情关系的人员。"她不知道是什么意思。

朋友看林萍不到黄河不死心，就告诉她，这是法律最后的通道，就是找到生活经济上比你家差的，你想无偿帮助他们的亲戚关系。

林萍一听，就笑了，她说，同一个村的，难道还找不出点亲情关系吗？她决定回家去找。

这一找，结果还真从丈夫那边找到了关系，她婆婆和徐洁的外婆是表姐妹。把这个结果告诉医院，医院说，只要她能到公证处证明这种关系，再签一份无偿捐献的声明就可以了。

林萍到镇海区公证处，去办理公证书。又遇到了麻烦，公证处还从来没办理过这样的公证。最后，在请示主管部门后，考虑到挽救生命的特殊性，就特事特办。为此，林萍和徐家跑派出所，把祖上的关系全找出来，最后，公证处给予证明，林萍的婆婆和徐洁的外婆是表姐妹的关系。

为了走这条合法的渠道，林萍花了4天时间。

5月5日，林萍躺在了手术台上，把自己48%的肝捐献给了小徐洁。

法律人士：林萍这招做得漂亮

浙江金道律师事务所高级合伙人魏勇强律师，多年来一直从事侵权领域的法律研究。他认为，禁止人体器官商业交易原则是一项人道与人性的原则，是不能变更的。特别是第十条规定中的"因帮扶等形成亲情关系"

内容还是精深的。没想到，林萍能发现这一点，真是不简单，而且借助法律让自己的行为合法化，这也不是一般人能做到的。做得确实很漂亮。现在像林萍女士这样的情形，符合世界卫生组织提出的人体器官移植指导原则，尊重人体器官捐献人的意愿，严禁人体器官买卖的原则。

林萍：不管怎么说都会捐

6月25日，我们来到了林萍的家里——镇海区骆驼街道团桥村。

43岁的林萍看上去恢复得还好，只是脸色还有些苍白。5月19日从上海医院回来，林萍已经接待了很多批媒体记者的采访，她很不好意思地说，我也没做什么，没什么好写的。

当我们提起万一这次没找到合法的途径，你还会去捐吗？

林萍抬着头，想了一会，说："我没想这个问题，当时只想自己要救徐洁。"

林萍说，在捐肝之前，知道的不多，只是隐隐约约地觉得肝给人家一点，自己会长回来的。她考虑最多的，是那个特别懂事和可爱的小徐洁让实在让人心疼，自己这样做可以帮到那个小女孩，这是她最开心的。别的什么也不知道，也没考虑过，就连胆囊也要割掉这样的事，也是在做手术前医生让她签字的时候，才知道的，当时把她都吓住了。

"不过，现在让我选择的话，我还是把生命放在第一位，不管怎么样，我也会给小女孩捐的。"不光林萍这样说，连坐在边上沙发里的婆婆，也插进来说，当然是小孩的性命重要。

林萍冷静的态度出乎我们的意料。她说，自己可以把捐献和因违法承担法律责任分开来处理，这是两码事。

两难面前：该做如何选择

有读者认为，尽管器官捐献，受医学伦理道德和法律的约束，不能做到"谁的身体谁做主",但是我们完全可以改变捐献的方式,比如像骨髓移植一样,捐献人是一批批志愿者,和受捐人没有任何接触,捐献的过程也是由中间的骨髓库承担,从而实现了无偿捐献。如果采用这样的方式,无血缘关系的捐献,不就可以杜绝了器官买卖吗。

对于器官移植,要用道德观念去倡导,也要用法律手段去规范。网友"春意"说,通过林萍的事迹,在制定《条例》配套的办法、实施细则中,应该考虑到林萍女士这样的情形,但要十分重视程序设置,以保证实体的公正和捐献人的利益。我们应该积极发展志愿者队伍、丰富医学捐助资源储备、发挥政府公共服务职能,我们应该习惯在平时付出,习惯在危难之时寻求帮助。

林萍捐肝的前后

林萍的这次捐肝事情,在家里掀起了从来没有过的大风浪,家人的强烈反对,并没有让林萍放弃,还是要执著地去捐肝,是什么促使林萍这么做的?他们现在的家庭关系怎么样?6月25日,在采访了她的家人之后,我们找到了其中的答案。

家庭的风波

平时的林萍会是怎样的一个人?我们带着这样的疑问,背着林萍"秘密"走访了她的亲人。

丈夫王海文说,妻子有情有义,言出必行,是个不折不扣的热心肠。在他的朋友圈里,妻子的口碑是有名的,因此他常常感到面子十足。

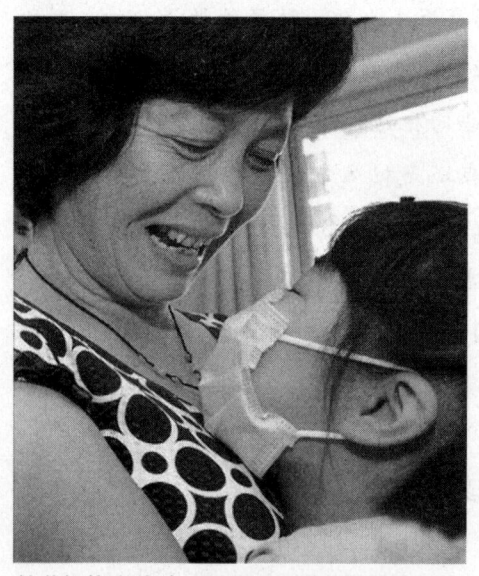

林萍怀抱小徐洁,不是母女胜似母女

他告诉我们这样一件事,前几年一个朋友一时失足,吸上了毒品。从戒毒所出来后,想换一个环境,他就把朋友接到家里。这一住,便是4个多月。朋友毒瘾发作时,常把家里的床单撕破,碗碟打碎。妻子不仅没有一句埋怨、责怪的话,还为他精心安排饭菜,经常陪他聊天、谈心,在精神上鼓励他戒除毒瘾。

这次捐肝,王海文说妻子的个性他太清楚了,即便有"九头牛也拉不回来了"。所以,看自己的反对起不了作用,在关键的时候,就支持她了。

做手术前一天,妻子听医生说是要割掉胆囊,被吓哭了,打电话给他,说是手术中的一些情况要比原先想像的还复杂,手术后半年内不能做任何剧烈运动,不能从事体力劳动,需要静养……

王海文表现得很男人,并说:"如果你决定不做,谁也不会怪你,要做,那你放心,我会尽到一个做丈夫的责任的,你就是在家不工作,我也养着你。"

王海文说:"没想到害怕过后,妻子还是勇敢地走上手术台,傻傻地坚持下来,兑现对徐家的承诺。"

在婆婆毛水娟眼中,天生善良的儿媳妇就是个大好人。林萍家所在的团桥村外来人口多,外来务工人员的孩子经常在林萍家附近玩耍,有时难免惹点小麻烦。"我责备他们几句,林萍听到后总是劝说,孩子都一样可爱,他们更需要的是爱护。""有一天,我对媳妇说,你的衣服怎么又穿在别人身上了,这么漂亮的衣服我也可以穿啊。林萍没吱声。晚上她微笑着给了我一双崭新的皮鞋。"事后婆婆才知道,这是她花了400多元钱新买的。

去上海手术前,婆婆发现媳妇把家里的衣服、被子全翻出来洗了一遍,当时她就很纳闷。后来才知道,手术后起码要半年时间才能恢复,原来林萍事先把能做的家务做好。

在父母眼中,长女就是家中的顶梁柱。林萍妈妈说,家里经济条件不好,林萍的两个弟弟没有固定工作,30多岁才成家,婚事都是林萍一手操办的。家里用的彩电、家具都是林萍孝敬父母的。这个家全靠林萍撑着。

父亲林裕明没想到女儿这次胆子这么大，居然背着他们去上海捐肝救人。他和老伴除了心疼，只能这样安慰女儿：答应别人的事，就应该想方设法办好，你这次就做得很好！不过，千万不要有下次了。

在女儿王林眼里，妈妈是个大忙人。她从小在外婆家长大，直到7岁上学，才回到爸妈身边。因为工作忙，林萍从没像其他父母那样接送王林上学、放学，即使是刮风下雨，王林也是独自来往。

其实，王林一点没有记恨妈妈。听说母亲要去捐肝，王林是家中最急的一个。但是，当妈妈真的做了捐肝手术之后，王林也是最牵挂的一个。

5月10日母亲节那天，王林在学校主动给妈妈打来了一个深情的电话。原来以为骗了女儿会生气不理自己，没想到，女儿主动给她打电话，听到女儿在电话里的一声问候，林萍哭了。她知道，女儿一定会理解她的举动。

我们采访了一圈，最后回到林萍的面前，当问到她女儿时，一直微笑着的林萍突然泪流满面，哽咽着说："我亏欠最多的，是我的女儿。"

林萍一家，在经历了激烈的矛盾和冲突后，并没有破坏原有的家庭关系，反而使家人的感情更加亲密和深厚了。

林萍的未来

林萍这次手术被拿掉胆囊后，油腻的东西是不能吃了，只能吃素的，而且也影响消化功能。

经过一个月来的实践，口味改了不少。林萍笑着说，这没什么，习惯就好了，还可以减肥。

婆婆却告诉我们，其实媳妇爱吃红烧肉，今后，就没得吃了。不知道她心里怎么想的，好好的一个人，现在变残废了。万一今后有点什么，怎么办好？

婆婆的担忧，不是没有道理。林萍现在割掉的48%的肝脏，要半年后，才可以长出80%，真正恢复，要两年时间。新长的肝比较脆弱，也容易感染。

如今林萍被人称为"无胆"英雄。不过她的开朗，做事情的方式，对生活的态度，还是和以前一样。"一言既出，驷马难追。"一点没变，往往让人在感到吃惊的一刹那，又倍感亲切。

前两天，小姐妹从外地回来看她，看完她留在身上那条20厘米长的疤痕，心疼得眼泪巴嗒的。

"L"型的刀疤很像雷克萨斯车标。林萍就拿它开玩笑说，有什么好哭的，不就去了一趟上海，看我还开回家一辆雷克萨斯，六七十万的好车，感觉就是不一样，还不需要一点汽油。

小姐妹就破涕为笑，说她还是像个男人婆，胆子够大的。现在胆也没了，今后总会安稳点了吧。

林萍哈哈大笑。"现在要让我干什么大事，肯定干不了。你放心好了。"

考虑到林萍今后的身体医疗等状况，公司给林萍投保了30万元养老和医疗保险，并聘为终身员工。

其实，看起来没有后顾之忧的林萍，心里还真有事。

出院以后，每隔两天，林萍就会给小徐洁打个电话，问问她身体的情况。

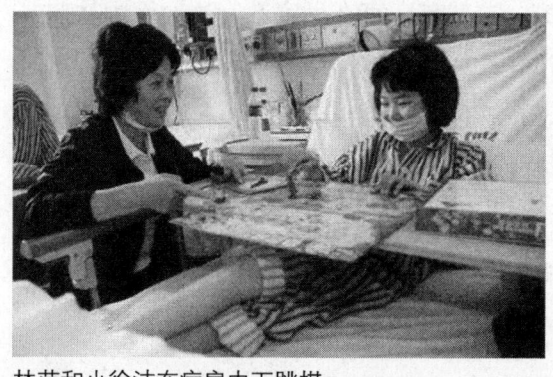

林萍和小徐洁在病房中下跳棋

现在的小徐洁

现在的小徐洁还在上海的表舅婆家养身体，每周要去医院复诊一次。

6月29日晚上8点，记者打电话给徐家的表舅妈。小徐洁正坐在床上看书，她接过电话后说："现在是表舅婆他们看电视的时间，等下灰太狼和喜羊羊出来了，电视就归我了。等到了9点，吃了药，休息会，再喝杯牛奶，10点前就要睡觉了。现在我最想的是林萍阿姆，她说想给她通电话。"

徐家的表舅妈，在电话里告诉记者，她从来没看到过像小徐洁这样懂事的孩子，不哭不闹，心情比谁都好，每天还把她和先生逗得很开心。看电视，知道他们爱看生活饮食类的，一有这样的节目就让给他们看，她自己看二年级的课本。到了动画片时间，她才出现。一个8岁的孩子吃了这么多苦头，谁见了都心疼啊！

"现在，小徐洁的身体恢复得还好，脸红红的，开始有血色了，自己也能走了，每天晚上都要让她下床，在家里走一走，锻炼一下。就是吃饭太少，一餐不到二两。明天到医院去复查，问问医生看，指标是不是正常了，有没有办法。"

6月30日，小徐洁的表舅婆一拿到化验报告，在医院里就给记者打电话，高兴地说："洁洁的复查结果很好，各项指标也开始好转。我们也稍微放心了点。只要洁洁好了，我们几家人才对得起林萍这个好姑娘。"

60岁的老人把43岁的林萍当姑娘，老人家告诉记者，她和先生还有女儿，都为天下有这样的好人而感动，别人都在帮徐家，我们远房亲戚，更应该帮一把。5月初，徐家一到上海，她就把手头的家政工作辞掉了，开始照顾小徐洁。

这位从30岁就下岗的老人家，这些年一直在做家政。这次因为林萍，对她的改变很大。她说："现在好人真多，林萍姑娘就不用说了，大家给洁洁捐了那么多钱，已经很好了，不过，光靠社会上，也过意不去。"于是，小徐洁一出院，她就让徐洁的父母赶紧回宁波上班挣钱，她把照顾徐洁的活全揽下来了。

林萍说："今年10月我就能拿退休金了，先生过3年也退休了，现在女儿有了工作，日子会慢慢好起来的，我们会一起尽力帮助徐家的。"

当代中华最感人的十大慈孝人物·中华慈孝奖

鞠爱彬

"黄香故里"新孝子

慈孝心语

　　老吾老以及人之老，鞠爱彬的大半辈子都在和老人打交道，他用真情和行动给老人们编织了一片绚丽的晚霞。

推荐单位： 中共湖北省云梦县委宣传部
推 荐 人： 陈　群

　　鞠爱彬，男，51岁。2001年10月23日，在"黄香故里"古泽云梦，一颗新的"孝星"凌空升起，云梦县举行的首届十大孝子命名表彰大会上，鞠爱彬以7263票荣获"十大孝子"第一人的美誉！近年来，鞠爱彬先后被评为孝感市"十大孝子"，湖北省首届"荆楚十大敬老好儿女"，全国首届"孝亲敬老"之星，2005年1月8日在北京人民大会堂受到党和国家领导人接见。

作为我国古代孝文化的发祥地之一，湖北省孝感市因孝行感动天地的孝文化积淀十分深厚，"二十四孝图"中"扇枕温衾"的黄香，就是今湖北云梦县人氏。如今，"黄香故里"又出了一个新的孝子，他就是湖北省云梦县原社会福利院院长鞠爱彬！

鞠爱彬出生在云梦县府河堤边的鞠堤村，从小就是当地出了名的孝子。在他牙牙学语的时候，母亲就离他而去，父亲在县城工作很少回家，无暇顾及他。他只好和祖父祖母生活在一起，在祖父祖母的疼爱下，失去母爱的小爱彬十分懂事，对祖父祖母非常孝顺。他常常给祖父捶腰搓背，帮祖母穿针挠痒；夏天他给老人扇凉，冬天为老人温被；还常常帮湾里的老人看场赶鸡，提壶送水，小小年纪就成为大人们教育自己孩子的楷模，成为湾里老少交口称赞的孝子。

上小学，鞠爱彬忘不了深夜里祖母在灯下纺线纳鞋底的情景，他知道一件衣服一双鞋是来得多么不容易啊！他总是把鞋子脱下来，放在书包里，赤脚走到校门口，再把鞋子穿上。别人穿破了二三双鞋子，鞠爱彬的鞋子仍完好如初。直到到深港公社上初中，鞠爱彬仍然赤着双脚步行上十里路，到校门口再把鞋子穿上。看着孙儿的鞋子那么耐穿，而脚板上又长着厚茧，祖母心里什么都明白了，她含着眼泪对孙儿说："鞋子是做给你穿的，你怎么能这样糟蹋自己的脚呢！"

鞠爱彬忘不了祖父病倒在床时，舍不得花钱看病，却把卖鸡蛋的钱攒起来给他买笔和练习本。他看在眼里，和小姑一起把自己心爱的黄狗牵到县城卖了15元钱，给祖父买药看病。他在学校住读期间，每星期都带一罐瓶子的辣萝卜，从不到学校食堂买菜，萝卜上长了一层白霉也舍不得倒掉，他把节约的菜钱又原封不动地交到祖母的手上。

从学校回到家里时，鞠爱彬放下书包就帮助祖父祖母做事。人们常常看到他瘦小的身影在井边吃力地压水，然后小半桶小半桶的往家里挑。慢慢地，鞠爱彬桶里的水渐渐增多了，由小半桶到大半桶直到满桶，鞠爱彬终于长成了大孩子，他年年被学校评为"三好学生"，先后在学校和大队担任团支部书记。农民的勤俭、善良和孝道铸就了鞠爱彬童年时代的灵魂，规范了他一生的道路。

"兵伢子"敬老爱老扬美名

鞠爱彬和百岁老人聊天

1978年3月，不满20岁的鞠爱彬应征入伍了。他被分到广州军区某野战医院服役。参军后的鞠爱彬既高兴又难过，高兴的是成为一名光荣的解放军战士，实现了自己多年来的心愿；难过的是远离自己的家乡、远离祖父祖母，家里又少了个为祖父祖母挑水劈柴的帮手。午夜梦回，他不知流过多少眼泪。

不久，鞠爱彬担任了部队机关团支部书记兼"学雷锋小组"组长。他把对祖父祖母的敬爱和思念，转移到驻地(广东梅县南口公社)五保户和孤残老人身上。只要能挤出时间，他总是为这些老人劈柴担水、洗衣扫院，为生病在床的老人买菜做饭，送药喂汤。他自己的毛巾洗成了破片还在用，却把部队发的新毛巾送给了孤寡老人赖婆婆。他还从有限的津贴中挤出钱来，买些水果和营养品送给病倒在床的潘大爷。每到星期天和节假日，那些老人们常常倚门盼望鞠爱彬的到来。

日复一日，年复一年，鞠爱彬不知帮助了多少位孤寡老人，却从不肯留下自己的姓名。被老人们问急了就说："我是个当兵的，就叫我兵伢子吧！"当那些经常受到他帮助照顾的老人将一张张感谢信送到部队时，部队首长都不知道"兵伢子"是谁，只有机关教导员心里犯嘀咕："兵伢子，兵伢子莫非就是鞠爱彬？"最后教导员将部队机关战士合影照片交给老人们辨认，果然一下子就把这个"兵伢子"给找出来了。当年，鞠爱彬被师党委授予学雷锋标兵，还光荣地加入了中国共产党。他敬老爱老的事迹常常刊登在广州军区《战士报》、梅县地区《梅江报》上，驻地老乡亲切地称他"兵伢子"。

孝心献给老年人

10年的军旅生涯结束了，这位雷锋式的"兵伢子"载誉转业回到地方湖北省云梦县，被优先分配到云梦县民政局工作。他又回到了祖父祖母的身边。回家第二天，鞠爱彬特地到县城把在部队辛苦积攒的钱给两位老人做了一身新衣，还买回收音机让他们消闲解闷。冬天，鞠爱彬怕热水袋子万一破了烫伤老人，就专程赴武汉买回两个铝制暖水壶。下班后和节假日，从县城回到乡下，由于经济困难，买不起自行车就步行10多里路，赶回家为老人挑水、种菜喂猪、收拾房屋，常常一身白汗累成黑汗，数年来风雨无阻，从不间断。

1992年正月，祖母突然脑溢血倒下，不愿卧床，鞠爱彬就把厚厚的棉絮垫在地上，让祖母睡在地上也舒服。每次喂汤喂药他都是双膝跪地，一汤匙一汤匙地喂。在两个老人都卧病在床的时候，正是全县开展福利彩券销售大忙之时，鞠爱彬每天从县城赶回家；为两个老人做饭喂药，洗衣洗被、安排生活，常常忙到半夜，第二天又赶回县城上班，两年下来，本来就瘦弱的他更瘦得不成人样了。祖父祖母看着他这样受苦受累，心痛得直掉眼泪……

两位老人含笑西去后，鞠爱彬有一种深深的失落感，他觉得无论自己怎么做，都报答不了祖父祖母的养育之恩，他常常独自一人在老人坟前闷坐，一根接一根地抽烟，向祖父祖母倾诉自己的思念和苦闷，希望他们能听到自己的心声。

祖父祖母去世以后，鞠爱彬有了更多的业余时间照顾身患肺癌的父亲，他到处请专家，多方寻求治好肺癌的灵丹妙药，还写信托远方的战友请他们帮忙买药。有好几次为了买药跑遍了武汉三镇，他舍不得坐车，饿了就买两个馒头充饥，把省下来的钱给父亲买药。父亲一生从事行政工作,特别喜欢古典文学,鞠爱彬就借来《笔记小说大观》、《唐传奇》、《宋话本》等古籍,把其中精彩的篇章,一段一段地念给父亲听,为了让老人心情舒畅,他还翻阅资料,记些笑话逗父亲开颜一笑。在父亲病重的那些日子里,鞠爱彬白天上班,晚上就守在病床前,强作笑脸宽慰老人,送汤喂药,洗衣换被,直到老人安然去世。

鞠爱彬在9年时间内相继失去了3位老人后,他把悲伤埋在心底,成天为那些"三无"孤残老人和民政优抚对象忙个不停。虽然人到中年,但他那种从小养成的敬老情结却没有丝毫改变。也许正是因为这些,1999年7月,组织上把县社会福利院院长的重任交给了鞠爱彬。

鞠爱彬和县福利院老人在一起

鞠爱彬来到福利院,他被当时福利院陈旧的现状惊呆了:由于建院时间长,经费开支拮据,房屋年久失修,门窗破乱,不能遮风挡雨;屋顶破破烂烂,难以挡雨;水沟堵塞,常年积水;院子里到处是枯枝残叶,杂草丛生。但鞠爱彬没有被眼前的困难所吓倒,他以院为家,克服一个又一个的困难,节省开支,首先进行环境治理,改善老人的居住环境,改善老年人的生活条件。

他经常和院里的老人泡在一起,了解他们的要求和意见,感受他们的喜怒哀乐。他喜欢在老人住宅四周转十转,到房间里看一看,亲自动手把堵塞的厕所和水沟疏通。下暴雨时,他撑着伞到一间间房屋查看有没有漏雨的地方。寒冬腊月,有时半夜起来,同值班人员一起打着手电查房,看窗户玻璃破了没有,室内温度够不够,会不会引起煤气中毒或火灾。鞠爱彬始终把敬老、养老放在自己的心坎上,把福利院的老人当成自己的老人一样对待!

鞠爱彬担任福利院院长六年多来，几乎每天工作10多个小时，把自己的全部身心都倾注在老人们身上。他觉得对这些老人尽孝，是自己应尽的责任，也是对自己老人的补偿。

73岁的婆婆代发珍患了老年白内障，整天生活在白茫茫的云山雾海里，心中十分苦恼。鞠爱彬知道后，趁武汉眼科专家到县人民医院坐诊的机会，将代婆婆送到手术台上，使她重见光明，代婆婆拉着鞠爱彬的手，一口一个谢谢，笑得嘴都合不拢来。

从新疆回乡的退休老人方腊生身患乙型肝炎转化为肝腹水，身边无儿无女，凡接触他的人个个提心吊胆，生怕被传染上乙肝，鞠爱彬却像对自己老人一样，送他去医院看病，为他端茶倒水，喂汤喂药，逗引他讲天山南北的风土人情，使他从疾病的忧闷中解脱出来。临终前，老人紧紧地拉着他的手，舍不得松开。

81岁的耳聋老人赵明友，因家庭矛盾，好几次要寻死上吊。鞠爱彬除派人轮流值班监护外，还亲自搀扶老人散步，用手势同老人"谈心"。每次鞠爱彬一听到报告说老人他又在寻死，无论是白天还是半夜，无论是在福利院还是在家里，他都会丢开一切在第一时间赶到老人身边，想方设法劝慰老人。功夫不负有心人，经多次、多方努力，老人终于打消了自杀的念头，重新恢复了平静的生活。老人曾当面对鞠爱彬用手势保证："我再要是想死，就是对不起你！"

鞠爱彬就是这样时时事事为老年人着想，为老了人解难。2003年腊月二十这天，他将病危的孤残老人许行景送进城南医院抢救，守在病床前精心护理。大

鞠爱彬在董永祠前接受采访

年初一，又特地提着水果和营养品赶到医院看望他，安慰他，使老人在弥留之际流下了感激的泪水。

老人中还免不了有些固执古怪的，可鞠爱彬都能对症下药，迎刃而解。如有一位老伤残军人，进院后极不爱洗澡，身上怪味很大，可老人他脾气倔强，不听任何人的劝说。鞠爱彬知道此事后，主动出面劝他。老人依然是不理不睬。鞠爱彬淡淡一笑，当面开玩笑说："我今天是来攻碉堡的！"他一连在老人面前反复磨了一个多小时的嘴皮，最好甚至亲自动手帮老人脱衣，终于打动老人，老人他自己主动脱了衣服，洗了一个干干净净的澡！

鞠爱彬还千方百计让老人们住得舒心，生活得开心。2001年重阳节，福利院邀县委、县政府领导和全院职工老人欢聚一堂，为百岁老人王莲香百岁老人举办了隆重的生日庆典。为老人穿新衣，挂绶带，送寿匾，献给生日蛋糕。天真活泼的少年儿童鸣炮奏乐，表演文艺节目。整个庆典热闹欢快，充满喜庆气氛，使在场的所有高寿老人感动不已，庆幸自己赶上了这样好的年代！不仅如此，为丰富活跃老人们的文化生活，鞠爱彬还专程从吴铺福利院请来两个说唱艺人，为的是丰富和调剂老人们的生活，让老人们能听一听民间曲调；他邀请武警云梦消防中队官兵，同老人联欢，为的是让老人开怀一笑；他还先后为17位老人戴孝送终……

经过几年的努力，云梦县福利院硬件、软件建设都发生了根本的变化。昔日破旧的福利院也从根本得到了改观和巨大的发展。在县委、政府的大力支持下，2001年11月28日，云梦县新的社会福利院、光荣院建设工程在云梦城东举行了隆重的奠基仪式，时任云梦县县委书记马国宪、县长刘义明亲自挥锹铲土，为新型福利院培土奠基。如今，一幢精致的花园式的福利院耸立在梦泽大地上，成为云梦城区一道靓丽的风景线。鞠爱彬为此付出的心血，也得到社会的认可和称道。

鞠爱彬以他默默无私的奉献，为孤残老人撑起了一片晚霞绚丽的天空。30多年来，他对不同老人的殷殷真情和拳拳孝心，不仅深深地刻在这些老人的心里，而且在古泽云梦、荆楚大地广为传颂。

一如既往爱老敬老

2006年，鞠爱彬从云梦福利院调动到云梦县民政局机关工作，担任县农村社会养老保险办公室主任，仍然从事农村社会养老保险等敬老、爱老、助老工作。鞠爱彬仍然一如既往在农村养老工作上兢兢业业贡献自己大力量。虽然他的工作离开了县福利院，但仍然心系老年人，关爱老年人，敬老、尊老、爱老始终没有改变，还时常利用工作之余到县福利院看望老年人。他同爱人江凤玲经常将自家做的炸鱼、咸菜、粉蒸肉等小菜，送到福利院，给老人们品尝。

如今鞠爱彬虽然离开了工作多年的云梦县福利院，离开了心爱的民政部门来到新的岗位，但他依然没有忘记那些老人们。2009年9月，鞠爱彬还特地到县福利院，为院民孙士雄老人过八十六岁生日。孙士雄老人高兴得合不拢嘴，非常高兴地说，老院长虽然调走了，但依然记得我这个孤寡老人的生日，真是比亲儿子还亲！一同参加生日的年近八十岁的刘建凡老师夫妇俩感动不已，刘老师乐呵呵地竖起大拇指，直夸鞠院长是有心人，有孝心！

鞠爱彬虽然离开了福利院这个岗位，但他依然挂记着福利院，依然惦记着福利院的老人们，依然不忘与临近县市的福利院院长们保持密切的联系，时常参加一些敬老、爱老等慈善活动。

2008年初，根据国务院有关文件精神，农村社会保险业务由民政部门整体移交给县劳动保障部门管理。自此，鞠爱彬由民政局被调往县劳动和社会保障局工作，担任云梦县农村社会保险管理中心主任。农村社会养老保险工作是一项利国利民的德政工程，他深感责任的重大。云梦县全县46.8万农民的老有所依、老有所医、老有所养、老有所乐时刻牵动着他的心。自担任云梦县农村社会保险管理中心主任以来，他时常到村到户，同农民一道促膝交谈，问寒问苦，谈心交心，提供咨询服务，帮助解除农民养老的后顾之忧，夜以继日下乡调查摸底，制定相关方案，为领导决策提供科学依据。

鞠爱彬,大孝无垠,他用自己的全部身心,在古"黄香故里"谱写出了新时期孝道的乐章,深受老年人和社会的好评!

当代中华最感人的十大慈孝人物·中华慈孝奖

洪战辉
为亲人撑出一片蓝天

慈孝心语

厄运中坚强，困境里自求。男儿当自强，勇敢面对生活，让他从一个柔弱的男孩，成长为一个打不倒的男子汉。

洪战辉，1982年生于河南省周口市东下镇洪庄村，2003年7月，考入湖南怀化学院。2005年12月，洪战辉荣获中国·帝豪"2005年度感动中原十大人物"、"周口市自立自强青年标兵"荣誉称号，被授予洪战辉同志"周口优秀儿女"光荣称号，教育部特批向洪战辉颁发"2005年国家奖学金"，共青团中央、全国学联授予洪战辉"全国自立自强大学生"的荣誉称号，湖南省政府授予洪战辉"湖南省优秀大学生"的光荣称号，同时号召全省大学生向他学习。共青团湖南省委员会、湖南省学生联合会向洪战辉颁发"湖南省第一届大学生品学奖"，洪战辉为获得此奖的第一人；2006年，洪战辉被授予西华骄子荣誉称号，被评为中央电视台（CCTV）2005感动中国十大人物，荣获2005年河南省教育新闻人物，荣获2005年怀化市新闻人物，中国宋庆龄基金会授予洪战辉"青少年生命教育爱心大使"荣誉称号，荣获2005年最佳风云榜，最值得尊敬的教育人物（中国），被授予湖南省普通高等学校省级三好学生标兵荣誉称号，第十七届中国十大杰出青年；2007年，首届全国道德模范获得者；2008年，荣获湖南省挑战杯创新创业大赛金奖……

洪战辉2005年感动中国

穷人的孩子早当家

洪战辉是河南省周口市东下镇洪庄村人，1982年出生。家里虽不富裕，但老实本分的父母亲仍让他和弟弟、妹妹衣食无忧。他小学毕业那年，他家的生活突然陷入不幸。1994年8月底的一天中午，一向慈祥的父亲突然间大喊大叫，瞪着眼睛，砸碎了家里所有的东西。到最后，父亲高高地举起他那惊吓得躲在门边的妹妹，狠狠地砸在地上！

这惨痛的一幕是顷刻间发生的。母亲王秀丽（化名）哭叫着要来抢女儿，父亲一脚就把她踹到了门外——父亲疯了，母亲骨折，妹妹身亡。12岁孩子洪战辉的天空在这个夏天里轰然塌陷。

在亲友的帮助下，洪战辉哭别了妹妹，与亲友们把父亲和母亲送进了医院，再走进了中学课堂。3个月之后，母亲出了院，父亲间歇性精神病的病情得到了控制，但家里背上了沉重的债务。就在这种状况下，洪家另一件事又发生了。

这年农历小年，一早起来，洪战辉没有看到父亲，他暗叫一声"不好"，忙告诉妈妈。母亲一听，也急了，将近过年了，如果他又跑到外面骂人打人招惹麻烦怎么办？母子俩速去村庄内外寻找。直到临近中午时，他们才在离村庄约10里地的一棵树下找到他。令人万分不解的是，此时的父亲，怀里却抱着一个婴儿——他解开了棉衣，将婴儿包着，眼里重现了一位父亲久违的慈祥的光芒。这是谁家的孩子啊？他又是从什么地方抱来的？王秀丽小心翼翼走上前，从丈夫手中接过了孩子。这时，她在孩子的贴身衣服上找到了一张纸条，纸条上写着：无名女，农历1994年8月18日生，哪位好心人如拾着，请收为养女。至此，王秀丽才明白：看来，这真是个弃婴了!

父亲从哪里抱了这个弃婴,当时是个谜,洪战辉与母亲也没去打听。鉴于当时的经济窘境,王秀丽寻思要把孩子再找户人家送去。

当天下午,妈妈要洪战辉帮忙照顾女婴。洪战辉一抱上小女孩,小女孩就直往他怀里钻,一股怜爱之情陡然涌上他的心头。他觉得,分明是夭折的妹妹回来了!到了夜里,妈妈一定要他将孩子送到另一户人家。他无奈地打开门,抱着孩子在刺骨的寒风中走了一段路,却怎么也不忍心将这孩子弃于黑暗之中。他折身回到家中,坚决地对母亲说:"不管怎样,我不送走这位小妹妹了……你们不养,我来养着!"见儿子这样坚决,王秀丽也只好同意将孩子留了下来。

这女孩,洪战辉给她起名为洪趁趁,小名"小不点"。

"小不点"的到来,让父亲安定了一段时间。然而,他毕竟是病人,一旦没有药物维持,他就不可抑制地要狂躁。除了不砸"小不点",家里任何东西,包括碗筷,他见什么砸什么。当没有任何东西可砸时,他的拳脚毫不留情地落到了与他患难与共多年的妻子身上。可怜的王秀丽身单力薄,哪里承受得起他的拳脚?她身上常是旧伤没好,又添新伤。不仅经常被打,一家人的生活重担还完全压在她的身上……洪战辉真担心妈妈总有一天会承受不了啊!

这种担心在1995年的秋天成为事实。8月20日,洪战辉看到,母亲在中餐之后,一直在蒸馒头,直到馒头足可以让一家人吃一个星期之后,她才停了下来。妈妈做这么多馒头干什么呢?洪战辉很纳闷。直到第二天早上不见了母亲,洪战辉才什么都明白了!

洪战辉哭着在周边村落寻找妈妈,但他怎么也没找到。想到家中妹妹嗷

拍摄途中洪战辉和学生合影.

嗷待哺,他放弃了寻找,天黑前回到了家中。

回到家中,抱着妹妹,坐在冷清的房间里,洪战辉的眼泪流了下来。妈妈走了,父亲是病人,刚刚才1岁的妹妹怎样才能带大啊!久坐之后,洪战辉终于明白:这个家以后就由自己来撑了。

母亲走后,家里的支柱彻底垮掉了,洪战辉必须接替母亲的角色。那时他只有13岁,他面对的是精神病不断发作的父亲、年幼的弟弟,以及还在襁褓中的妹妹,一家四口人要吃饭,父亲要看病,弟弟还要上学,妹妹更是需要人照顾。13岁的洪战辉不得不扛起了成年人也难以承受的重担。从那时起,洪战辉要耕种家里的农田,要照顾父亲和弟弟,但是最难的还是照顾妹妹小不点。洪战辉他自己还是一个才13岁的孩子,哪来抚养孩子的经验?并且,他还得上学啊!

首要的难题就是"小不点"的吃。于是,每天一早,在"小不点""哇哇"不停的哭声中,手足无措的洪战辉只好抱着孩子去求附近的产妇们。天天讨吃也不是办法,洪战辉后来千方百计筹钱买了一些奶粉。不过,奶粉的喂法,也得靠产妇们教。喂奶时,他知道温度应该适宜,考虑到自己用口吮吸不卫生,他就将调剂好的奶水先倒点在手臂上,感觉不冷也不烫了,他才喂她。吃饱了的"小不点"还听话,洪战辉只要上学前和中午及时回来喂奶两次,她也并不哭闹。难熬的是晚上,也许是受了惊吓,每到夜深,"小不点"就要哭闹一场。这时,洪战辉毫无办法,他不知道怎样哄她,只是抱起她来,拍打着她,在屋里来回走动……

1996年春节后不久,"小不点"得了严重的肠炎。在连续20多个日子里,洪战辉都奔走在卫生院的路上。这时,洪战辉还得时时注意父亲的病情。为防意外,每一个夜晚,他都将"小不点"放到自己的内侧睡着。

1997年,"小不点"3岁了,洪战辉也顺利地完成了初中学业,成为东小镇中学考上河南省重点高中西华一中的三个学生之一。

要上高中了,洪战辉这才发现自己面临着新的一系列难题。钱从哪来?"小不点"又怎么带?西华一中离家50多公里路,再也不能像上初中一样天天回家,而带"小不点"上高中也不是办法。思来想去,洪战辉觉得现在只能将妈妈找回来，万一找不回妈妈，就只得将"小不点"送回她亲生父母身边——"小不点"的来处，已有好心人悄悄告诉他了。

暑假里，洪战辉再次开始了他的寻母之旅。10多天后，一位好心邻居告诉他，她曾在石羊一次"赶会"时见过他妈，估计就在那周边。洪战辉听了大喜，一大早就骑车赶了过去。3个多小时后，他终于到了石羊，并且在向路边一人家询问时竟真撞见了母亲。骨肉分离，已是一年，惊讶万分的王秀丽见了儿子，一把抱在怀里，放声大哭起来，但是哭过之后，当儿子恳求母亲回去时，母亲却亮出身上被他父亲殴打而致的累累伤痕，使劲摇着头……

高中是肯定要上的，洪战辉横下心想，母亲不回，那就只好送"小不点"回家了。

次日，洪战辉就给"小不点"洗了个澡，换了套干净的衣服，带她去西华营镇赵家村——这里，就是"小不点"父母所在的村庄。3岁的"小不点"坐在自行车前面横架上，并不知道"哥哥"要带她去哪儿，一路开心地笑着。洪战辉的心中却五味杂陈，他想起妹妹襁褓中绽放的笑容，越想越舍不得与她分离。到后来，"小不点"与她亲生父母团聚了。令洪战辉深为不解的是，"小不点"的妈妈搂着"小不点"哭成了一个泪人，却怎么也不认定"小不点"就是她的女儿。"扯"了半天之后，洪战辉决定忍痛放下"小不点"离开，而"小不点"却蹒跚着扑在他怀中，哭闹着"我要回家……我要回家"。

还说什么呢？他知道，自己这一生，再也无法与妹妹分离了！

离开"小不点"父母家时，"小不点"父母拿了1000元钱给洪战辉，说是"如有困难可再找我们"。洪战辉想了想，收下了，但出具了一张欠条。

自此以后，洪战辉决意在校园里把"妹妹"带大。

1997年9月1日，洪战辉带着"小不点"来到西华一中。他在"小不点"父母所给的1000元中留下500元给了父亲作药费，用余下的加上这个假期里打杂工所挣的钱，交了学费。另外，他在离学校不远的远房伯伯家

洪战辉（左二）、妹妹小不点（左三）和摄制组在中南大学合影

借了间房，安置"小不点"，也作为自己的住处。

自此，洪战辉开始如上初中一样，每天奔跑在学校与住处之间。一早，他要让"小不点"吃早点，再交代她不外出，然后上学。中午和晚上，他从学校打了饭，带回住处与"小不点"一起吃。上晚自习时，他不忍心"小不点"一人呆在房中，就把她带过去。他怕她闹，就把她放在门边让她玩耍。有几次，等他下了自习课走出教室，"小不点"早睡着了。抱上"小不点"，洪战辉不由得一阵心疼。

两人的生活是需要钱来支撑的。为此，洪战辉还在校园里，利用课余时间卖起了圆珠笔、书籍资料、英语磁带。在他推销的过程中，也有不明真相的老师对他小小年纪就满脑子赚钱大为反感。一次课余时，他去别的班级推销，不巧被那班的班主任碰到，他被毫不留情地赶出了教室："你是来读书的还是来当小贩的？你家庭再困难，这些赚钱的事情也该你父母去做，你现在的任务就是好好学习！"他不辩解，只是拼命忍住眼中的泪水。他知道，为了父亲，为了妹妹，为了自己的家，他不能放弃！

边挣钱边学习边照顾"小不点"，还得定时给父亲送药回家，日子虽然艰难，但洪战辉还是平稳地过了下来。然而，就在洪战辉进入高二时，父亲洪明伍的病情再度恶化，必须再次住院治疗。于是，洪战辉只得休学挣钱为父亲治病。

到了2000年，"小不点"已6岁了，父亲的病情也控制了下来。这时，久别的校园充溢着他的梦境。他渴望再度与之相逢。

也就在这年夏天，在西华一中曾经执教过洪战辉的秦鸿礼老师调到西华二中。秦老师一直被洪战辉的爱心与坚忍所感动，便特意找到他，要他去二中上学。不过，当时二中的高中部是新建的，只能从高一读起。于是，洪战辉成了西华二中的一名高一新生。

在这里，洪战辉仍把"小不点"带在身边。因到上学年龄了，他在秦老师的帮助下，在二中附近找了所小学，送她上了学。

新的高中生活又开始了，和以往不同的是，除了挣钱，除了自己学习，除了照顾"小不点"的生活，辅导"小不点"的学习又成了洪战辉每天要做的事情。

两年过去，离2003年的高考只有一年了。也许真是上天有意"苦其心志"，就在当年10月，洪明伍的病第三次严重恶化，这就更苦了洪战辉，除了繁重的功课，他还得抽星期天送父亲去医院治疗。因为钱不够，找了几家医院，人家都不愿接收。10月底的一天，他找到了扶沟县精神病院，医院被洪战辉的孝心所感动，答应收下他父亲，并免去住院费，只收治疗费。洪战辉高兴极了，赶紧回家取衣物，再骑上自行车连夜又往医院赶。

家到医院有近100公里路，因为劳累过度，骑着骑着，他的眼睛就睁不开了，结果连人带车栽倒在路旁的沟里……等他醒来时，自行车压在身上，开水瓶的碎片散落一地一身。他没有力气推开自行车，感到身体的各个部位都是痛的。痛苦和绝望涌上心头，对着无边的黑夜，他不禁大叫起来："爸爸，你几时才能康复过来啊？妈妈，你知不知道儿子一个人支撑了这么多年，快撑不住了？'小不点'的父母，你们既然生下了她，为什么又要遗弃她……所有的重担，为何都要压在我的身上？"时已夜深，广袤的大地一片死寂，夜风之声马上盖过了他的声音……

也不知在沟中躺了多久，洪战辉想起了"小不点"。他咬着牙对自己说："我不能倒下，我倒下了，父亲的病就没人管了，妹妹就没人管了……我一定要考上大学，以此改变命运！"他终于顽强地站了起来，摸索着爬出了水沟……

怀着不屈的信念，2003年7月，洪战辉考取了湖南怀化学院。

圆梦校园　携妹妹上学

学费，仍是洪战辉的难题。后来，在这假期里，他在一弹簧厂打工挣得了1500元。拿着这笔钱，他将"小不点"托付给伯母照顾，只身来到了怀化。考虑学费还要打欠条，去的又是新地方，开学这段时间，洪战辉没有带"小不点"过去。

偿还学费成了洪战辉最要紧的事。课余时间里，他在校园里卖起了电话卡，在怀化电视台《经济E时代》栏目组拉过广告，还给一家"步步高"电子经销商做起了销售代理。一个月下来，他竟赚了近2000元钱。开始，同学们注意到他勤工俭学收入不低，吃饭时却从未打过一份荤菜，只见他往家里寄钱，就感到无法理解了。后来，他的故事传开来，大家对他的敬意油然而生。

很快，同学们推选他为学院市场营销协会的会长，并自发地帮助他，系领导得知他的真实情况后，发起了捐款活动。当系领导将捐款3190元交给洪战辉时，他却无论如何都不肯收下。最后学校将这笔捐款直接代交了他的学费。当系领导问他还有什么困难时，他提出了唯一的要求：想带妹妹一起来上学！

超越血缘的"兄妹"奇情感动了怀化学院的领导，他们破例同意洪战辉将"小不点"接来，并单独给他安排了一间寝室，方便他照顾妹妹。随后，洪战辉来到学院附近的怀化市鹤城区石门小学，找到该校长，提出了妹妹插读的要求，校长同意了。

联系好学校之后，洪战辉通知同学，利用回家的机会将"小不点"带了过来。

仅半年不见，洪战辉在怀化火车站见到妹妹时，大吃了一惊：她头发凌乱，脸色发黄，一身衣服很久没洗了。洪战辉心里发酸，十分后悔自己半年来对"妹妹"的"遗弃"。他想，"小不点"是不能离开自己的啊，在乡下的环境里，她得不到好的教育，无法健康成长。今后，不管怎样，一定要自己一手将她带大!

当日,洪战辉给"小不点"洗了澡,换了套新衣服,剪了头发。不见了蓬头垢面,"小不点"的面貌顿时焕然一新,一张原本清秀的脸重新绽放出了甜美的笑容。

从此,"小不点"开始了大学校园里的幸福生活。一早,她背着书包去上学。中午,在校吃中餐。回到学院寝室后,两"兄妹"就尽享亲情之乐。每个晚上,洪战辉还给她补习功课,教她普通话。

哥哥的爱,"小不点"记在心里。她听哥哥的话,尽力帮哥哥做事。哥哥贩卖电话卡,去女生宿舍推销不便,她会拿着去一个个宿舍叫卖。路上看到空瓶子,她会捡了回来。遇到哥哥从市里进了学生用品回来,她也会去帮着搬运。2005年4月一个周末,洪战辉去外面推销产品,回来时误了公汽,只得步行回家。

从怀化市中心到怀化学院,约4公里。洪战辉回家时,已很晚了,打开门,却惊讶地看到"小不点"还没上床,而在桌上睡着了……多好的妹妹啊,洪战辉不由得一阵心酸,忙抱起她放到床上。就在挨床的一刹那,"小不点"醒了,睁开眼睛就扑到了他的怀里:"哥哥,我等呀等呀,你怎么才回哟!我担心你路上不安全咧!"搂着"小不点",洪战辉不知说什么好……

兄妹亲情相伴,他们不觉在怀化学院的校园里度过了两年时光。

2005年农历五月二十五,是洪战辉的生日。这一天,他突然听到校园广播里在为自己生日点播歌曲,他吃了一惊:这么多年来,从没人说起过自己的生日啊!便忙去打听是谁点的。这时,他才知道,妹妹记住了他的生日,是妹妹,是他心手相牵10多年的妹妹为他点的。这天晚上,"小不点"放学回来,还为他送上了一只千纸鹤。"小不点"说:"哥哥,这是高琴姐姐教我的,好难折,我还是折成了,我没钱,不能买什么东西送给你,就送这个了……"

一股暖流陡然涌上心头,洪战辉欣慰地感到,10多年的磨难之后,一颗爱心终于衍生出了另一颗爱心!

2005年7月,"小不点"在石门小学组织的期末考试中,她语文考了94分,数学考了96分,并以特别的人生经历和在校的优秀表现,被学校授予"十佳少年"的光荣称号。

没有比这叫洪战辉更为高兴的了。端详着"小不点"的奖励证书,这个当年在沉沉黑夜里摔倒在水沟中都没流过泪的刚毅男孩,竟一时泪如雨下。

也就在这个假期里,洪战辉回到家中还惊异地看到,久病的父亲也许是因为自己考上了大学,病情竟大有好转。虽然,人看上去苍老而痴呆,但再没有过狂躁的举动。见父亲好转,洪战辉马上去接母亲;母亲见了儿子,哭诉了自己的愧疚,回到了久别的家中;在外漂泊多年的弟弟不久也回来了。

帮助他人回馈社会

自2006以来,已成为公众人物的洪战辉,又将爱撒向了社会。

2006年12月8日,洪战辉通过网络和媒体发出一封公开信,信中说:不接受捐款,是因为我觉得一个人自立、自强才是最重要的!苦难和痛苦的经历并不是我接受一切捐助的资本!一个人通过自己的奋斗改变自己劣势的现状才是最重要的!我现在已经具备生存和发展的能力!这个社会上还有很多处于艰难中而又无力挣扎出来的人们!他们才是我们现在需要帮助的!

洪战辉一直在默默地资助着别人。在他的老家西华县,直到现在还有一部分贫困学生在接受他的资助。就连曾经殴打洪战辉,致使其落下严重眼疾的一位书店老板,也因患上了败血症而得到洪战辉的捐助。据了解,在曾经接受洪战辉捐助的人中,目前还有十七八位与他保持着密切的联系。

2006年12月14日,中国共青团湖南省委书记吴奇修前往洪战辉治疗眼疾的医院看望他,并为他送来"湖南大学生品学奖"4000元奖金,洪战辉硬是不愿接受。吴奇修特别交代："这是奖学金，不是捐款。"洪战辉当即表示，他要用这笔钱支援比自己更困难的同学。当湖南省教育厅厅长张放平将1000元慰问金硬塞给洪战辉时，洪战辉流泪了，他说要把这些钱存起来，成立一个"基金"，用来资助他人回报社会。

12月16日，应洪战辉个人的请求，怀化学院正式设立了"洪战辉助学基金"，并注入首笔资金10万元，用以资助全国特别贫困的品学兼优的大学生。怀化学院还成立了基金管理委员会，负责基金的管理和使用，并从即日起向社会公布基金账号，接受社会各界的资助。

洪战辉用自己的方式表达了对社会的责任。而洪战辉的精神，正是一个大学生成熟的人格品质的体现，责任感是一种珍贵的品质，从"国家兴亡、匹夫有责"到为家人、为自己，每个人都肩负责任。但现实生活中，不少人的责任感都表现在了口头上，并没有落在细小处和行动上。在这点上，洪战辉对妹妹12年如一日的责任，让大家看到了一种鲜明的对比。"一屋不扫何以扫天下？"细小的责任都做不到谈什么大责任？洪战辉的精神和爱心、责任心体现了一种道德的力量，这种力量是建设和谐社会的一种重要力量。

当代中华最感人的十大慈孝人物·中华慈孝奖

陈瑞明
一个退伍老兵的大孝情怀

慈孝心语

  为了母亲的遗言，为了尽到一份真正的孝道，陈瑞明用他深深的爱倾注在了岳父岳母的身上。善待呵护自己的亲人，不要给自己留下遗憾！

推荐单位： 河北省青年志愿者协会
推 荐 人： 邵连民

  陈瑞明，1971年生，河北邢台人，越战退伍老兵。

  陈瑞明在战场上为国尽忠；在家为父母、为岳父岳母尽孝；在社会用DV纪录人间亲情，用身躯坚守抗洪一线，用意志救助汶川灾情。陈瑞明秉承父母遗训做一个好人，上孝国家，下孝父母，传播大爱，尽显了一个退伍老兵的军人本色。他先后被授予河北省优秀青年志愿者、邢台市抗震救灾先进个人称号。

陈瑞明在抗震救灾出行前发誓

艰苦环境造就少年英雄

陈瑞明出生在河北承德围场的大山深处，那是一个荒凉、贫瘠，民风淳朴的小山村，缺少知识，消息闭塞。如果想改变生活，只有靠考上大学或者当兵才能走出大山，改变命运。他家兄妹8个，4个哥哥，3个姐姐，他是最小的一个。哥哥姐姐们都是农民，穷怕了，都想让他在学业上有所成就，好光宗耀祖，也想减轻家里负担，所以全力支持他上学。

陈瑞明读中学时，在离家30多公里的乡中学读书。由于家境贫寒，每个月只有8毛钱的菜钱，他是舍不得花，周六放假为省下4毛钱的车票他步行回家，需走到夜里才能到家，星期天下午又走回学校。学校条件极为艰苦，吃的是硬得可以打死老鼠的玉米面窝头。

为了不给家增添负担，在暑假期间，他就上山采野菜和刨药解决自己的学费；在寒假时，他就找到林场的主任，要求去林场和工人一起伐树，每天的工资是3元钱。塞外的冬天气温很低，穿的又薄，一双棉鞋破得是补丁落着补丁，后来没有办法就用铁丝捆着在没膝的积雪中伐树。木材伐好准备装汽车时他又和大人们一起装车，回到家里棉袄都脱不下了，肩膀上的血早已和棉花粘在一起。

和许许多多的同龄人一样，儿时也有着英雄情结，对军人有种说不清的神圣感。黄继光、董存瑞等英雄故事他百听不厌。当时的战斗片他更是痴迷不已。随着年龄的增长，这粒英雄情结的种子在他幼小的心灵里生根、发芽，撩拨着这个青少年不安的心绪。1986年秋天，在陈瑞明的老家那个偏僻的山村，在黑白电视机里蔡朝东的一场激情报告《理解万岁》更是深深地触动了他的心灵。他再也坐不住了，当兵去，上战场，像英雄一样奋勇杀敌，报效祖国。

为国尽忠　方显军人本色

他偷偷找到了民兵连长，改了自己的年龄报名参军。

在1986年11月11日，陈瑞明离开了生养他15年的故乡，走向了他的新的生活。

在部队陈瑞明无论临战训练有多么的艰苦，他寄给家里的信件都是报个平安，就连后来在战场上受伤也没有告诉家人，省的父母担心牵挂。他发的津贴费12元钱，每次发钱他除了买个牙膏和洗衣粉，剩下的全部寄给爸爸，自己的军装打上补丁，把好点的衣服寄回家给自己哥哥穿。

1986年11月，陈瑞明所在的部队，接到参加老山对越防御作战的通知，他马上就写了参战申请书，部队的首长考虑他年龄尚小，不让他参加老山作战，他软磨硬泡，最后竟割破手指写下血书"坚决参战，绝不留守；为国捐躯，死而无憾！"部队首长被这位有决心的"娃娃兵"所感动，12月9日批准随部队参加老山作战。

在上阵地前，每个战友都写下遗书，陈瑞明也不例外。他在遗书中写道："亲爱的爸爸妈妈你们好，在你们收到这封信的时候，你们不孝的儿子已经走了，但是走得非常壮烈、走得非常光荣。虽然不能在你们身边尽孝，但是我听从你们的嘱托为国尽忠了。我没有给你们丢脸，没有给家乡的父老丢脸。我的抚恤金500元钱，给爸爸买一支猎枪吧

陈瑞明怀抱地震灾区的儿童

（当时家乡每年的冬天都是靠打猎为生的，用的都是自己造的土枪，爸爸的愿望就是买一支猎枪），这样每当你握枪在手的时候，就会感到你的儿子和你一起并肩打猎，因为你经常说上阵亲兄弟、打仗父子兵。我没有给你们尽孝是我最大的遗憾，如果有来生我还做你们的儿子，在你们膝前尽孝。"

在"李海欣"高地猫耳洞中，他多次潜出搜缴打洞，清剿残敌；在"1.28"战斗中，他发扬不怕流血牺牲的无私奉献精神，顶着纷飞的弹片，将被大火困在猫耳洞中的8名战友解救出来（战地指挥所被越军燃烧弹击中着火，内有8名战友）。在"1.29"抗敌反扑战斗中，陈瑞明在牙齿被炸掉，嘴唇撕裂，胳膊和腿被弹片击伤的情况下，吐出断裂的牙齿，忍痛抠出肢体里面的弹片，带着伤硬是坚持到换防后才撤离阵地。身体也因此落下永久的伤疤。每到阴雨天，伤痛就开始困扰着他。

在总结讲评时，组织上考虑到陈瑞明的事迹，准备给予立功表彰，可他坚决把立功的机会让给那些牺牲、受伤和超期服役的战友们。而且还说"和那些受伤致残的战友比、和那些为祖国而战、为和平战永远长眠在南疆的战友比，我这点伤痛算得了什么呢？所以我不争功、也不邀功。"但组织上还是授予他嘉奖，并被评为"老山作战优秀战士"，同时授予中士军衔，任命班长，并光荣的加入中国共产党，所在连队被中央军委授予"老山作战坚守英雄连"荣誉称号。

为父母床前尽孝

1989年5月，陈瑞明所在部队奔赴北京执行戒严任务，在进京被堵的路上，他严格遵守纪律，出色地完成了任务。部队首长找他谈话准备给他立功、提干，他让给了他的战友。这时超期服役的陈瑞明提出了退出现役的申请，认为自己已经为国家尽了忠，也要回家尽孝。

1990年退伍后，陈瑞明回到了故乡，看到的是满头白发的双亲都卧床病倒，但是为了不影响陈瑞明服役他们从来没有给他说过此事。当时哥

陈瑞明和岳父岳母

哥含泪告诉他，因为家里的经济条件不好，该卖的东西都卖了，所以家里也没有钱看病了，妈妈因为担心他的安危整天以泪洗面，眼睛都失明了，再也无法看到儿子迟归的面容了，此时的陈瑞明眼泪禁不住流了下来，深感自己悔对了母亲。陈瑞明拿出退伍费200多元钱把父亲送进医院，然后从战友那里借钱给妈妈看眼睛，当时邢台的眼科医院是全国的几家最好的眼科医院之一，陈瑞明马上把妈妈送到邢台的眼科医院。在那些天里，陈瑞明每天就是一个馒头度日守在妈妈的病床前，喂药喂饭。从战友那里借来的钱很快用光了，他偷偷地跑的血站去卖了几次血，后来那里的人都认识他了，不让他再卖了。在没有办法的情况下，他又回到部队（部队驻地在邢台）向战友们借了近10000元钱给妈妈看病，（这钱陈瑞明还了近10年才把钱还完）。一个月后陈瑞明带着妈妈回到承德老家的时候，爸爸已经在医院病故了，妈妈看到这个事实后告诉陈瑞明以后要多关心周围的人，因为大家在你困难的时候都向你伸出了援助之手，一定要做个好人，懂的去回报别人。妈妈受不了爸爸去世的打击，不久也去世了。双亲接连去世，让陈瑞明陷入巨大痛苦之中，难以自拔。

为岳父岳母尽孝心

作为一名军人，陈瑞明承担了保家卫国的责任，无怨无悔，但作为一个儿子，他却为不能在父母膝前尽孝而深深遗憾。1997年结婚以后，岳父母给予了他亲生儿子般的关爱，让他找回了承欢膝下的感觉，也让他有了弥补缺憾的机会，逢年过节换季的时候，他总是不忘给老人添置新衣，家里做了好吃的，他总是把第一碗送到老人家里，5公里的路程，送到的时候还是热气腾腾的。老人生病了,他把老人接到自己家里,饭菜端到床前,尽心照顾。在岳父60岁的生日时陈瑞明用手中的DV拍摄了老人的方方面面的素材,在河北电视台的《都市生活》栏目播出,把特殊的礼物送给老人,镜头里面回顾着岳父为了照顾家人放弃很多升迁的机会,在上班的同时要照顾孩子,等孩子大了又要照顾外孙——并和栏目的编导商量是否可以再在岳父生日的时候播出,栏目的编导被他的孝心所感动,在他岳父生日的那天准时播出,当时连饭店的服务员都感动的流下泪水。岳母快过60岁生日的时候,陈瑞明用当年操枪弄炮的手笨拙的拿起剪纸刀用了20多天的时间,为老人剪了一幅长寿图剪纸,并把它装裱好送给了岳母。生日的前一个月他把老人的老照片一一归类,包括老人带孩子的照片,孩子上学的照片,孩子长大结婚的照片,甚至外孙的照片,做成电子相册,背景音乐就是阎维文的那首脍炙人口的"母亲"那首歌,老人当场感动的热泪盈眶。老人也不拿他当外人,家里有活儿,第一个想到他,看不惯的地方会毫不客气地训斥他,他很享受这一切,在他看来,老人会这样和他不见外,是把他当成了自己的儿子,这样他才会有家的感觉。他说自己没有给亲生的父母尽到孝,但是会把这份孝心放在岳父岳母的身上。

退伍不褪色　爱心温暖社会

今天,作为一名DV记录者,他是一名胸中涌动着满腔正义的社会记录者。他的镜头真实地纪录着社会的方方面面、形形色色的画面:美好的、善良的,让人动容的、令人感慨的,催人振奋的,叫人痛心的,颂扬正义,针砭时弊,更关注社会弱势群体的及社会热点——

陈瑞明经常走访慰问部队,在新兵到来期间、节假日他都会走进军营为战友们免费摄制刻录视频光盘,邮寄给战士家长让他们了解孩子在部队的生活和成长情况。他还经常联系各单位为辖区居民办好事办实事,中秋、春节期间经常联系商家和办事处一起为社区低收入家庭送去月饼和米面。邢台西部山区窦尔庄村一大娘因邻居家房屋着火在救火中负伤,因没有钱住院而在家中静养,此事经陈瑞明拍摄在河北电视台报道后在社会引起强烈反响,社会各界为大娘捐款,使老人住进了医院进行治疗。此片被评为2004年河北电视台最佳感人奖。在"情系贺珊 爱在邢台"活动中联系商家为贺珊捐款8万多元。

1996年邢台发生特大洪水,陈瑞明带领民兵应急分队在洪水中连续奋战几个昼夜,为国家和群众挽回、抢救经济损失数十万元,充分发挥了民兵应急分队在执行急难险重中的作用,体现了退伍不褪色的军人本色。

抗震救灾　军旗在废墟下生辉

"5·12"汶川地震发生后,陈瑞明和所有人一样,时时刻刻关注着灾区的情况,并和大多市民一样,捐了钱献了血。看到灾区缺少救援人员,他立刻有了前往灾区参加抗震救灾的想法。

他通过互联网向战友们发出了倡议:"亲爱的战友们,20年前我们风华正茂,在祖国和人民需要我们的时候,我们义无反顾走进了硝烟弥漫的老山战场,捍卫了祖国的尊严!20年后虽已脱下军装步入中年,但我们永远是人民子弟兵,四川的灾情向我们吹响了集结的号角!为了灾区的亲人们,我们要重新走到一起,组建'牛城抗震救灾老兵突击队。'"

他的倡议,得到了广大战友们的积极响应,时间不长,就有上百位战友报名参加。他挑选出16名有救护经验的战友,组成了"牛城抗震救灾老兵突击队"。

突击队成立后,他拿出了退伍10多年来打零工挣的2万元钱以及向朋友借的1万元钱,购买了灾区人民急需的急救药品和防疫用品,购买救援器材几十件,并统一了服装。为了不给灾区人民添麻烦,他们带了单兵帐篷8顶。

经过28个小时的昼夜兼程,他们于5月21日凌晨4点到达了四川江油灾区。随即他们又背着30公斤重的物资,冒着大雨徒步行进5公里,找到了江油抗震救灾指挥部。没有片刻的休整,马上又加入到救援队伍中。

旅途劳累再加上徒步行进，队员们都已经非常疲惫，但随着一批批救灾物资陆续到达，他们的精神也随之亢奋。因为他们知道，救灾物资早一分钟到达灾区，受灾群众就会多一份信心，多一份希望。方便面、矿泉水、罐头、帐篷……救灾物资源源不断，他们人背肩扛，在火车和刚刚搭建起的临时仓库之间一趟趟的往返。一包毛毯将近100公斤重，开始的时候是1个人扛一包，后来是2个人搬一包，最后是4个人抬一包。身体的疲劳已经难以支撑，但他们都咬牙坚持。有的队员困的连走路都能睡着，摔个跟头醒了之后继续工作。等到休息已经是22日凌晨，他们连续工作了20多个小时。

出发前，他们按照每人每顿饭一包方便面、一瓶水、一袋榨菜的标准准备了7天口粮。搬运工作是重体力活，一包方便面对饥肠辘辘的队员们来说无疑是杯水车薪，然而在他们身边，就是堆成小山的食品和饮料，随便拿出几箱，不会有人知道。但他们每个人心里都清楚，他们没有权利这么做，他们也不能去这么做，因为他们是受党教育多年的退伍老兵！

北川县余里乡54岁的石晓燕大姐在这场灾难中失去11位亲人，同村42岁的彭义芳大姐失去4位亲人。因为道路阻断，大雨滂沱，她们两个经过几天时间终于爬出了大山来到江油。当队员们把食品、衣物、药品和钱送到她们手里时，石晓燕大姐泣不成声："灾难让我们失去了家园，失去了亲人，但是你们让我感觉到了亲人的温暖，今后你们就是我们的亲人！"

5月30日深夜，他和队员在巡逻时发现有人盗窃物资，他们果断行动，将4名盗窃嫌疑人一举抓获，并通过指挥部转交给当地派出所，受到了江油市抗震救灾指挥部的表彰。

六一儿童节，他们前往江油市二郎庙镇和马角镇小学看望孩子们，给他们带去了药品和食品，陈瑞明和队员还通过做游戏的方式对孩子们进行了心理疏导，让他们在灾难面前感受到了同龄人应该感受到的温馨与快乐。最后，他仅留下给队员们买返程车票的钱，其余的全部留给了灾区的孩子们。

"牛城老兵突击队"是第一支进入江油灾区的志愿者队伍。在时间紧、任务重、人员短缺的情况下，陈瑞明紧急向全国各地战友求援，不到两天时间，另外两批战友也抵达江油，"牛城老兵突击队"的人数增加到77人。他把这77名战友分成7个战斗班、一个医疗组，自己带领12名党员组成党员战斗班，执行急、难、险、重的任务，其他班由一名党员或者是骨干带领。医疗组有一名专职医生和一名护士组成。

塘家山堰塞湖泄洪当天，宝成铁路涪江大桥告急。陈瑞明又带领这12名党员赶到那里，搬运沙袋，加固桥墩，打捞漂浮物，连续奋战了24小时。由于情况紧急，队员们没有配备救生衣，而洪水随时有可能顺江而下。他找了根30多米长的粗绳子，把一头拴在大桥上，一旦发生危险，队员们就可以拽住绳子。他们戏谑道："咱们都是一根绳上的蚂蚱，洪水来了也冲不走。"面对随时可能发生的生命危险，没有一个人退缩，大家只有一个信念，保住大桥！就是保住了通向灾区人民的生命通道！

搭建仓库、搬运物资、卫生防疫、抢险救灾……在江油市抗震救灾指挥部统一部署下，哪里有险情，哪里就有"牛城抗震救灾老兵突击队"的队员；哪里有伤员，哪里就会留下他们的身影；哪里有需要，哪里就有他们的奔波和回应。由于"牛城老兵突击队"纪律严明、作风过硬，得到了当地群众的信任。"有事儿就找牛城老兵突击队"，群众的认可是对他们最大的肯定和赞誉。

据不完全统计，在江油市的21天中，他们卸下了167个车皮和130卡车的物资，共1万多吨。最紧张的一天，他们连续卸下了9个车皮的帐篷、30吨面粉，还搬运了8车矿泉水，并帮助支持北川县余里乡对口建设的山东省滨州市装卸救灾物资400多吨，为江油三叉河仓库装卸物资300多吨，共救治伤病员800多人。

陈瑞明先后被授予河北省优秀青年志愿者、邢台市抗震救灾先进个人荣誉称号，所带领的老兵救援突击队被邢台市委、市政府授予抗震救灾重建家园"工人先锋号"荣誉称号。他还当选为河北省青年志愿者联盟常务理事、河北省青年志愿者网络联盟理事、邢台市青联委员、邢台爱心协会会员等社会职务。

当代中华最感人的十大慈孝人物 · 中华慈孝奖

毛葆庆

大爱无声送光明　海峡两岸传爱心

慈孝心语

　　成为两岸的爱心传播者，共谱两岸光明曲。耄耋之年的他还在为公益事业发挥着余热，只因为对故土的一份深深眷恋，还有那颗炙热的爱心。

推荐单位：浙江省宁波市江北区统战部
推 荐 人：罗胜雄

　　毛葆庆，祖籍宁波市北仑区霞浦镇，现任中国台湾名机工业股份有限公司董事长、台北市博爱杰人会会长、中华捐血人协会副理事长、台湾爱育协会理事长、台北宁波同乡会理事长，"宁波市荣誉市民"、"台北市杰出市民"等称号。

大爱无声送光明

这是一篇由台湾同胞带给大陆同乡希望的感人至深故事,这是一首由海峡两岸共同谱写的"光明"曲,这是继台湾向大陆捐赠骨髓后的又一壮举,这是一颗由身在宝岛、情系内陆的天涯赤子所要表达的爱心。他让失明同胞重见光明,他让生活在黑暗里的人们重返七彩世界。毛葆庆,一个86岁的老人,他帮助从台湾捐赠角膜到宁波家乡,并捐资助学、招商引资,无愧于海峡两岸爱心的传播使者。

30多年来,他老人家为爱盲运动倾注了大量心血,除了筹集经费设立视障奖助学金,扩展国际眼角膜捐赠市场外,近年来,更将帮助对象从台湾扩大到祖国大陆等地,毛先生在协助盲胞职能提升和生活护理方面做出的贡献,赢得了海峡两岸特别是故乡宁波人民的推崇与尊敬。2008年,他荣获"宁波市荣誉市民"称号,还荣膺2008年度"台北市杰出市民"称号,而且在5位当选者中名列榜首。让我们走近这位台湾爱盲运动推广的拓荒前辈,一起感受他那改变无数人命运与人生的大爱情怀。

重归故里　乡愁激发善举

2005年9月的一天,毛葆庆以台湾爱盲协会理事长的身份来到宁波。这是第几次回大陆,毛葆庆已记不清了。但他依稀记得,20世纪80年代末两岸开放后,自己第一次回大陆的情形,他第一件事,就是赶回宁波北仑霞浦的故土,急着祭扫亲人墓。毛葆庆在家排行老四,三哥对他说了父亲的遗言:"阿四回来,留一间房子给阿四住。"毛葆庆顿时泪洒乡山。这一天,他离开大陆远赴台湾的1947年已有40多年的时光!

从那以后,作为台北市宁波同乡会的一位乡贤,毛葆庆一次又一次组织台湾同乡会代表团、企业界代表团、大学生代表团来宁波,倾心推动两岸的互动交流和友好往来。

在宁波海外联谊会成立20周年纪念大会上留影

"在台湾,我总会告诉别人,我是宁波人,我的根在那里。"毛葆庆说,"离家这么多年,不能在母亲床前服侍,所以我更要为故乡多做些善事。"

毛先生常说:"能为故乡同胞出一份力,尽一份义务,是我毕生的荣幸。"他对故乡的公益事业十分关心,他个人曾先后捐资小区老年活动中心、宁波大学学生活动中心健身设备、宁波大学奖学金等。他多次组织在台宁波乡长返乡参访寻根,主动联系组织台湾相关经贸界人士到宁波考察。他支持和参与组织的"海峡两岸宁波籍大学生夏令营"活动,至今已经15年了,甬台两地各有5批大学生互访,开创了两岸大学生有组织有规模持续互访交流的先河。

早在20世纪80年代初期,他与前任理事长等同乡会同仁先后向故乡残障人捐赠轮椅1900辆。在2003年至2005年担任台湾爱盲协会理事长期间,他先后组织向宁波市捐赠1500根享有权威优先权的盲人专用白手杖,2000只盲人专用话音有声手表。

复明行动的发起者

毛葆庆先生2004年到宁波参加浙江省投资贸易洽谈会时了解到,宁波有近8000名角膜病致盲患者,其中大部分可通过角膜移植手术重见光明。但是,可供移植的角膜极为短缺,这让他极为牵挂。"宁波虽然建了眼库,但却没有角膜可用。既然我们爱盲协会跟美国一些眼库一直有联系,我当然要想办法帮这个忙。"作为台湾爱盲协会理事长,毛葆庆自己也曾患过眼疾。"我当然能体会盲胞的心情，生活不便，有劲使不出，心里也就失去希望了。"得到他人帮助的毛葆庆，也开始帮助更多的盲胞。

由于可供移植的眼角膜极为稀缺，获得十分困难，当毛先生了解到宁波大约有20万名白内障患者需要做复明手术，而宁波市每年完成手术量仅有七八十例，大部分贫困白内障患者更是由于经济原因不能重见光明时，他当即表示，愿为故乡白内障患者贡献自己的一份力量，于是他策划推动了此次新的爱心复明行动。

到8月17日，先后有近200名患者提出了报名申请，每个人都有一段失明的"血泪史"，但多数人不符合，"因结膜炎致盲，双目失明，家境困难"这些条件，院方不得不忍痛婉言拒绝。江苏眼科医院先后两次为经初步筛选符合条件的43位患者作了眼病检查，最后初步确定5名接受角膜移植手术者。由于角膜保存时间短等客观原因，台湾首批从美国方面获得的眼角膜由原定的4只改为3只。

在毛先生主导、谋划与大力推动下，2005年8月与2006年2月，台湾爱盲协会先后两次向宁波捐赠6只眼角膜，海峡两岸眼科专家首度合作，进行了眼角膜移植手术，使甬城5位盲胞重见光明，这是海峡两岸共同谱写的第一首"光明曲"。

爱心大接力

眼角膜先在美国直接从人体取出，放入保养液体中，于2005年9月10日从亚特兰大空运过来。眼角膜的托运单上填的抵达地是香港，这就意味着，角膜在香港还得出入境一次，过道检验关。9月10日下午3时多，台湾爱盲协会监事长严长庚老先生在台湾朋友的帮助下，找到了香港卫生署，将所带的全套货栈呈上，并讲述了两岸间首次眼角膜捐献的经过。卫生署值班的医生被打动了，请示后同意特事特办，但按法律规定仍需在香港机场的货仓里放置。这样就要延误一天，角膜的新鲜度就要减弱，直接影响复明效果。情急之下，严老先生向多年老友——中华航空公司的总经理求助。老总一口答应,派香港分公司货运经理徐智强与美国航空公司协商,甚至还让出自己的私车给严老先生代步。

于是,徐智强一个电话打到了培训时的同学——美国航空公司货运经理家中。那时正是洛杉矶的晚上22时。这位美国同行在听明白事情原委后,立即通过网络将抵达地香港改为宁波。这样,眼角膜就可以不出境直接转上到宁波的航班了。

11日8时,严老先生登上了飞往宁波的东方航空公司的班机,机组人员获知原委后,将随机托运的眼角膜箱放到了飞机上最安全的位置——驾驶舱。

人体器官的入境,中国法律有着严格的规定。为使这份"光明礼物"顺利入关,国家进出口检疫局、省政府、省卫生厅、市卫生局、市台办等政府部门给予大力支持,特事特办。宁波出入境检验检疫局、宁波海关开通了"绿色通道",现场办公。

10时30分,一个标有人体角膜英文字样的箱子被捧到了早已等候在机场的宁波检疫、海关人员面前,有关人员打开纸箱侧面的信封,取出里面的检验资料和捐赠者的健康状况说明核对后,快速放行。

10时40分,这份凝结海峡两岸同胞深厚情谊的光明礼物,从严老先生手中郑重地传递到前来接机的江东眼科医院院长周宏健手上。

2005年9月,在台湾爱盲协会理事长毛葆庆先生的联系下,6只由台湾爱盲协会出资捐献的眼角膜,突破重重困难,从大洋彼岸的美国狮子眼库分两批运抵宁波,为6名宁波盲胞带来了重回光明的希望。这为两岸间首次眼角膜捐献演绎了一场感人的爱心接力。

希望送给最需要光明的人

这次和毛葆庆同机抵达宁波的,还有来自台湾的3名眼科专家。他们分别是:蔡宜伦女士、陈纯贞女士和王一中先生。

执刀已超过15年的蔡宜伦说:"我希望这次的宁波盲胞能够通过我们

的手重见光明。"

激动人心的时刻终于到了！9月12日上午，59岁的邬幼菊坐在轮椅上被第一个推进了手术室。从走廊到手术室只有短短的一段距离，但这段路她足足盼了半个多世纪，她甚至都没有想到今生还能复明！第二位是徐义君，最后一位是杨美娣。突然到来的光明，让3名患者都恍如在梦境一般，所有的担心和猜测都被一扫而光，3名盲人又重返久违的七彩世界了。

毛葆庆向宁波盲人捐赠盲人白手杖

"希望送给最需要光明的人。"媒体刊出的好消息激起了白内障患者对光明的渴望，冲着台湾医生的名望和免费手术，短短两个月内，甬城有近300位患者报名申请手术，经过对患者的反复体检，落实患者贫困情况后，有60名白内障患者幸运入选。他们分别来自宁波市区及奉化、宁海县等地，属于贫困、低保户，年龄最大的92岁，最小的25岁。

一石激起千层浪，台湾同胞的义举感动了宁波人。江东眼科医院发出倡议：热心市民，请加入眼角膜捐献队伍！

4月1日，毛葆庆先生、台湾眼科专家们以及凝聚台湾同胞深情厚谊的60只人工晶体和相关耗材飞抵宁波。据介绍，台北市宁波同乡会赠送的这批人工晶体均为美国爱尔康公司的最新产品，能有效阻断紫外线及短波等伤害性射线。

4月2日至4日，经过台北、宁波眼科专家合作手术，60只台湾同胞捐赠的人工晶体被植入了宁波市贫困白内障患者的眼中，使宁波市60名贫困白内障患者重见光明。这是继2005年9月台湾同胞首次向宁波捐赠眼角膜、两岸专家首度合作手术，让3位盲人走上光明之路后，海峡两岸共同谱写的又一首"光明曲"。

毛先生的两个心愿

2007年4月，毛葆庆经多方联络、热心撮合下，台北市宁波同乡会、台北市立联合医院向宁波捐赠了50只人工晶体和50套粘弹剂、超音波乳化术专用不锈钢手术穿刺刀等相关耗材。毛葆庆先生还向市卫生局和市红十字会诉说了自己两个心愿：一是希望这50只人工晶体能送给甬城50位最需要光明的人；二是希望这件好事能与家乡的爱心医疗单位和爱心市民共同完成，以别样的方式增进海峡两地乡亲的沟通与友谊。

50个凝聚着台胞浓浓深情的人工晶体和相关耗材随同台北市宁波同乡会、台北市立联合医院免费白内障义诊团一起，飞越台湾海峡，历时9个小时抵达宁波机场。作为义诊团领队、台北宁波同乡会会长，82岁高龄的毛葆庆先生顾不上旅途的辛劳，亲自看着这批价值10万元的人工晶体放入冷库，才放心地回到酒店。在以后的日子里，3名来自台湾的著名眼科医生又一次与宁波市眼科专家联手共同为50名家庭贫困的白内障患者进行了免费手术，再次谱写了一首感动天地的"光明曲"。

一位老人的赤子情怀

据调查，宁波市眼库成立3年来，已接受过3位市民捐献的角膜，他们的义举使6位失明的角膜病患者重见七彩世界。全国有约500万因角膜病致残的盲人，这其中大多数可通过角膜移植手术重见光明。由于角膜的稀缺，除少数幸运者外，成千上万的盲人只有在黑暗中苦苦等待。目前，祖国大陆每年所做的角膜移植手术不及美国的十分之一，也远远低于一些发展中国家，我们缺的不是技术，而是眼角膜！

毛葆庆先生还十分关心莘莘学子于2000年捐出10万元新台币一起作为宁波大学奖学基金。2008年毛葆庆先生以85岁高龄再一次来到宁波，这一次以个人名义向宁波市聋哑学校捐赠2台扩视机,向宁波市图书馆捐赠1台扩视机,并代表台北市宁波同乡会向地震灾区捐赠15万元人民币。在四川汶川地震发生后,毛葆庆先生个人通过宁波市委台办向地震灾区捐款10万元人民币,同时他又发动台北市的宁波乡贤向地震灾区捐赠人民币15万元。

毛葆庆先生长期以来为促进甬台两地交流、增进乡情乡谊做了大量工作,促成了众多甬台交流、合作、投资项目和捐赠项目。

正如江东眼科医院的倡议书所言:靠什么让盲人重返光明世界,除了医学进步外,还需要大家的爱心。毛葆庆也表示,将帮助更多的宁波盲人重见光明,眼角膜的捐献还将一直继续下去,爱是可以延续的。毛葆庆先生的爱心、台湾同胞的爱心、我们的爱心,将是更多盲人和白内障患者复明的希望,愿这份爱心永远延续和传递下去。

当代中华最感人的十大慈孝人物·中华慈孝特别奖

倪烈水

践行孝道　编写《劝孝歌》劝人行孝

慈孝心语

老吾老以及人之老，幼吾幼以及人之幼，倪烈水用自己的行动充分地诠释了这句话，并且将这种精神一代又一代地传承了下去。

推荐单位： 中国财政经济出版社
推 荐 人： 张冬梅

倪烈水，广东省揭阳新亨镇硕和村人。民间文艺家，曾编写了《潮汕倪氏族谱》、《倪烈水民间故事》、《劝孝歌》等书。主要社会兼职：深圳市潮人海外经济促进会顾问、爱心中华行孝文化促进会荣誉顾问、深圳市潮汕文化研究会文化研究创作室主任、深圳市潮汕文化研究会灯谜社荣誉社长、揭阳市民间文艺家协会名誉顾问、深圳市宝安区文联委员等职。

倪烈水：劝孝行善动人寰

孝道作为中华传统文化的精髓与基础，博大精深，源远流长，代代相传，已成为中华民族的传统美德，是幸福家庭的道德基础，是和谐文化的重要元素。民间文艺家倪烈水50年来，一直把传播、践行孝道文化当作自己生命的一个重要组成部分。在他的教育下，许多不孝之子都悔过自新、改邪归正。他收养帮助教育了20多位贫困少儿，使他们中的大多数都成了公务员和企业家。来深圳创业后，又把劝孝行善的美德带到深圳，倾其所有，行善好施，帮助了家乡数百贫困乡民。

为使中华孝文化发扬光大，广为流传，让更多的人受到孝文化的熏陶与教育，在倪烈水的影响与动员下，由一批有孝心、有爱心的企业家成立了"爱心中华行孝文化促进会"；他还利用两年多的时间撰写出版了《劝孝歌》一书，向社会捐赠1.5万册，众多的媒体争相报道，求购书者络绎不绝，教育感动了无数人，在社会上引起了强烈反响。其事迹感人至深，催人奋进，已成为劝孝行善的楷模，值得人们学习效仿……

承继美德　惠及社会

倪烈水于1946年生于广东省揭阳新亨镇硕和村。清朝末年，其祖辈几代曾遭战乱之苦。因为战乱，小烈水母亲的祖父与父母等20多人离散。母亲两岁时，只好与70多岁的奶奶相依为命。由于奶奶年逾古稀，已无法下地劳作，母亲是靠东家一点米，西家一碗菜，在邻居的照料下长大。母亲仅读过一年私塾，没有多少文化，但她心地善良，性格刚烈，对儿女要求极严。小烈水至今仍清晰记得，他小时与小朋友吵闹，不管是小朋友欺负他，还是因其他原因，母亲都会带着他上小朋友家去赔礼。

由于母亲从小是在左邻右舍的救济下长大，因此，她一心向善，做了很多好事，有着菩萨般心肠，她同情所有的贫苦人，从不吝啬。母亲从小就教导小烈水要有："忠孝之心，要知恩图报，要做善事，不能做坏事，我一生看到很多做坏事的人，都没有好下场。"母亲的言传身教，与行孝行善、乐于助人的美德被小烈水承继下来，使他受益一生。

解放前，小烈水家里很穷，没有土地，父亲常年在外为人贩卖牛羊，家里全靠母亲与两个哥哥长年在富人家当长工。1952年，7岁的小烈水开始上学，直到1960年下半年，因家里实在交不起学费而被迫辍学。

从小学到初二，小烈水的学习成绩在全校都名列前茅。由于学习成绩突出，经常帮助后进生学习，又尊重师长，深受同学及师长的喜爱。师长像对待自己的孩子一样对待他，家里交不起学费时，便用自己的钱为他交上，这些善举让小烈水牢记于心，感激不尽。

收养帮助20多位贫困少儿　劝孝行善撼人间

倪烈水从小就喜欢画画，在他13岁上中学时，就拜揭阳第三中学美术教师——岭东著名画家王士龙老师为师，学习绘画。王士龙老师曾是我国著名画家刘海粟大师的高徒。他被打成右派下放到第三中学后备受凌辱，学校多次派他去清理厕所污秽，倪烈水不忍老师受辱，毅然代之。校领导斥责倪烈水立场不坚定，他以理相争，尊敬老师，为何不可？校领导哑口无言。

倪烈水从小就积极进取，乐于助人，经常做好人好事，他还被评为"学雷锋积极分子。"

由于他悟性高，苦学不辍，又有名师指点，使其画艺大增。他还遍访当地名师，博采众长，几年后成为当地的知名画师，开始了民间艺人生涯。而他不论走到哪里，其劝孝行善的行为就做到那里。20多年来，他在潮汕地区7座祠堂和30多座佛庙中画了"二十四孝图"，为弘扬孝道文化尽心尽力，甘于奉献，乐而不疲。

颇有艺术天分的倪烈水，不仅擅长书画，而且还擅长油漆、灯谜、故事、诗词、楹联。20多年间，他到过100多个村做工艺，共培养了30多个学徒，还收养了三位走失儿童并帮助其找到父母。他每到一个村做工，只要打听到哪家有不孝之子时，都会主动上门，与他（她）交朋友，循循劝导。例如：在一座小村庄，有位村民经常打骂父母。倪烈水得知后，不顾一天的劳累，吃完晚饭后主动上门劝导。他问那位青年："你父母是不是你的亲人？你是不是他们的儿子？他们是不是你的亲生父母？"那位青年连声回答"是，是！"接着倪烈水为其讲解："没有父母，还有你吗？虽然父母教育方法不当，但给了你生命，他们吃尽苦头把你养大，你应尽孝心报答呀！将来你也要结婚生子，你怎样对待父母，将来孩子就会怎么样对待你！你打骂父母，社会上还有人与你来往交朋友吗？邻居乡邻躲你、怕你、瞧不起你，在背后戳你脊梁骨，你遇到困难没有人来帮你，你将会被社会所抛弃。"他的一席话语，让那位不孝之子恍然大悟，流下了忏悔的泪水，表示将来再也不打骂父母了。

20多年来，倪烈水以过人的爱心孝心耐心，劝导教育了几十个村的不孝之子改邪归正，帮助他们中的大部分人成为孝子。

倪烈水博学多才，工艺接连不断，每天都忙到很晚，每年都要忙到大年初一。凭他的手艺与口碑，本可以收取较高费用，很早就能致富，可他坚持只收取微薄的费用，对一些好心的贫苦人，他有时甚至不收工钱。

倪烈水在老家从事工艺期间，共培养了30多位学徒，为其提供衣食住，不但教他们技术，还对他们进行道德教育，教育他们尊贤敬老，对老人要有孝心，在社会上要行善，在倪烈水的教导下，他们大多都已成才。在他收养帮助的20多位贫困少儿中，要介绍以下三人：

一个14岁的女孩，因父母双亡，无人照料，倪烈水看其十分可怜，就收养了她。对她视如己出，无微不至，一直培养到她成家立业。

在老家揭东县新亨镇，还有一位既是他徒弟，又是他儿子的人。因其家里太穷，父母无钱供养他，倪烈水就收留了他，既教他绘画、刷油漆，还供他吃住，教导他尊老爱幼，孝敬父母。在倪烈水的培养下，现在他在老家开了公司，已成为一名小有名气的企业家。

一位已故之友的儿子，倪烈水对他尽心指导支持，把他当成自己的儿子一样照顾，他现在也成为一位颇有爱心孝心的企业家。

在问到倪烈水自己儿女及收养帮助的贫困少儿是如何教育得那么好时，他介绍说："我先对他们进行道德教育，让他们从小就有良好的品德，有爱心、有上进心，尊老爱幼，思想健康，对人要礼让。孩子长大后不一定非要当领导、当科学家，但他们一定要对社会有所贡献。"在他收养帮助过的20多位贫困少儿中，大多都已经是颇有要爱心的企业老板。

作为民间文艺家应邀编撰区志族谱

作为当地知名的民间文艺家，倪烈水多才多艺，其画其诗其人其行，得到当地政府与乡亲们的认可。他在县文化局曾做过兼职创作员。1985年3月他应新亨区政府多次邀请，在区志办公室编写《新亨区志》，工作尽职尽责，兢兢业业，从不计报酬，并献出一部珍藏多年的《中华民国三十八年揭阳大事记》（手抄日记本），填补了揭阳县志的一项空白。

倪烈水治学严谨，有很强的社会责任感、使命感，对每一个历史事件、都寻根探底，对史料进行严格核实，以不误后人。为此，他不分昼夜加班加点收集、整理、核实材料。在他负责与辛勤的工作下，《新亨区志》终于于1988年8月如期高质量完成，深受领导好评。

自1983年8月起，倪烈水又受潮汕各地倪氏宗亲的重托，编写《潮汕倪氏族谱》。此时，他不仅出时间出力气，而且还出资，用了7年时间义务为倪氏家族族谱顺利完成尽了他所能的力量。

潮汕地区有着源远流长、绚丽多姿的潮汕文化。在倪烈水很小的时候，母亲经常给他讲古代忠孝节烈的故事，还给他唱揭阳世代流传的潮汕歌谣，倪烈水就是在母亲优美的歌声与感人的故事中长大，再加上几十年来他对潮汕文化的学习与研究，使其有着深厚的潮汕文化底蕴。在此基础上，他还编写了《倪烈水民间故事》一书，在当地广为流传。

来深创业继续践行孝道

深圳的改革开放大潮席卷神州大地后也激荡着倪烈水的心,他觉得凭借自己20多年的美术与施工基础,在深圳同样会发挥自己的一技之长,对社会有所贡献。他因平生乐善好施,几乎倾尽积蓄。为筹得来深圳发展的创业资金,他将三间祖屋中留下一间给父母居住,又带着用剩下两间祖屋卖得的2.8万元领着全家于1991年1月来深创业。

所谓艺高人胆大;他来深圳不久,就独自开设了一家美术广告门市部。由于他服务好,水平高,生意日益红火,很快就在深圳站稳脚跟。有了一定收入后,倪烈水更有条件帮人了,只要家乡人有困难倪烈水就会出手帮忙。凡是遇到家乡穷苦乡亲上门找他,他不但用好饭好菜款待,还送给他们路费。来深圳18年来他帮助了家乡数百人,能为家乡人做点事,他非常开心。

护理重病父亲　　五天五夜未合眼

俗话说,百善孝为先。倪烈水孝敬父母、老师的故事更是撼动人心。

在他父母亲的教导与影响下,倪家兄弟姐妹都十分孝顺。家里最好的东西一定先留给父母吃。20世纪六70年代,为了能让母亲穿上一件新棉袄,兄弟姐妹把积攒布票留给母亲,终于为母亲做成了一件崭新的棉袄,圆了兄弟姐妹们的一个小小心愿。

倪烈水母亲患上胃病已40多年,在她76岁那年,胃病突然恶化,住了4个多月院后,因病情十分严重,转了五六家医院都不肯收她,有个民间诊所说他母亲活不了多久了,倪烈水听后,心里十分难过。他暗下决心,只要有一线希望,也要治好母亲的病。于是,他放下自己手中的一切工作,到处打听寻找治胃病的偏方、秘方。上天不负苦心人,最后在供销社一位姓黄的先生那里得知有一本名叫《千家妙方》的书,其药方非常灵验,倪烈水欣喜不已。为买到此书，他跑遍了揭阳所有书店也未买到。经书店一位好心人介绍，他乘车来到200多里的汕头新书店买到了《千家妙方》（上下册）。购到此书后，倪烈水如获至宝，赶紧回家研读。针对母亲的病情，倪烈水为母亲开出了一副药方，共4种药，他至今仍记得：蒲黄、白芍、山楂肉、五灵脂。

母亲已七天七夜滴水未进、昏迷不醒了，大嫂用小勺轻轻撬开母亲的嘴，一点一点地灌完一碗中药。一个小时后奇迹发生了，母亲的肚子开始咕咕作响，解了两三次大便后，母亲苏醒过来。吃了五天中药后母亲就能坐起，令全家人惊喜不已。倪烈水又针对母亲的病情，开出几副中药，经过20多天的精心调养，母亲就康复了。倪烈水用这副小小药方，救了生命垂危的母亲，使其生命又延续了15年时光，直到91岁高龄时才辞世。

用此药方，倪烈水还治愈了许多患胃病者，这也是他为社会做出的一件善事。

倪烈水的父亲因儿女颇具孝心，照顾得好，老人舒心，也就高寿。2001年，父亲95岁那年，虽然没有什么病，但因年纪太大身体衰竭住进医院，为能照料好父亲，倪烈水五天五夜未合眼。那时，在白天，亲属与兄弟姐妹都来看望父亲，因人多，倪烈水无法入睡。晚上倪烈水为不让兄弟姐妹们受累他独自一人护理。

那时，父亲几天几夜不能进食，已瘦得皮包骨，连打吊瓶的针都扎不进去了。父亲每晚要上20多次厕所，倪烈水刚扶父亲上完厕所，躺下准备睡一会时，父亲又喊他要上厕所，倪烈水马上起床，抱起周身皮包骨的父亲上厕所。倪烈水十分心疼，父亲操劳了一生，耗尽了自己的能量精力竟瘦成这样，倪烈水顿感自己愧对了父亲，觉得自己一定要让父亲在生命最后的时光里让老人家安然离去。就这样倪烈水五天五夜未合眼，直到他累得眼冒金花，实在支撑不住了，才换人。

倪烈水还像照顾自己亲人一样照顾过自己多位老师，在当地早已传为佳话。

教子有方几个儿子都创办了自己公司

倪烈水不仅对外劝孝行善，行大德大义，而且教育自己的孩子也有一套好方法。他教育自己的几个儿子，要爱国，有爱心，讲孝道。他帮助了20多位贫困少儿，向贫困山区捐款捐物20多万元。他还出资支持两位朋友创业，一位借了26万元，一位借了10多万元，10多年过去了，倪烈水从未催其归还。

他还教育儿子们常做善事。目前，他的几个儿子，不仅有自己的公司，还富有孝心，尽力做好事善事。大儿子倪壁雄供养多个贫困地区的孩子读书，他与赵泽标、陈汉庭等企业家在其父倪烈水的动员与影响下，于2008年6月15日，他们发起成立了"爱心中华行孝文化促进会"，并在深圳市潮人海外经济促进会的支持下在湖北革命老区黄梅县建成了两座希望小学，四川内江建成了一座敬老福利院。倪壁雄还多次为汶川灾区捐款，还为广东各地区白内障患者捐款免费做复明手术。倪壁雄的两个弟弟也颇具爱心孝心，倪壁雄和倪壁卫两兄弟都是"壹基金"第一批加入的永久义工。几年来，向希望小学、敬老院等捐款上百万元。

撰写《劝孝歌》在社会上引起轰动

1998年，倪烈水从商业退休后，开始着手发掘推广孝文化与积极参与社会公益活动。10多年来他把出书和卖字画的收入。大多用在扶贫济困和捐建给家乡修建学校、祖祠等公益福利事业上。另外，从大量的报刊中他发现，中华民族的传统文化——孝文化，正逐渐被广大青年少儿淡忘，甚至被边缘化，很多年轻人追求物资享受，缺少人生追求，心灵麻木，不尽赡养父母义务，更别说尊老爱幼了。为此他产生了编撰一本劝人行孝书籍的想法，于是，他开始着手准备与收集资料。

近年来，倪烈水还积极参加各种社会活动，有许多社会兼职，主要有：深圳市潮人海外经济促进会顾问、爱心中华行孝文化促进会荣誉顾问、深圳市潮汕文化研究会文化研究创作室主任、深圳市潮汕文化研究会灯谜社荣誉社长、揭阳市民间文艺家协会名誉顾问、深圳市宝安区文联委员等职。

2006年，倪烈水在收集大量资料的基础上，开始编写《劝孝歌》。经过两年多的辛勤编撰，于2008年8月由中国文联出版社出版。此书出版，旨在劝导世人尊贤敬老，履行孝道，可见倪烈水一片关爱社会的赤诚之心。原广东省长卢瑞华亲自为本书题写书名。汕头大学原党委书记黄赞发为此书作序。序言中写到："如果《劝孝歌》能够渐渐成为家庭启蒙教育的素材，家长与子女口口相授，代代相传，则必能促进整个社会的和谐发展。"102岁高龄的中科院资深院士，温家宝总理的老师杨遵仪先生为《劝孝歌》写下了"弘扬传统文化，建设和谐社会"的赞词。原揭阳市委书记陈燕发也为《劝孝歌》写来"笃信仁孝"的贺词。国学大师饶宗颐、广东省委原书记林若、中联部原部长朱良、林业部原部长蔡廷松、全国华人华侨委员会副主任王宋大、中国港澳台侨委员会副主任张伟超、广东省政协原副主席林兴胜，深圳市潮人海外经济促进会永远名誉会长黄国祥，广东省军区原副司令员庄根南，深圳市市委原常委、市人大原副主任李友烈，北京潮人商会会长张善德，中国国家画院院长龙瑞，澳大利亚澳华交流中心主席林晋文，美国民俗学会执行理事长罗仪德，雅典奥运会跳水冠军杨景辉，2011年世界大学生运动会形象大使戴菲菲，中央电视台著名主持人阿丘，潮汕灵山寺光辉大师等，均为《劝孝歌》题词。

《劝孝歌》全书共分五篇：第一篇是歌谣，主要有二十四孝歌、十月怀胎歌、养儿歌、老来难、劝孝歌、报恩歌、孝字歌等；第二篇是天下父母，主要有佛在家中、断指救儿等8篇反映父母辛勤养育子女的故事；第三篇古今孝贤，主要有岳飞、毛泽东、朱德、鲁迅、许世友等10位名人的孝道故事；第四篇古代孝女，主要有缇萦女、花木兰等12位有名孝女的事迹；第五篇是中外关于孝和爱的格言。该书以潮汕方言歌谣的形式，通俗易懂，琅琅上口，有着鲜明的潮汕地方文化特色。

此书出版后在社会上引起了强烈反响,可以说"百人看百人赞"。深圳边检站的领导与战士也争抢此书。深圳某公司职员魏女士,到亲属家玩发现此书后带到公司,正准备欣赏、就被同事抢去一睹为快。深圳多所学校的学生老师获赠此书后,也都争相传阅。深圳市潮人海外经济促进会永远名誉会长黄国祥看完此书后说:"这本书的内容是丰富的,既有民间故事,也有当今社会情况,我觉得写得生动活泼,非常有教育意义。对老年人是一种启发,对青年人是一种教育,万事和为贵,百善孝为先。"

深圳市潮汕文化研究会会长陈永看,读完此书后说:"我认为,倪烈水先生是位优秀的农民作家,他非常孝道,刻苦砖研,能写出这本书我非常敬佩。《劝孝歌》出版后,受到读者欢迎,受到了各级领导的肯定。我认为,这本书,特别是在当前出现了道德危机的情况下出版,更有深远的社会意义和历史意义。我们要继续构建和谐社会,就必须用二十四孝的伦理道德来教育孩子,在社会上倡导行孝的伦理道德,就必须按照伦理道德来教育后人,社会才能成为高素质的社会,成为真正和谐的社会。"

倪烈水的事迹引起众多媒体关注:揭阳电视台、《揭阳日报》、《汕头日报》、《宝安日报》、《深圳特区报》、深圳宝安电视台、欧中经贸官方杂志、南方网、和谐中国网、中国青年网、宁波家教网等媒体相继给予报道。揭阳电视台在民生热线以"崇孝善本甫面世,一书难求《劝孝歌》——感恩奉献劝孝行善(上)"与"一枝椽笔担道义从来得道便多助——感恩奉献劝孝行善(下)"作了长篇报道。这些媒体报道后,很多读者从报社电台的记者那里打听到倪烈水的住址与电话,几乎每天都有来电或上门的购书者。

倪烈水还被武警部队、学校与企事业单位邀请讲孝文化故事,广受好评。《劝孝歌》共向社会捐赠1.5万册,不仅在深圳与潮汕地区,有北京、河南、湖北、四川、安徽、山东等地。产生了较大影响。这些省市的领导看了后,都纷纷求购此书。《劝孝歌》的出版在社会上引起关注,这足以说明当前社会对孝文化需求巨大,青少年对孝文化的教育已迫在眉睫!

看完此书,有很多读者都潘然醒悟应孝敬父母了,例如,一位姓黄的读者说:"'慈母手中线,游子身上衣,临别密密缝,意恐迟迟归。'我看了这本书后就有这种冲动。我以前一两个月打一个电话给父母报平安,现这每周都给父母打一个电话。"她现在方知自己以前做得不对。

孝文化作为中国传统文化的根基,是中华文明与古希腊文明、印度文明等有重大区别的文化现象之一。千百年来它一直作为中华民族伦理道德之本,行为规范之首,备受推崇,同时也令西方学者瞩目。

2008年5月,美国民俗学会执行理事长罗仪德先生来中国访问时,还专门拜访了倪烈水,对中国人弘扬孝道、践行孝道的行动极为羡慕。他说:"我有两个女儿,她们长大后,都远离父母各奔东西。而中国人老了,还能享受天伦之乐,让人感动。"

"小孝兴家,中孝旺企,大孝治国。"这句名言道出了孝文化的真谛。倪烈水50年如一日,劝孝行善,收养帮助了许多贫困少儿,又编撰《劝孝歌》,让社会上许许多多的人受到教育,其事迹与大孝至爱的精神可歌可颂。现在,倪烈水正在为今冬明春的专题孝文化书画展日夜操办。他从事孝文化事业,促进家庭和睦,社会和谐的善举十分感人,体现了一个老共产党员的高尚情操,不愧为我们学习的楷模,我们时代最可爱的人!

当代中华最感人的十大慈孝人物 · 中华慈孝特别奖

蒋行远

7个少数民族22位孩子的"父亲"

慈孝心语

他说，我的日子，好过是一天，不好过也是一天，但是我希望这些贫困的孩子能健康快乐的长大。不为名，不为利，默默地付出的背后，只因为那一颗慈父般的爱心。

推荐单位：政协六盘水市市委、贵州人民广播电台
推 荐 人：陈　臻

　　蒋行远，贵州省六盘水市摄影家协会主席，六盘水市文联"朝霞工程"办公室负责人。他还被贵州省评为"助人为乐"道德模范。

"朝霞工程"是中国文联为响应"西部大开发"和"文化扶贫"号召发起的一项公益事业,目的主要是资助西部7至15岁有文艺天赋与就学困难的少数民族儿童。这项公益事业是让贫困的少数民族儿童在学习文化知识的同时,把本民族的乐器、服饰、民歌等民族文化传承下来。"朝霞工程"实施后,一大批优秀而又贫困的少年儿童,在"朝霞工程"的扶助下成长为我国艺术园地的新苗。为了这些"新苗"的成长,许多"朝霞工程"工作者做出了大量的奉献。其中蒋行远就是这众多"朝霞工程"工作者中优秀的一位。

身为贵州省六盘水市摄影家协会主席的蒋行远为使贵州省西部地区少数民族的传统文化能够得以继承,他拔掉输液针头阻止愚昧的婚姻、熬更守夜画画赚取稿费主动为孩子们筹集受"朝霞工程"九年制义务教育资助后继续读书资金等事迹,感动了六盘水少数民族群众,也感动了上海、香港、加拿大等地许多的人。10年来,蒋行远自己在工作之余熬夜加班打工、冒着生命危险挣钱资助边远贫困山区22个少数

蒋行远和他的儿女们

民族孩子生活、求学,自己宁愿居住在不足50个平方的房子里,宁愿自己欠下债务只为承担贵州西部贫困山区7个民族的22个孩子成长的费用,用真心真情和实际行动演绎了一个个动人的故事,用一颗慈父般的爱心构建了一个充满温情和亲情的大家庭。

七个民族一个家

蒋行远被确定为贵州省六盘水市文联"朝霞工程"办公室负责人后,为寻找真正具有艺术天赋,但因贫困就学困难的少数民族儿童,他自带干粮、

自带手电、自备备用布鞋，穿行在少数民族居住的密林、高山和深谷之间。

1999年11月8日，蒋行远打听到六枝特区梭嘎乡陡嘎村小学的长角苗族女孩杨明珍不仅民歌唱得好，而且擅长吹"三眼箫"，因家庭比较贫困，正面临辍学的境地。蒋行远得知后马上出发，直到深夜11点，满身泥泞的蒋行远终于找到杨明珍家。可杨明珍的父亲执拗地拿起一壶酒，说要把这壶酒喝了才让蒋行远进门。为了取得杨明珍父亲的信任，患有胃病的蒋行远把酒一口气喝下，当天晚上，蒋行远就病倒在杨明珍的家里。在杨明珍家里养病的时候，杨明珍的父亲要蒋行远把杨明珍当亲生女儿，才把杨明珍作为"朝霞工程"的培养人，蒋行远当即答应。就这样，蒋行远成了"朝霞工程"六盘水市第一个被资助对象杨明珍的义务"父亲"。

随着六盘水市文联副主席张仁卓和盘县、水城、六枝三个特区、县文联的协助，1999年12月，彝族吴娅琼、吴丽娅、石孝军，苗族竺晶晶、竺金燕，长角苗族杨光兰，仡佬族刘喷、罗芸，布依族王丹、王良倩、伍开艳等少数民族儿童相继接受"朝霞工程"的资助，蒋行远也成了22个孩子的"父亲"。

为了和他们加深感情，蒋行远每年一过大年初一，就到各家走访，去了解孩子们对本民族语言、风俗、乐器、民族手工艺以及民歌的学习情况。长时间的来往和相处，蒋行远和孩子们结下了深厚的友谊，他决心要把他们扶助成人，让他们学到更多的文化知识，以此来改变她们的命运。

时任六盘水市委宣传部部长、现任六盘水市政协主席唐方信说："蒋行远一头扎进朝霞工程，九头牛也拉不回来。2002年，我们想调他到市委宣传部工作，他坦诚拒绝说，'我也想到部里工作，可就没有时间抓朝霞工程了。'"许多人对他的拒绝表示不理解，但更多的人对他的这种精神表示钦佩。

而蒋行远却说："从这22个孩子的眼神和话语中我感受到了他们的期盼，我要把这22个孩子当成是我亲生的，尽我应尽的责任。"

寻找失落的孩子

2003年8月，有5个孩子初中一毕业，因受不了城里富家子弟的语言打击，赌气出走了。已在市里替他们找好高中和中专就读的蒋行远，听到这一消息后，马上进行多方打听后，当得知有一个孩子在贵阳一家饭馆打工后，连夜赶到贵阳，想把这个孩子找回来读书。可找遍了他打听到的片区所有饭馆，连孩子的影子都没看到！蒋行远失望和疲倦之极，靠在街边的栏杆上就睡着了。当蒋行远正在梦中与这个孩子边说边笑赶回家读书的时候，洒水车洒出的水，把他浇得全身湿透了。蒋行远沮丧极了，甚至想哭，但他仍不放弃要找到孩子的希望！

蒋行远在渴盼和焦虑中寻找了半年，他无论怎样努力，都找不回刘喷、罗芸、竺晶晶、罗春燕等重回学校读书！他的心里很不是滋味。为了保证22个孩子的完整，他决定重新吸纳其他的贫困孩子。在盘县文联的协助下，父母双亡被人收养的苗族女孩杨祝英、回族女孩马元艳、白族女孩李英成为被资助对象。

此时，六盘水师专艺术系老师打来电话，说受助对象王祥永已自己离开学校，和他父亲去昆明打工去了，实在没办法，蒋行远只好放弃固执的王祥永。经多方调查，蒋行远作出一个决定——破例吸纳"汉族"学生赵金为受助对象。

赵金是盘县珠东乡人，父亲大脑失常，母亲痴呆瘫痪。从小就肩负起家庭重任的赵金，13岁时就开始兴办"私"学，把从学校学来的知识教给村里的孩子，收取微薄的费用来维持全家生计及两个弟妹读书的费用。到六盘水市职业技术学院医疗系后，她又边读书边打2份工照顾家里，极为辛苦。

这个坚强而不屈从于命运的女孩打动了蒋行远的心，也打动了贵州省文联副主席井绪东，他对蒋行远破例吸纳汉族女孩的事表示赞成。

赵金的加入，蒋行远的"家"由6个民族变为7个。他说，这个拥有7个民族的大家庭，22个孩子一个都不能少！

"拔针止愚"动人心

蒋行远给身患乙肝的苗族学生张志飞送中药时的情景

蒋行远自当上了22个孩子的义务"父亲"后，除了工作之外，几乎所有的精力都花在了孩子们的身上。在他一本翻破了的小本子里，记满了孩子们的联系电话。他要定期了解孩子们的学习和生活情况，要与他们的班主任沟通，要鼓励和督促他们在学习之余，利用本民族的生活和语言环境努力学好本民族的传统和乐器。有的时候，他还要解决孩子们因家里愚昧而带来的一些问题。

2002年，生病住院的蒋行远接到杨明珍为拒绝父母给她订的娃娃亲离家出走电话时，他当场就昏了过去。经医生抢救过来后，他拔掉输液的针头，直往杨明珍的家里赶。可赶到杨明珍家里时，她已不在了，与杨明珍同寨的杨光兰却跑来哭诉：她的父母已收了4000元的彩礼，要逼着她嫁给比她大10岁的残疾人。她不顺从，父母就拳脚相逼。

蒋行远非常生气，这两个孩子还不到13岁啊！他当即表态愿拿出4000元钱来终止这场"愚昧"的婚姻。

蒋行远"拔针止愚"的事，影响了许多单位和个人。在他的影响下，时任贵州省六盘水师专党委书记的袁仁庆即从英国赶回召开会议，讨论免除受"朝霞工程"资助的贫困少数民族学生王丹、杨兴娅和王祥永学费的问题。六盘水职业技术学院党委书记杨兴祥和六盘水市民族中学校长余龙江相继响应，免除杨明珍、陆志玉等人的学费。据统计，受"朝霞工程"资助的学生，从2003年9月到2009年8月，免除共计6万多元的学费。上海市山林镇广播电台、《解放日报》记者纷纷向孩子们捐献衣物。香港国际语言学校教授詹爱平知道蒋行远的事迹后，从2005年至今，共捐出3万多元人民币要蒋行远资助孩子们读书。

"熬夜打工"筹资金

2002年8月,这些受资助的孩子,有的已初中毕业。按中国文联"朝霞工程"有关规定,这批学生接受资助只能是9年制义务教育。但这些孩子毕业后才15岁左右,他们对蒋行远说:"伯伯,我们还想再读书!"

蒋行远急了！在他的这22个孩子中,除3个男孩之外,其余19个女孩都是贫困地区的少数民族,如果让他们就此辍学,按照当地少数民族的习惯,他们只有选择早婚的道路!

蒋行远给孩子们筹集资金的事,六盘水市委宣传部副部长袁国中很有感慨地给记者介绍:"为了给孩子们筹集资金,蒋行远利用自己善写美术字的特长,在工作之余,替别人出专刊、办板报,赚钱为孩子们筹集资金。2002年6月,蒋行远连续熬了两个通宵,完成了"内昆铁路通车仪式"8个8米高的大字,得到了800元的劳务费。"

再加上他不断投稿得来的稿费,替别人摄影、写美术字、出专刊、办版报、编画册的劳务费和工资,到2003年7月,蒋行远建起了数目有30000元的"基金"。同年9月,考取六盘水职业技术学院的杨光兰,因家中穷困,瞒着蒋行远准备外出打工。蒋行远知道后,马上赶到火车站,把她从火车上拉了下来,拿出"基金"的3000元给她交了学费,杨光兰才得以继续完成学业。"基金"建立以后,先后到市里就读高中、中专和大学的孩子相继得到了资助。

正在六盘水市第一中学读书、因患"白血病"正在贵阳医学院接受治疗的布依族女孩王良倩说:"蒋伯伯知道我想读高中,就鼓励我在学好我们本民族乐器姊妹箫的同时把文化抓上来,在他的帮助下,我才有机会到市一中读书。我一定争取考上国家重点大学,好回报蒋伯伯和朝霞工程的关爱。"

贵州省广播电视局副局长、贵州人民广播电台台长晏世忠紧紧握住蒋行远的手说:"九年制义务教育是每一个公民都必须具备的,但要对民族文化进行继承,还需要学习更多的知识。您主动承担孩子们九年制义务教育后继续读书的这件事,其意义非常重大。"

分两批改善孩子们的生活

自2003年孩子们陆续到市里上高中、中专和大学后,孩子们的生活成了一道"难"题。蒋行远采取用"朝霞工程"款项扶助一点,争取民政部门、民宗局和团委扶助一点,好心人的捐款拿出一点,自己的工资拿出一点,每个周末来家里改善一点,"基金"里拿一点,孩子们家里尽量想办法拿一点"七个一"方式,终于使孩子们的吃饭问题得到解决。

在衣着方面,蒋行远则要求孩子们把好心人捐赠的旧衣物洗干净后,穿在里面防寒过冬。然而,这些学生都已十六七岁了,正是穿着打扮的年龄,尤其是从边远贫困的山区来的,要让他们的心理得到平衡。蒋行远又让妻子拿出一点工资,给孩子们增加买过夏的衣服和买滑雪衫过冬的费用。

近年来,蒋行远把精力和经济都放在了孩子们身上,自己一家至今仍然住在不足50平方米的老房子。由于住房太小,每到周末,他把学生分成两批接来家里改善生活。

每到周末,蒋行远和妻子的任务就是在家做饭、做菜等着孩子们到来。孩子们一来,蒋行远一"家"就充满了欢乐,飘荡着苗族、布依族或者彝族的民歌!

蒋行远说:"星期六、星期天孩子们来我家改善生活,既可以和她们当面进行思想交流,又可以教育他们努力学习,把以前的不足和成绩弥补上来。"

蒋行远和民族同胞在一起

而孩子们必须遵守两条铁的规矩：每周周末在"家"吃完饭返回学校后，一到校必须亲自打电话报告"到校了"；放假回家，必须亲自打电话报告说"平安到家"。

每个周末和寒暑假，蒋行远和妻子什么地方都不去，他们的任务就是守着等孩子们的电话。蒋行远说：只有这样，他才会放心。如果孩子们忘了打电话，蒋行远就亲自打电话去询问，直到证实孩子们到家了，他才安下心来。

全国人大常委、原贵州省文联主席杨长槐知道蒋行远的事迹后感慨地说："朝霞工程的目的，是用扶助的方式使少数民族的文化得以继承和发展。蒋行远为朝霞工程吃了不少苦，受了很多累，但他从未向领导叫过苦。他一直按党员的标准，默默奉献在民族文化工作的岗位上，值得我们认真学习。"

深深"海发情"

对于孩子们的健康，蒋行远采取预防为主的方式，在要求孩子们把好心人捐赠的衣物洗干净穿在里面防寒过冬的同时，拿出自己和妻子的医疗证，买成药发给孩子们，使他们少生病。如果生病了，蒋行远总是想办法为她们治病。2007年6月，就读于六盘水市第一中学的苗族女孩张志飞患病后，蒋行远带着苗族女孩张志飞跑遍了贵州省的各大医院，最后在贵州省人民医院确诊为乙肝。

张志飞家住最边远、最贫穷、最落后的水城县青林乡海发村，她家里根本就没有能力为张志飞治疗。面对张志飞焦急的神情，蒋行远一边对她们进行安慰，一边四处找朋友帮忙打听能治疗乙肝的人。贵州肝胆病医院李世雍教授知道情况后，当即答应给张志飞治疗。当蒋行远把李教授配好的重达36斤的要两个月才能服完的中药扛到住处时，张志飞激动得流下了热泪。

记者与蒋行远一到海发村，村民们穿着只有见最亲的人才穿的盛装，跑到村口迎接。面对记者的采访，张志飞与其母亲激动得一个劲地哭泣。张志飞的父亲一边抹眼泪一边告诉记者说："蒋行远对我家张志飞比对他亲生的还要好！他叫孩子们好好读书，将来当老师的当老师、当医生的当医生。"

海发村村委会主任王国民对蒋行远的做法颇有感慨："蒋主席对我们村受朝霞工程资助的孩子非常关心，把她们带到城里去继续读书，还经常把她们带到家里去吃饭。孩子们吃剩的饭菜，蒋主席都吃掉了，他以实际行动来教育孩子们不要浪费。"

青林乡党委副书记余光华闻讯赶到了海发村，一见记者就迫不及待地介绍："蒋行远自2000年以来，对青林乡芦笙文化的传承极为关心，多次自发自费到青林乡对芦笙文化的状况进行拍摄宣传。在纪念中国芦笙王张文友参加的原苏联世界青年联欢节50周年庆典活动中，蒋行远还自费进行会场布置，并对海发小学芦笙班的开办做了大量工作。"

中国芦笙王张文友是青林乡苗族芦笙表演艺人。张文友于1956年参加贵州省文艺会演获一等奖后，1957年随周恩来总理到原苏联参加第六届世界青年联欢节。1959年到北京参加中华人民共和国成立十周年大庆演出回来后，1961年又被贵州省文化局授予"五好演员"称号。但由于多种原因，张文友1974年去世后，青林乡的芦笙就开始出现断代。为使青林乡这一芦笙文化得以恢复，蒋行远不仅自费为青林乡策划有关张文友的纪念活动，而且还把张文友的后代张志飞、张才珍和王兴芬纳为朝霞工程受助对象，并承担她们受资助以外的相关费用，让他们把芦笙的文化传承下来。

汽车已离开海发村很远了，前来送行的海发村民，仍然站在村口，久久不肯回去。当随行的女作家许文丽在车的后视镜里看见有的村民还在不停挥手时，眼里禁不住盈满泪水。

就是讨饭也要承担"白血病"患者的治疗

家住贵州省六盘水市六枝特区落别乡仡佬寨的王良倩是蒋行远资助

的22个孩子中的布依族女孩，王良倩对布依族传统乐器姊妹萧很有吹奏天赋。由于家里穷，王良倩无钱上学，蒋行远知道后，主动上门找到王良倩的父母，要求对王良倩进行资助，并将她接到城里读书。王良倩一边练习本民族乐器的演奏，一边勤奋学习，最终以优异的成绩考取了六盘水市第一中学。天有不测风云。2007年10月，正准备用考重点大学方式来回报蒋行远的王良倩突然患了"白血病"。

这一消息犹如晴天霹雳，蒋行远遭受了沉重的打击。这个孩子才17岁啊！蒋行远不相信懂事乖巧的王良倩会患白血病！蒋行远带上王良倩，跑遍了省内外的医院。只要一听到有能治疗白血病的地方，他都不放过，不管白天黑夜，刮风下雨，他都要跑去咨询，请求其为王良倩诊断。经北京道培医院专家最终确诊后，面对王良倩贫困的家庭，原本就负担着20多个孩子读书、生活费用的蒋行远，毅然承担了医治王良倩的任务。

蒋行远的行为感动了社会，六盘水市市委宣传部部长袁仁庆、六盘水市副市长徐毓贤，香港的爱心人士詹爱萍、贵州人民广播电台全体员工，六盘水市部分煤矿、学校、民政等单位和个人纷纷为王良倩捐款。为了更好地配合蒋行远给王良倩治病，六盘水市委宣传部专门为王良倩成立了爱心基金，对蒋行远募捐到的资金进行管理。经过多方奔走、四处呼吁，蒋行远为王良倩募集到10万多元资金。可王良倩的病情逐渐加重，口腔开始溃烂，医院初步估算医治王良倩费用要40万元以上。面对这么一笔高额的治疗费用，看着正值花季年华的王良倩，蒋行远落泪了。当贵州省省内的媒体记者问蒋行远如何面对庞大的医疗费用时，蒋行远坚定地表示："就是讨饭，我也要承担治疗王良倩的重任！"

蒋行远10年来一直想尽办法无私资助与他无亲无故的贫困山区少数民族孩子的事迹，感动了六盘水，感动了贵州各族人民，贵州省社会各界纷纷为他伸出援助之手。2009年5月5日，贵州省委宣传部、省文明办、省妇联在贵阳发起"关注女孩，救助王良倩"行动，干部职工、工人、农民、学生慷慨解囊：贵州省妇联捐款4000元、省妇联机关干部职工捐款7460元、贵阳医学院团委捐款1000元、黔南州妇联捐款2000元、六盘水市妇联捐款2000元、在毕节城里以烤羊肉串为生的新疆人阿里木捐款1000元，遵义一个不知姓名的人士留下1000元后悄悄的就离开了。尤其是六盘水市一小的刘应该老师，尽管父亲身患癌症，也挤出1000元钱捐款……捐款当天，就收到各界捐款19460元。

可后续的化疗费用逐渐加大，社会各界的捐款还是不够王良倩的治疗费用，贵阳市白云区消防器材经营部总经理颜昌峰知道情况后，被蒋行远的行为深深打动，毅然接过蒋行远的爱心接力棒，加入到治疗王良倩的行列，也四处奔走捐款。在颜昌峰的努力下，贵阳市白云信合联社全体职工又捐出5万元。

蒋行远仁慈的爱心，赢得了社会的关爱，王良倩因此得到了及时治疗。

2008年，贵州省举行道德模范评选。蒋行远因为10年来一直尽其所能资助贫困山区少数民族孩子，被推荐参加评选。蒋行远的事迹在网上公布后，引起了很大的反响，全国各地的网民都纷纷为他投票。

蒋行远最后还被贵州省评为"助人为乐"道德模范。为了让贵州人民更好地学习道德模范的事迹，贵州省随后组织了长达一个月的巡回演讲。蒋行远助人为乐的事迹感动了干部职工、工人、农民、学生……许多人听后流下了感动的泪水。贵州工业职业技术学院当即拿出10000元人民币进行捐助。

每一场演讲结束，台下的观众都跑上台去，有的紧紧抱住蒋行远，有的紧紧握住他的手……

王良倩走了，唯一留给蒋行远两封信

尽管蒋行远已为和自己生活了10年的布依族女孩付出了很多，极力想让王良倩更好地活下来，但王良倩还是在今年10月8日晚上11点38分离开人世，永远告别了蒋行远，告别了她心爱的"姊妹萧"。只留下两封信，一封是写给蒋行远的，另一封是写给和蒋行远一样对她进行帮助的好心人

的。

给"父亲"蒋伯伯的一封信

亲爱的父亲、蒋伯伯:

您好!

柳树绿了,桃花红了,我躺在病床上看到了春天——活着真好!今天是您的生日,我多想对您说几句话。

十年前,您走进深山,在我的家乡仡拱寨找到了我,使我成为您寻找的22个少数民族孩子中的一员。您一直就像父亲一样关怀帮助我,使我读书很安心,读完初中后到城里上了高中,又学会了吹姊妹箫,我想着以后我要当一名教师或者作家,真感觉前程似锦。可是,我突然得了白血病!我哭了,蒋伯伯也哭了。您带着我到贵阳、北京的大医院进行检查。为了给我治病,您东奔西走四处呼吁,筹集治病的捐款,使社会上许多好心人向我伸出了援助之手。您鼓励我、安慰我:"好孩子,只要坚强,生命的鲜花就会顽强开放!"

蒋伯伯,我记住了,我会坚强地活下去!因为我还想回到您那不足50平方米的小屋子里,那是您的家,也是我们22位姊妹的家,那里有我们很多美好的记忆。当年,为了让学校给我们减免学费,您到处求人。为了给我们买文具、买作业本,挣点生活费,50多岁的您还要去再谋一份工,给别人写艺术字、照相、编辑画册,不管钱再少您都要把活接下来,知道自己多干一点,我们就可以多一枝铅笔、钢笔;再干一点就可以多一件衣服,多一双鞋子。那一年,铁路部门要在路边大山的半坡上写8个8米高的大字。您爬上山顶,冒着毛雨在呼呼的寒风中边写边描。手冻僵了,您就把手伸进衣服暖一暖,接着又继续干。饿了,啃一口干馒头;天黑了,请农民在旁边打着火把。那是多么艰难的三天两夜啊,您挣了800元钱。钱一到手就给我们买了衣服、饭票和生活用品。当时,我们不知道您挣钱是这么的不容易,只觉得当您的孩子真好!

上天把我们这22个孩子安排到您的身边,成为了您一生的负担!我们知道您很累,很疲倦,但是,您把父爱毫无怨言地给了我们。亲爱的父亲蒋伯伯，您就是我生命中最亲的亲人。

蒋伯伯，您的生日到了，我躺在病床上多想为您举行一个生日晚会。我没有蜡烛，没有蛋糕，但我只能从心里为您唱一首《生日歌》，送去女儿对父亲的祝福！

王良倩

为了让王良倩在医院的治疗保持连续，不因欠费导致治疗受到中断，影响治疗，蒋行远费尽心力四处筹钱。当王良倩看见蒋行远在找了好多亲戚朋友都没有结果时，贵州省委宣传部、贵州省妇联积极牵头组织捐款，许多单位和个人都给予帮助时，因下颌溃烂不能说话的王良倩写下了这封"给好心人的信"——

给好心人的一封信

我是一个很幸运的女孩，尽管患了世界上最可怕的病——白血病；尽管成为了世界上最严重的感染者，可我依然感觉到我是世界上最幸福最幸福的女孩……

由于家里的贫穷，让我对人生感到失望、厌恨。因为世间的光芒，又让我从黑暗中的死路上看到了一缕阳光，正是你们，是你们给了我创造生机的动力，是你们在背后默默地付出和奉朝，让我感受到世界的温暖、大家庭的和谐，我从心底感谢人生，感谢世界，感谢你们。

生病三年里，蒋行远伯伯为了能保住我的生命，哪怕是再能延长一分一秒，他东求西借，带我到北京各个大医院救治，他为了我，完全不顾自己的身体，在为我筹款的过程中，他边输液边工作。有他，我觉得好幸福，也好自信，他就是我最可亲可敬的好爸爸。

随着经济危机的到来，也就意味着我将面临无法继续治疗的危机了，我的人生将走到终点站了，从此再也不能牵着蒋伯伯那双温暖的大手了，再也不能吃到蒋伯伯亲自下厨炒的香菜了。伯伯更着急了，伯伯又再次掉泪了，尽管如此，他也不曾放弃过……

因为伯伯的善心，感动了上天，感动了世间最仁慈的好人。

颜昌峰叔叔出现了，我又看到了柳暗花明又一村，他伸出了那双友爱和谐的手，他承担了我治病的费用。他准备带我去上海做手术，我感觉到，原来世间这么美好，人类这么伟大，我又重新更自信了。我不由得产生了这样一种信念："我一定要好起来，我一定努力。"我默默感叹到：其实我的生命不仅是属于自己，还属于整个社会的……

蒋伯伯为我带来了第二次生命，颜叔叔要为我保住第二次生命，社会的友爱给我增强了活的动力。

世界好伟大，人心好温暖，因为有你们。活着真好，不管我脚下的路到哪里终断，我都会好好珍惜今天的阳光，争取今天的来源，为了明天，我会更加努力……

感谢蒋伯伯，感谢颜叔叔，感谢所有的好心人。世间有你们，人间更美丽了。

王良倩

硕果让蒋行远感到欣慰

"朝霞工程"的最终目的，是要培养贫困的少数儿童，抢救民族的文化传统，唤起贫困少数民族的觉醒。为了这22名孩子而放弃了美好前程的蒋行远，是否会有遗憾？他没有。如今，这22个孩子就有1个在读初中、18个中专生、3个大专生。看着孩子们所取得的成绩他感到十分欣慰！

世界上唯一的一种乐器——盘县马场乡苗族（大花苗）特有的"大筒箫"经蒋行远努力，民间老艺人终于打破"传男不传女，无男就失传"的传统，把独一无二"口吹、手脚并按箫孔"的大筒箫吹奏技艺传给女孩杨兴娅、杨兴惠、王咏与杨祝英。通过从小学至中学6年的学习，"大筒箫"得以传承，并在"贵州第三届少数民族汇演"和贵州省"朝霞工程"成果汇演上受到了好评。2006年，"大筒箫"在中央电视台《走遍中国》专题节目里成功演奏之后，国内外有关专家纷纷致电询问和祝贺。

苗族女孩杨明珍，在2004年"世界博物馆日"大会上，不仅被选为

蒋行远同陇嘎寨的长角苗族孩子在一起

"长角苗形象大使",而且她用"苗族、汉族"两种语言主持贵阳主会场、六枝特区梭嘎长角苗生态博物馆分会场的会议,受到了来自世界各国代表的赞誉。苗族女孩竺金燕在"西部苗族笙王争霸赛"上,是唯一一位获"优秀芦笙手"最高奖的女生。

彝族舞蹈"铃铛舞"获贵州省第六届少数民族运动会汇报演出"集体铜奖"。2006年,蒋行远将孩子们多年来练就的苗族、彝族、布依族所特有的竹制乐器芦笙、直箫、三眼箫、四眼箫、姊妹箫和大筒箫技艺进行组合排练、合奏由六盘水市本土音乐家创作的《彝情竹韵》、《苗山春》两首乐曲。中央电视台《走遍中国》栏目对蒋行远资助的孩子们表演这两首乐器的情景进行现场播出后,中外客人对此大加赞赏。2007年,蒋行远资助的苗族学生张才珍、杨兴惠在第八届全国少数民族传统运动会上,又喜获技艺类金奖。2007年,张才珍在六盘水市民族职业技术学校艺术系毕业后,毅然回到家乡去进行双语教学,并利用周末时间用自己的特长创办芦笙表演班。

10年来,"朝霞工程"资助的这22名少数民族贫困学生,在学业、艺术上都得到了长足进步,她们的学历不仅是本民族学历较高的,而且有的学生甚至是全乡的最高学历。

尤其是六枝特区梭嘎乡的杨光兰,2006年8月毕业到乡医院工作后,对梭嘎乡各苗寨的影响极大。杨光兰是长角苗族学历最高的人,对于陇嘎苗寨来说,这是一件很体面的事,她让苗寨里每一个人都很羡慕。1996年以前,陇嘎长角苗寨还处于刻竹、结绳记账的原始生活方式。而今出了一名医学系毕业的中专生,并且在乡医院工作,为四乡八邻的苗族同胞治病,深深地影响了整个陇嘎苗族同胞。现在陇嘎寨的姑娘们，都纷纷走进学校读书，希望像杨光兰那样有一个美好的前程。杨光兰说："我一定要加倍工作，努力学习本领，以后有条件了我要为乡亲们看病，分文不取，以实际行动来回报家乡人民。"

蒋行远的焦虑

孩子们计算着蒋行远的年龄，他们怕蒋行远退休了，没有人能够像蒋行远这样对他们那么好，没有人像蒋行远这样用心来照管他们读书。面对孩子们的担心，已59岁的将行远非常焦虑。回顾10年来的工作，他沉重地向记者讲述：

"孩子们走过的艰辛历程和取得的成绩，让我感到欣慰。现在在校的孩子将陆续毕业走向社会，有3名孩子在读中专，有1名孩子还在读初中，我感到我前面的路还很远，身上的担子还很重。尽管他们对本民族、本村甚至是本乡已产生很大的影响。但目前部分已毕业的孩子找不到工作的事，动摇了还在校读书的其他孩子。孩子们产生的消极情绪，让我感到担心。"

中国文联发起"朝霞工程"的初衷，是要资助、扶持西部地区少数民族，在使她们把本民族文化传承下来的同时，提高她们的素质，让她们摆脱愚昧和贫困。但由于点多面广，这一公益事业，只能针对少数民族儿童的九年制义务教育。这批受助贫困少数民族儿童们完成九年制义务教育后的继续教育工作，本该由当地政府承担。但蒋行远却以一个共产党员无私奉献的高贵品质独自承担了。10年来，蒋行远一直以一个"父亲"的责任，关心、扶助贵州省西部地区22个孩子，在使22个孩子得以安心就读中专和大学的同时，也为大筒箫、三眼箫、四眼箫等少数民族乐器找到了继承人，真正体现了一个党员干部积极，主动提高贫困地区少数民族素质、抢救民族文化传统的无私奉献精神。为了这些孩子的健康成长，为了贵州省西部贫困少数民族文化的传承和民族素质的提高，蒋行远吃了不少苦，受了不少的委屈。

　　民族文化是中华民族的瑰宝，每一个公民都应该保护和扶持民族文化。我们相信，蒋行远资助的孩子们会像杨光兰一样不会辜负中国文联对他们的关心，不会忘记社会各界和好心的人们对他们的关爱和帮助，他们将会把在学校学到的知识和原生态的艺术传播给下一代，他们将会用爱心去帮扶像她们以前那样想读书而读不起书的贫困学生，他们会将"朝霞工程"这一公益事业在她们身上传播下去。

当代中华最感人的十大慈孝人物 · 中华慈孝提名奖

王春艳

给予了疯婆婆人生的幸福

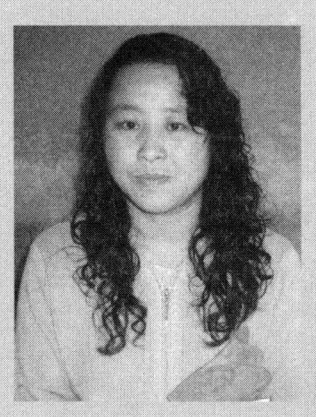

慈孝心语

从王春艳身上，我们看到了一位当代儿媳的博大情怀。孝顺，就是要不离不弃，始终如一。

推荐单位：长春新闻网
推 荐 人：陈传发

王春艳，吉林省德惠市沃皮乡干务海村人。丈夫去世后，她担起了照顾病婆婆的重任，多年如一日，用真诚与孝心谱写了一曲新时代和谐家庭的颂歌。

一位普普通通的农家少妇，在丈夫去世后，依然担起照料疯婆婆的责任，多年如一日，精心照料服侍疯婆婆，用真诚的爱心和感天动地的壮举，谱写了一曲生命的颂歌！她，就是今年32岁的、吉林省长春市奋进乡一间堡村三社的王春艳。提起王春艳，附近十里八村的人们都对她的孝心赞不绝口："要不是有这么好的媳妇，这疯婆子，可能早就不在人世了！"

遭遇疯婆婆　　农家新娘爱心无悔

王春艳1975年出生于吉林省德惠市沃皮乡干务海村，1998年经人介绍，她与长春市奋进乡一间堡村后楼屯（三社）的姜振涛结婚。

刚进姜家的大门，春艳的心是甜甜的，对未来生活充满着美好的憧憬。是啊，丈夫姜振涛头脑灵活、为人忠厚，婚后对王春艳体贴入微；家里呢，除了种了一垧多的责任田，还开了一个小卖店，小日子应该说是十分美满。可丈夫家的另一个"现状"却让王春艳心里"咯噔"了一下：虽然处对象时，姜振涛也说过他有一个一只眼睛失明、因小儿麻痹后遗症导致的腿脚不灵便的父亲，还有一个精神不太正常的母亲。但处于恋爱中的少女，品尝到的都是幸福的甘蜜，哪会把太多的心思放在生活的艰难上呢。

可真正过了门，王春艳才发现了事情的严重性：公公虽然有些残疾，但顶多是干不了重活和难活而已，当小辈的也从来没想过要让老人干什么活计，这倒不妨碍什么；最让人头疼的是婆婆，说是精神不太正常，其实就是老年痴呆症，虽然多处求医，钱花了不少，可效果

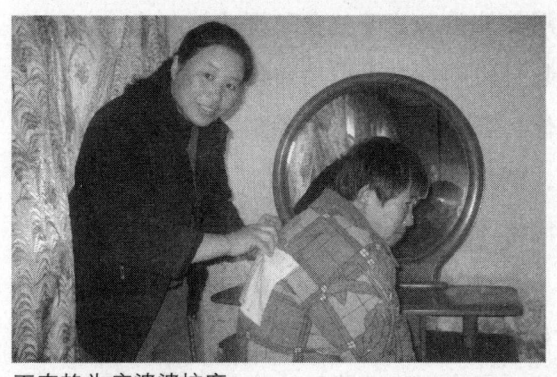
王春艳为疯婆婆按摩

甚微，经常是一阵糊涂一阵清醒。

尽管看到了生活的难处，但春艳并没有退缩，她想到了自己娘家的妈妈。妈妈十多年如一日、无怨无悔地照顾瘫痪在床的奶奶，受到了乡亲们的交口称赞，这让春艳对妈妈充满了敬佩，她暗下决心：长大后，一定要做一个像妈妈那样孝敬老人的女子；嫁到夫家，她又亲眼看到作为一个大小伙子的新婚丈夫对婆婆的细心照料，内心不禁滋生出了一种想法：和丈夫一起担当起照顾婆婆的义务与责任，是她作为一个媳妇义不容辞的事情。

一天晚上，小夫妻俩躺在床上聊天，早已下定了决心的王春艳，就此敞开心扉对丈夫说道："你就放心地在外边忙你的工作好啦，家里照顾妈妈的事，就交给我吧。我会像照顾亲妈一样好好照顾她的。"听到妻子善解人意的话语，姜振涛感动得把王春艳紧紧地搂在怀里。那一刻，王春艳真正感到了生活的幸福，同时也更感到了肩头的责任沉甸甸的。

说起来容易，做起来难。别的不说，只说让婆婆接受自己，春艳就费了很大的功夫。由于患病时间长，婆婆不管清醒还是糊涂，都不太认识人，她从心理上只接受自己儿子对自己的照料。别的人，其中包括自己的老伴，她统统排斥在外。只要别人一接近她，她就总是唠唠叨叨地说别人要害她。每次看到丈夫姜振涛一个大男人，为婆婆洗头时手忙脚乱的样子，不是打泼了水，就是打翻了洗发精，弄得满头大汗，却仍没有达到很好的效果，王春艳的心就会一抽一抽的，很心疼，总想伸出手去帮丈夫一把。可每次她一走到跟前，还没等伸手，婆婆就会敌视地抬起头来，怒视着她，有时还会在突然之间抄起身边的笤帚，劈头盖脸地向王春艳打来，嘴里还喊着："打死你！打死你！我看你还害不害我！"每当此时，丈夫姜振涛总是柔声安慰道："妈，别怕。她是你儿媳妇，是来照顾你的！"在儿子的轻声安慰中，老人的情绪才慢慢稳定下来，但望向春艳的目光，仍是充满了深深的敌视。

怎样才能让老人尽快接受自己呢？春艳经常与丈夫讨论这个问题，想尽快接过照顾婆婆的重担，以便让丈夫安心工作。为了尽快取得婆婆的信

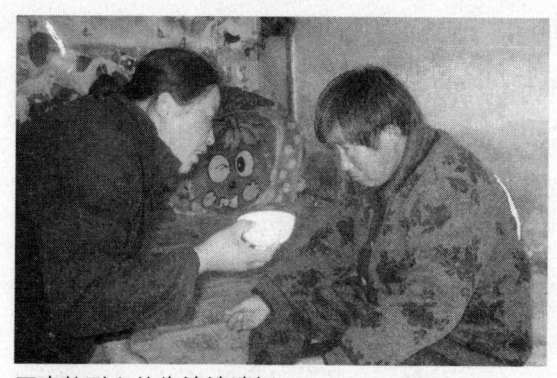

王春艳耐心的为婆婆端饭

任,她总是在丈夫照顾婆婆时,适当的伸手帮忙,并让丈夫告诉婆婆:来帮忙的是你的儿媳妇,是好人,不是来害你的!

有一次,春艳好心地为婆婆夹菜,可老人看了她一眼,不理不睬的,突然"啪"的一下,抬手就把春艳为她夹好的菜打掉在桌上。见些情景,王春艳并不生气,而是不声不响地把掉在桌上的菜拣起来,故意当着老人的面,放到自己的嘴里,吃得很香甜,以此表明自己夹的菜并没有毒,是可以吃的,而且非常好吃。刚开始,丈夫也没有说什么,可发生的次数多了,有时看不下去,就忍不住劝她道:"春艳,不行就这样吧,你也别太委屈自己了,妈由我一个人照顾就行了!"春艳一听,急了,说:"那可不行!好男儿志在四方,你把精力都放在照顾妈妈身上,你还干不干别的事啊!我受点委屈没关系,时间长了就好了,妈就会知道谁对她好了!"

从为婆婆盛饭,到为婆婆夹菜,直到逐渐为婆婆洗头、洗澡……在王春艳的不懈努力下,婆婆逐渐接受了她的照顾,丈夫也终于舒了一口气,腾出了时间,更好地去忙自己的工作了。2001年,王春艳生下了一个大胖小子,起名叫姜泓旭。孩子的出生,给这个普通的农家小院增添了喜悦的气氛,看着亲孙子甜甜的笑脸,听着亲孙子咯咯的笑声,婆婆的情绪也越来越好,清醒的时候越来越多,姜家的小日子,在人们的眼里,也越过越甜美了。

丈夫猝死　弱女子撑起顶梁柱

天有不测风云。2002年6月的一天,初听到丈夫的死讯时,王春艳说什么也不敢相信,总是认为那是别人与她开玩笑,可当她看到丈夫那已经冰冷的遗体时，她第一感觉是天塌了！原来丈夫姜振涛在拣废铁时，不慎碰到高压线触电身亡。这时，他和王春艳的孩子才8个月。

此时的王春艳心里比谁都清楚：对于这个由老弱病残组成的家庭，丈夫就是顶梁柱啊！现在丈夫没了，这个家的天就是塌了啊！"怎么办呢？"在村邻人们好心的帮助下，处理完丈夫后事的王春艳开始考虑下一步的路。

这时，娘家的很多亲戚都闻讯赶来了，有的给她安慰，有的给她鼓励，更多的是劝她"再走一家"，不要白白把时间耗在这里。可不是吗？她还年轻啊——那年她才27岁啊！面对大家好心相劝，她也不是没动过心："不是吗？婆家的经济条件还算不错，公公开的小卖店生意经营还行，家里的一垧多稻田，租出去，收入也还可以，两位老人的经济来源是不成问题的。在这种情况下，她一个弱女子，带着个8个月的孩子，再找一家，也是可以理解的，谁也不能说什么。但自己真的离开这个家，疯婆婆咋办呢？谁来照顾她呢？别的先不说，就说她那个病，整天在村里走来走去的，到吃饭的时候，没人往家领着她，我要走了，婆婆还能活下去吗？不行！我不能离开这个家！再说，丈夫走了，留给我的不就是照顾好婆婆的责任么？我得替夫行孝啊！"几年的共同生活，让王春艳觉得自己对婆婆已产生了无法割舍的牵念，逝去丈夫更让她内心涌起了更强的责任感，于是，王春艳作出了果断决定：替夫行孝，不能离开这个家！

对于她的这个决定，她娘家的妈妈最为矛盾！是啊，自己的闺女自己心疼！虽说孩子的决定是对的，但从此要遭受多少罪啊！王春艳的妈妈既为有这样的女儿感到自豪与高兴，又为自己闺女的苦命而心疼！心疼归心疼，最终她流着泪给出了自己的意见："孩子，你既然舍不得疯婆婆，那就认命吧！谁让你心地这么善良呢！"妈妈的支持和理解，给了王春艳不少的力量，她毅然用自己柔弱的肩，撑起了家中塌下来的天！

丈夫在时，王春艳只是忙忙家务，对于地里和外边的活，只是搭把手就行。这回，丈夫不在了，公公身体又有残疾，年纪又大了，重活累活都落到自己的肩上。就这样，王春艳既要照顾好婆婆，又要把家里所有的活

王春艳和婆婆在自家小卖部

计安排好，同时还要抚养好刚刚8个月的孩子。那段日子，很难用语言去概括。

为了保证家里有稳定的经济来源，家里的小卖店不仅要继续开，而且还要开得更好才能维持一家人的开支。但进货就成了一个大难题。以前是丈夫每隔几天，就骑摩托车到长春市内的光复路进货，轻车熟路的，不用操心。丈夫不在了，进货的事就得王春艳一手承担了。想不出更好的办法，她就像村里其他进货人一样，骑着自行车，驮着几十公斤的货物来回往返四五十公里……那么重的货物，那么远的路她是多么辛苦呀，可她回到家还不能歇，回来的第一件事就是先找找婆婆在哪里。把婆婆找回家后，就赶紧做饭，让婆婆吃好吃饱了，她才放下心来。如果婆婆身上脏了，她还得马上烧水，给婆婆洗澡、洗头……然后，才有时间去管管孩子……

小卖店进货的难题再难她也能克服，可地里的活，真的让王春艳这样一位女人为难了。别的不说，用柴油机抽水浇稻田地，只是用摇把子发动机器就费了大劲——她一个女同志，根本摇不动。想不出更好的办法，她只好求村邻帮忙。大家看到王春艳为了照顾婆婆宁可牺牲自己的幸福，也都很佩服和同情她，有时不用她开口，看到她干什么活费劲，都会主动去帮忙。这样，终于让王春艳挺过了生活经济难关。

无论是小卖店，还是地里的活计，再累再难，最终都咬牙克服了，最难的还是照顾婆婆。虽然，在姜振涛猝死时，老太太已经神志不清，并不知道伤心难过，可这回对儿子的依赖都转移到了王春艳的身上。原来是看不到儿子，婆婆就四处找，这回是看不到王春艳就四处找。而王春艳在婆婆的这种依赖中，更是增强了内心的责任感：一个神志不清的老人，对自己这么依靠和信任，自己真的有责任有义务照顾好老人，尽量不让老人遭罪才是啊！

　　王春艳的孩子小时候总是好闹病，隔三差五地感冒发烧。她抱孩子去诊所打针时，心里总是惦记着婆婆。有时实在不放心，就托付别人帮忙看着孩子打针，自己回家去看看婆婆是不是又便到了衣裤里，婆婆被村里的马车碰着没有……

　　为了更好的腾出身子干活和照顾婆婆，孩子刚刚一岁多一点时，王春艳就决定把孩子送到村里的幼儿园。因孩子太小，幼儿园不想收，她就给人家说了一大堆好话，总算把孩子留下来。可孩子从来没离开过妈妈，见妈妈要走，"哇"的一声就哭了起来。当时王春艳的心一下子揪了起来。她真想把儿子再领回去，可她知道，孩子领回去，照顾婆婆就要分心。她咬咬牙，一狠心还是走了出去。听到孩子在身后撕心裂肺地大哭，她不敢回头，等走出门了，忍不住回头，却已经看不到儿子的身影了。但孩子的哭声还是那样的清晰……在幼儿园的门外，王春艳禁不住眼泪往下流，在幼儿园门口站了好久，她才擦干眼泪，狠下心往家里去……

　　王春艳的善良和浑身洋溢的青春气息，深深吸引着本村和邻村的一些小伙子，他们纷纷托媒人上门求亲。王春艳的公公也多次劝她说："春艳啊，不行你就走一家吧，你这么守着我们，也不是长久之计啊！你还年轻。再找一个吧，你也少遭点罪。家里这边你放心，我还能行。"娘家人也不止一次地劝说，让王春艳再找个对象，不少亲戚也热心为王春艳张罗做媒。作为一个不到30岁的女人，王春艳也渴望忙碌一天后，有个宽厚的肩膀可以靠靠，有个知疼知热的人关心呵护自己。在亲戚的牵线下，王春艳三年里先后相了十几次亲，可她提出的条件，把人家都吓了回去。她提出，要让对方到这个家帮助她一起照顾公婆。对方一听这个条件，都惋惜地摇头走了。其中，有个小伙子，对王春艳十分中意，王春艳对他也有好感。可这个小伙子接受不了王春艳的条件，两人只好无奈地分手。过了半个月，那位小伙子，依然对王春艳不能忘怀，又托媒人捎来话，只要王春艳走出这个家门，其他什么条件他都答应。王春艳听了，微微一笑："要是能舍得这个家，舍得下我的婆婆，当初我就不留下了！" 就因为王春艳的"执拗"，为她做媒的人常常跑空。后来，许多做媒的亲属，再给王春艳提媒时就先把条件替她说了：不能离开婆婆家！

爱心布条　缝进孝媳万般情

侍候婆婆，照顾公公，王春艳受了多少委屈吃了多少苦，没人能说得清。人们只看到，王春艳到处疯跑的疯婆婆一天到晚总是那么干净，冬天也总是穿的那么暖和。王春艳的针线活做不好，她就回娘家求援，让妈妈帮着给婆婆做一套厚实的棉衣棉裤，省得把整天在外边跑的婆婆冻着，棉鞋底也要做加厚的，生怕冻伤婆婆脚。就是这样小心，可整天不着家的婆婆脚还是冻了。每天临睡觉前，王春艳都给婆婆洗好脚，再抹上冻伤药，并耐心地告诉婆婆，冬天冷，尽量别出去，就是出去，也少往雪地走。虽然，她

王春艳和丈夫吕秀财为疯婆婆洗脚

也知道婆婆不一定能听进去，可她感觉，就是婆婆听进一句半句的，也会少受点罪。

日久天长，老人对王春艳产生了强烈的心理依赖，一看不到王春艳，她就下意识的去找人。知道这种情况的王春艳，为了不让婆婆去找她，虽然对自己的父母也很惦记，可尽量还是少回娘家，除非有诸如父母生病这样的特殊事才回娘家一次，回去一次也是匆匆忙忙地往回赶。

2003年春天，王春艳和公公商量后，承包了村里的一片可以栽植2000棵树的林地。春天是栽树大好季节，这一天，王春艳和公公求了一些屯邻去村子南边的林地挖树坑。中午回家吃饭时，四处找，也没找到婆婆的影子。王春艳急坏了：婆婆哪去了呢？她向村邻求助，帮着找婆婆！大

家四处出动,王春艳也骑上自行车围绕周围的村子找。大家从中午一直找到晚上,婆婆还是不见影子。有人泄气了:"一点目标都没有,上哪去找呀?"就连公公也说:"听天由命吧,孩子!谁让她自己胡乱跑呢!"王春艳说:"不行,找不着也得找啊,也许老人冻倒在路边,正等着我呢。再说,她一天没吃饭,不知道饿着没有,早找到一会,她就少挨饿、少挨冻一会。"就这样,帮着找的人,都灰心了,王春艳一直没灰心!她四处找寻,还给娘家人打电话,让他们也在四处留心找找。找了一夜,老人还是没找到。大家都劝王春艳回家睡一会,可她说:"我再找找!也许这回就找到了呢!"直到第二天的上午9点左右,王春艳娘家一个跑出租的本家哥哥打来电话,说在德惠市米沙子镇附近看到一个老太太,看体貌特征好像是王春艳的婆婆。在电话里,王春艳仔细地问了又问,最后确定真是自己的婆婆!王春艳激动得哭了!电话那边的本家哥哥连忙说:"艳子,你别哭啊!老太太没事,我马上给你送回去!"

当老太太终于出现在自己的视野中时,王春艳又哭了——婆婆真的牵着她的心啊!婆婆一见王春艳,好像做错事的孩子,怯怯的凑了过来:"我寻思你回娘家了,我去找你了!"王春艳一把搂过婆婆,眼泪刷刷地流了下来。她赶紧烧了一锅热水,先是给婆婆洗个热水澡,然后又耐心给婆婆梳好头,让婆婆在热炕头上坐好,就去做饭了。她知道老人好几顿没吃饭了,就熬了大米粥给老人端到桌上。随后,又像哄小孩一样,哄着婆婆睡觉……

不管什么原因造成的,老太太走失的事情还是发生了。以后肯定还不能避免,毕竟不可能时时看着婆婆啊!这可咋办呢?给老人擦屎擦尿、洗澡梳头这些侍候婆婆的活,王春艳没有皱过眉头,这回,她为难了——怎样做才能保证婆婆不丢呢?

有人建议,反正老太太没知觉,干脆把她用铁链子拴在家里算了,这样保证不丢!王春艳急了:"这是啥馊主意啊!老太太之所以整天到处走,可能就是心里憋着,如果把她拴起来,那还不把老人憋坏了啊!那样,老人还能活吗?"

好几天,王春艳总是在琢磨婆婆跑丢这件事,就连看电视,也常常走神。就算是她最喜欢看的精彩小品,也提不起她的精神。她脑子里一直在想:怎么才能保证老太太丢了能尽快找回来呢?很显然,老太太是因为迷路了,她已无方向感,怎么找都是无目标的。这回如果不是本家哥哥碰到,还不知道啥时候找到呢!这时,电视上郭达、蔡明合演的小品"老人"中的一个细节让王春艳眼前一亮:小品中的老人也是老年痴呆症,老人的儿女把老人的地址姓名都写在了一块手绢上,揣到老人的衣服兜里,防止老人找不到家。"我给婆婆也做一块手绢,揣到她衣服兜里,就算走丢,碰到好心人就能很快找到了!"考虑到手绢容易掏丢了,王春艳就把一个写着家庭住址和电话、联系人和感谢话语的白布条缝到了婆婆的每一件衣服上。

也别说,这个白布条真的起了作用。

2004年春天,王春艳的父亲突然得了脑溢血,病危了。接到电话,王春艳急忙赶回娘家!临走时,明知不一定起多少作用,她还是嘱咐了婆婆一番,又告诉公公尽量看好婆婆,并委托邻居帮助照顾一下家。回娘家的第三天,父亲去世了。这几天,王春艳尽心尽力的在病床前照顾着父亲,可心里还是一直惦记着婆婆,整整两夜没合眼!偶尔在病床前打个盹,她总是感觉婆婆又丢了!等到父亲刚刚出殡,她顾不上在家陪陪伤心的母亲,就急忙赶回了家。回家第一件事,她就是先看看婆婆在不在!这一看她就急了:婆婆又不见了!一问公公,婆婆一个小时前还在家呢,寻思就在屯子呢。看来婆婆没走远,她顾不上休息,就推上自行车往外走。同时,还和村邻打听和求助。找了一个小时,婆婆仍没见影,正在邻村四处打听的王春艳,忽然见邻居赶来告诉她,说她婆婆找到了:一个好心人在铁北一带发现了老太太,并按照布条上的电话,打了过来……

那以后,婆婆又走丢了好几次,每次都是白布条起了作用!王春艳放心了:"好心人这么多,婆婆丢不了!"

也许是王春艳的孝心和善良,感动了上天。2005年8月,一个好心的小伙子走进了王春艳的家,和她一起照顾残疾的公公和疯婆婆!她就是王春艳现在的丈夫、一个来自吉林省德惠市万宝镇的吕秀财。这个憨厚忠诚小伙子，今年31岁，经人介绍认识王春艳后，被她的善良所打动，不仅很快接受和喜欢上了善良美丽的王春艳，还接受了王春艳身上的那个神圣责任——和她一起照顾这个家！

　　现在，在王春艳的细心照料和耐心的嘱咐下，婆婆也开始接受吕秀财的照顾。吕秀财也融进了这个家庭，王春艳肩上的担子轻了许多，她照顾起婆婆来更加精心了。虽然，老人还是一阵糊涂一阵清醒，但人们从她一到王春艳身边就安静听话的神态上可以看得出来：老人在王春艳这里找到了人生的大爱与真正的幸福！

当代中华最感人的十大慈孝人物·中华慈孝提名奖

曹 伟

爱润人间"傻子"情 慈善孝心感天地

慈孝心语

一个人，一种精神，感染了一座城市。走在葫芦岛市的大街上，只要提起"傻子"，无人不赞。

推荐单位： 辽沈晚报
推 荐 人： 冯玉兴

曹伟，出生在河南商丘。他与妻子在辽宁葫芦岛市经营一家"傻子"粮油超市。开业6年来，共资助3127名贫困学生，200多位孤寡老人。他曾先后获葫芦岛市公德建设标兵、葫芦岛市优秀青年，2007年辽宁教育年度人物、辽宁省"雷锋奖章"、辽宁青年"五四"奖章和辽宁省道德模范等殊荣。

诚信经营 铸就"傻子"情怀

"傻子"孝顺的200名孤寡"爹妈"大都不认识。

他是127名贫困学生的"父母"长辈,更是全市200多名孤寡老人的"儿子"。每当"儿女"们需要学费了,"父母"们缺少生活必需品时,他都及时送到。可如今他的"儿女"以及"爸妈"很多他都不认识,然而这些受他帮助过的人却都知道他是谁——他就是从小要饭得到好心人救助,如今过上好日子铸就了"常怀感恩之心、与人为善、见危解困"爱心善举,曾获得辽宁省"雷锋奖章"、辽宁青年"五四"奖章和辽宁省道德模范的葫芦岛"傻子"粮油超市小老板曹伟。

在辽宁省葫芦岛市连山区站前街道,提起"傻子"曹伟,大家没有不竖起大拇指称赞的,他和妻子刘阳悉心经营的一家小小的"傻子"粮油超市,用他们的一份爱心、一次次善举,串起了四面八方爱的长链。开业6年来,"傻子"曹伟串起的爱心链接,已经资助了127名贫困学生,200多位孤寡老人。在好人曹伟的爱心感染和带动下,现在越来越多的爱心人士加入到他的爱心事业当中。

诚信经营铸就"傻子"情怀

曹伟出生在河南商丘,小时候家里穷得连5分钱一碗的盐都买不起。12岁时,曹伟读完小学3年级便辍学了。他从家里拿了2角钱,开始出外独闯天下。由于年龄太小,曹伟一时找不到工作,最后商丘市一家饭店收留了他。当晚,好心的厨师薛宝军把剩菜剩饭热了热端给曹伟吃。那一次,是曹伟吃到的有生以来最香的一顿饭。此后曹伟跟着这位善良的师傅学起了厨艺,同时也在他幼小的心灵里种下了爱心助人的种子,尤其是师傅"与人为善,见危解困"的善举铸成了这个善良淳朴的年轻人帮人所难的人生准则和信仰。此后,曹伟又四处流浪,海南、广州、北京、大连等地都曾留下他学艺的足迹。学艺期间,每到一座城市,怀揣感恩之心的曹伟都要通过当地媒体,结识当地因贫困而艰难求学的学生。

2003年9月,打工有了一点积蓄,曹伟和打工时相识相爱的姑娘刘阳回到了刘阳的老家——葫芦岛,并以曹伟的乳名"傻子"开了一家"傻子"粮店。自从开业以来,小两口坚持"不卖黑心粮,不挣黑心钱,让老百姓吃上放心粮油"的原则进行经营。对待老年顾客,夫妻俩更是热情有加,总是详细询问老人家有几口人,如果人少,就只肯卖小袋的米面,想多买都不行,并且不管老人住多远,只要留下详细地址,再高的楼层,他们一样送货上门。曹伟还坚持在每年节假日,都对社区内80岁以上高龄的老人免费供应米面。

诚信经营,使得顾客盈门。这时曹伟又对妻子说出深藏内心的想法:"咱家开粮店,赚的钱也够花了,我想资助一些贫困的学生读书。"妻子听后笑了,她只说了一句话:"只要你认为是正确的事情,我一定支持。"这就更加坚定了曹伟做好爱心事业的执著信念。

2003年11月8日,"傻子爱心捐助站"正式成立了。曹伟把一个捐助箱放在粮店正中央,并主动把捐助箱的钥匙放到社区保管,由社区工作人员负责,定期开箱。从此,夫妇俩每天都要向捐助箱内投入当天纯利润的10%,几年来从未间断。在社区,有一个六七岁的小姑娘,每次和妈妈来买东西,都会踮起脚尖郑重地向捐助箱里投入一元钱,她说要向曹伟叔叔学习,做一个能帮助别人的人。

对于逐渐积累下来的这笔捐助款,曹伟夫妇一分不少地捐助给粮店附近胜利小学的贫困学生。2006年8月,曹伟获悉有一个叫杨娇的大学生因家庭贫困不能上学的消息后,便承诺每个学期资助2000元,直到她完成学业。

助困善举串起爱的链接

人们常说，一个人做一件好事并不难，难的是一辈子做好事。

对于这种说法，决心一辈子做好事的"傻子"曹伟有着自己的理解："做一件好事和一辈子做好事其实都不难，关键就在于你有没有一颗感恩的心。"

每天，曹伟穿着工作服和店里的伙计们一样忙碌着。虽然他穿的衣服没有一件超过50元钱，鞋子也是不过10多元的普通布鞋，但是帮助别人做有价值的事，使他从内心感受到一种快乐，一种充实。

"傻子"曹伟一次又一次的爱心行动，引起了各级媒体的广泛关注。通过媒体报道，"傻子"曹伟的事迹在辽沈大地引起了强烈反响。于是在曹伟的"傻子粮油"店里，一件件动人的故事接二连三地发生了。

"傻子粮店"附近住着一个年过五旬的男哑巴，每天早中晚三次都会来到曹伟家门前，曹伟也会准时拿出一些吃的来招待这个"哑巴爹"，至今已经有4年多了。

2007年6月中旬的一天，一位神秘的中年女士走进了"傻子粮店"，询问了几种大米的价格后，这位女士将目光移到了"爱心捐款箱"和墙壁的锦旗上。于是和曹伟夫妻俩聊起了爱心捐助的事。她问曹伟，想不想把爱心事业做得更好更大。一周后，这位女士再次出现在曹伟的粮店，并开门见山地说，她可以帮助曹伟投资做大粮油买卖，唯一的条件是要他们养活一些贫困的孤寡老人，资助一批失学儿童和困难大学生。随后，这位女士提出可以先拿出300万元供曹伟无偿使用，如果曹伟一旦不做善事，所有资金都要收回。当初曹伟认为这不可能是真的，更怕这是一个陷阱，但经过多方考证、考察，才感到了这位女士同自己一样，不仅有她爱意的真诚，还有善举的实力，他这才接纳了这份心意。

这位女士带领曹伟到山东、河北、吉林考察了十几家粮油生产厂家，最后帮助曹伟选择了几家面粉和大米生产厂家，签订了长期供货合同，又让他去选购了10台送货车，统一喷涂了爱心助学标志。当年，这位女士已先后3次为他的爱心事业注入资金，总额约70万元，她嘱咐曹伟扩大规模增加利润后，不能忘记承诺，一定要资助贫困的孤寡老人和学生，她本人则不要任何回报。

正当曹伟在那位女士的帮助下筹划着怎样将爱心事业做大做强时，又一件让他意想不到的好事降临在他的身上。2007年11月2日，曹伟接到一个陌生人的电话，说他想帮助曹伟为社会多献爱心。他叫燕际红，是盘锦一家米业公司的老板，从报纸上读到曹伟的爱心行动和那

曹伟组织爱心志愿者给海滩"洗脸"

位不肯透露身份的女士的善举后，深受感动，他决定加盟曹伟的爱心事业并帮助他扩大扶贫助学的范围。在当天的见面商谈中，燕际红表示愿意每月以低于成本的价格为曹伟提供10000袋优质大米，以零利润卖给低保户及贫困家庭，同时每月免费为曹伟提供2500公斤大米，由曹伟送给贫困残疾人。到目前，这位燕老板已经免费提供了7500公斤大米。

在"傻子"精神的感召下，葫芦岛本地的企业也积极行动起来，加入他的爱心事业。葫芦岛爱心车队、葫芦岛市南阳校泵有限公司、如意袋装水公司、麻辣风酒店、滨岛茶城、葫芦岛电台雷锋车队、葫芦岛恒宇吊运公司、五粮液葫芦岛代理公司等多家单位负责人，纷纷加盟"傻子"曹伟的爱心接力，共同做大爱心事业。

50个打气筒赠送给10个交警岗亭

每年的3月5日学雷锋纪念日，曹伟除了带领自己的一些志愿者来到葫芦岛街头清理小招贴、义务理发，每年还都会赋予学雷锋一些新的内容。

今年的3月5日,葫芦岛市傻子粮店经理曹伟将新购买的50个打气筒先后送到了葫芦岛市内的10个交警岗亭和部分社区服务点,以方便市民给自行车充气。当日上午8时刚过,曹伟手里拿着新买来的气管子,就来到了葫芦岛市公安局交警一大队百货中队岗亭,正巧碰见了中队长赵亮对他说:"感谢你呀!曹伟,很多骑自行车人经常到我们岗上询问是否有气管子,以前没有,这回傻子给送来了,也算是给我们帮了个忙。"

民警邢博充满感激地对傻子说:"你给很多敬老院和孤寡老人等困难群体免费送去了很多的米面油,很多人都把你看成傻子,我看你一点也不傻,社会上要是能够多几个像你这样的傻子,我们的社会就更加和谐了,你是当之无愧的'活雷锋'。"

一位骑自行车的市民于大勇一边给自行车充气,一边高兴地说:"'傻子'曹伟学雷锋真挺注重实际的,有时候从家里出来时着急,经常忘记给自行车打气,街面上修理自行车的摊点又不是很多,有时候车突然之间没气了,上班又很急,所以急得团团转。这回好了,'傻子'曹伟学雷锋做好事,送来了打气筒,我们就会到交警岗亭来借免费气管子了。我看这些打气筒就叫做'傻子爱心'打气筒吧,我代表自行车一族打心眼里感激傻子,祝愿好人一生平安。"

打气筒虽小,情谊却很深,它为很多自行车一族们解决了实际困难,傻子赠送的打气筒后来被人们称为了"爱心"打气筒。

清洁海洋环境:"傻子"和爱心志愿者给海滩"洗脸"

每年的"6·5"世界环境日,"傻子"曹伟还都会带领数十名爱心志愿者来到葫芦岛龙湾海滨捡拾垃圾,以实际行动学雷锋做好事,清洁海洋岸边环境。

今年6月5日上午,以"傻子"曹伟为首的葫芦岛爱心志愿者们再次手拿垃圾袋,在海岸边仔细地收集着方便袋、烟盒、果皮、碎纸片、塑料瓶、玻璃或陶器的碎片等各种垃圾。许多到海边游玩的人们看到"傻子"

的爱心义举，受其感染，也自发地加入到这项具有特殊意义的捡拾垃圾、清洁海洋环境的活动中来。

一时间，蹲在海边捡拾垃圾的，有老人，还有孩童，百余名爱心人士集体奉献爱心，共同来给海滩"洗脸"的场景很是壮观。

"傻子"曹伟说："生活在海边的人们有义务还给大海清洁原色，一个人的力量、一个组织的力量是有限的，一次活动不能从根本上改变什么，但是通过我们的努力，希望能唤起人们保护海洋环境意识和广泛参与热情，选择一种健康的可持续发展的生活方式，促进海洋环境保护事业健康发展。"

此外，每年的9月22日世界无车日，"傻子"曹伟还会带领数十名爱心志愿者自发的来到葫芦岛街头宣传，鼓励市民放弃依靠汽车出行的生活方式，减少私人机动车的使用，以倡导保护日益遭受破坏的大气环境，提倡使用健康环保的自行车和步行交通来为世界无车日做出自己的一份贡献。

傻子已和12家敬老院结成对子：常年给老人送米面油

每逢到了节假日，曹伟风雨不误都会准时把米面油送给附近几家敬老院里的老人。

2009年10月3日中秋节，傻子曹伟再次带领他的志愿者们——葫芦岛市公安局交警支队巡防二大队站前中队民警于世龙、苗蕴成、张文连等人来到了连山区夕阳红敬老院，给敬老院的老人们送去了米、面、油等一些生活用品。老人们看着这些可爱的志愿者们高兴地说："这些孩子们真是好样的，过上好日子没有忘了我们这些老年人，真是有责任感的新一代，我们发自内心的感谢这些好人们……"

曹伟当场表示，今后他们和夕阳红敬老院又结成了帮扶对子，夕阳红敬老院以后有什么需要帮助的，他会竭尽全力帮助解决，同时还会在节假日无偿给老人们送米面油，让老人健康幸福地度过晚年生活。

去年冬天的一天，尽管窗外是寒风习习，可在连山区锦郊敬老院的老人房间内却充满了融融暖意，敬老院老人们和曹伟及其志愿者们手拉着手坐在一起，像一家人一样。此次曹伟不但给敬老院送来了米面油，还特意为每位老人送来了精制的2009年台历。

看到敬老院内有些垃圾堆在院内，曹伟立即带领志愿者们找来工具，把这些垃圾清运走。老人们看着这些小伙子们的义举赞不绝口，还亲热地叮嘱他们多穿点衣服，别冻着。

连山区锦郊敬老院院长对曹伟的善举表示感谢，更对曹伟的尊老敬老的行为深表敬佩。

今年82岁的老人看到曹伟特别高兴。老人家激动地说："曹伟这个孩子真是在我们社会上树立了榜样，不仅尊老爱老，不顾天寒来看我们，让我们这些老人心里感到暖乎乎的，他们还给我们敬老院打扫卫生，让我们生活得好一些，大冷天，看着这些孩子们额头都冒了汗，小脸都累得通红的，真是让人感动。"

曹伟对此总是一笑了之："尊老敬老是我们中华民族的传统美德。人人都有老的时候。我个人没有太多太大的能力，但是我心中始终有颗感恩的心，心里一直牵挂着敬老院里的老人们，因此我有一分力就尽一分力，希望老人们的晚年生活愉快。"

截至目前，傻子曹伟已和葫芦岛市内12家敬老院结成了帮扶对子，常年无偿给敬老院的老人们送米面。

帮"残疾脑瘫作家"黄月圆梦："傻子"免费请吃饭还送轮椅

去年一次偶然的机会，曹伟得知了葫芦岛市绥中县加碑岩乡骆仗子村有个残疾女作家，因残疾1岁前两次被遗弃，一把木椅上度过了12年。卖掉了3尺多长头发换钱买来笔和本，没上过学却写出30万字自传，靠爬行送终婆婆，养活重病丈夫和两个儿子，用血汗钱为乡亲们治病疗伤，而且还艰辛爬着卖农药挣钱想圆自己的"残疾作家"出书梦。

曹伟深深地被黄月那种身残志坚、自强不息的乐观精神感动，每次黄月进城来到葫芦岛，曹伟都要请她去饭店，美美地吃上一顿可口的饭菜。见黄月吃饭都很吃力，曹伟干脆拿出筷子来喂，同时边喂边询问饭菜是否可口，这份难得的人间真情也把黄月感动得潸然泪下。每次吃完饭后，曹伟还都要将黄月背起来，送到车上。看黄月走路费劲，曹伟还免费送给这个"残疾作家"一个轮椅。眼下曹伟正在积极想办法，力争早日帮助黄月完成出书愿望。除此之外，曹伟还曾经先后2次来到黄月家中送钱送衣物，并已经和黄月结成了穷亲戚。

社会共融会成爱的暖流

接二连三的好事，让曹伟对发展爱心事业充满了信心和期待。无论是神秘女士慷慨解囊，盘锦老板的倾情相助，还是众多好心人的后援支持，都让曹伟从内心里感受到了一种熟悉的温暖和爱心的力量。他更加坚定自己的信念，要把"傻子"爱心行动打造成一个大家参与、共献爱心的慈善事业，使其成为葫芦岛市一个充满魅力的公益品牌。

2007年10月20日，"傻子"曹伟义卖了1万袋（每袋25公斤）大米，所得2万元利润全部捐出，又资助了10名贫困小学生和1名贫困大学生。

2008年元旦期间，"傻子"曹伟拿出4万多袋优质大米，以每袋低于市场8元的价格，赔了30多万元卖给低保户和困难户。

2008年1月17日上午，由"傻子"曹伟倡导发起的又一次大规模爱心捐助活动如期举行，来自龙港区北港实验学校的6名品学兼优的贫困学生，正式与葫芦岛如意袋装水公司、麻辣风酒店、交警冯大英结成了帮扶对子，并当场接到了每人每学期300元的爱心捐款。资助方承诺，这种结对帮扶将一直持续到6名学生大学毕业为止。同时另有100名孤寡老人也各自收到了大米、袋装水、高档茶叶等礼物，并全部由"傻子粮油"运输车送货上门。

68岁的任九贵大爷这样评价"傻子"曹伟："诚信经营，扶贫济困，而且长期坚持，难得呀，曹伟真是现实中的'雷锋'，不是亲儿子胜似亲儿子。"

葫芦岛市交警支队一大队民警冯大英，作为多次参与"傻子"爱心捐助活动的志愿者，他说："曹伟作为外地人，不仅为我们葫芦岛市的爱心事业尽心尽力，而且还做出了规模，我作为这个城市中的一员，作为一名人民警察，向曹伟学习，做曹伟一样的'傻子'，我觉得十分光荣！"

2008年4月，受葫芦岛团市委和葫芦岛市青年联合会邀请，曹伟还先后来到辽宁渤海船舶职业学院、辽宁工程技术大学葫芦岛分院和葫芦岛市一高中，给那里的学生们演讲，受到数千名学生的"追捧"。更让曹伟感到意外的是，数百名学生要争抢着当他的爱心志愿者。

2008年5月12日，四川汶川遭遇特大地震灾害，曹伟义卖大米25吨，并先后捐款21850元钱给灾区，作为一名爱心志愿者为地震灾区重建贡献了一份力量。

几年来，每年到了节假日，曹伟都会准时给200多名孤寡老人送去米面油，而每次送这些生活必需品，感动得这些老人们逢人就夸"傻子"是他们的亲儿子。每年的暑假和寒假，曹伟和妻子也都给贫困的学子们寄去一些学费和生活费，好让孩子们安心读书。

目前，"傻子"曹伟与50多家自愿资助单位和600余名志愿捐助个人，已经成功资助了127名贫困学生和200多名孤寡老人，捐助款物超过40万元。如今，"傻子"曹伟已成为了葫芦岛这座海滨城市的爱心品牌。

一分耕耘一分收获。几年来，曹伟诚实守信的苦干实干及其慈善胸怀，感动了很多人，更赢得了社会的广泛赞誉。他先后获得葫芦岛市公德建设标兵、葫芦岛市优秀青年、2007年辽宁教育年度人物殊荣；2008年又被授予辽宁省"雷锋奖章"、辽宁青年"五四"奖章和辽宁省道德模范；被团省委和省青少年教育保护委员会聘为"辽宁省青少年权益代表"；2009年又被葫芦岛市推荐参评辽宁省第二届"感动民心人物"。

当代中华最感人的十大慈孝人物·中华慈孝提名奖

赵锁仙

怀揣一腔大爱　历练苦乐人生

慈孝心语

　　从培养自己的孩子成才，到培养更多的孩子成才，赵锁仙的这份慈母大爱，值得颂扬。

推荐单位： 山西晚报
推　荐　人： 李红霞

　　赵锁仙1953年生于山西榆社，1977年毕业于山西大学，曾在中学任教多年，退休前在阳煤集团党委宣传部工作。

2004年，她获得"阳泉市十佳母亲"称号；

2005年，她被阳泉市妇联聘请为家庭教育指导中心首席讲师；

2006年，获得"中国首届百名优秀母亲"称号；

2007年，她当选为阳泉矿区第八届人大代表；

2007年，获得阳泉市"优秀家教工作者"称号；

2007年，获得"山西省首届十大杰出母亲"称号；同年，获得"中国当代十大孟母"的殊荣；

2008年，获得"山西省家庭教育工作先进个人"称号。

引 言

2008年末一个阳光明媚的下午，上海外滩的长堤上行走着一对手手相牵的母女，她们时而驻足观望，时而会心一笑，尽兴观赏明珠塔的直冲云霄，由衷惊叹黄浦江的浩渺无穷，盛情赞美江面上一艘艘漂亮的商船、豪华的游轮……妈妈慈祥的目光与女儿温顺的目光在一次又一次的对接中，产生出一种柔和的光芒，血浓于水的骨肉亲情在蔚蓝色的天空下显现出一种宁静、和谐的美。

女儿婷婷一袭红衣，青春靓丽；妈妈穿着朴素，两鬓染霜。她和女儿已经整整3年没有见面了，她说自己"想女儿都快想疯了"。大上海这座一个月前还与她的生命并不搭界的城市，在她的眼里一下子变得亲近无比，她将有可能成为大上海的一位常客，妈妈想念女儿呀！半个月后，拿到第一个月工资的婷婷给妈妈买了一张软卧票，看望在北京上班的长女娉娉。躺在舒适的软卧席上，她心潮起伏，泪光盈盈，那过去了将近30年与女儿相处的一朝一夕、一情一景浮现眼前，恍如昨日，想到女儿的健康成长，妈妈沉浸在巨大的幸福中，内心涌起无限的欣慰之情。

她是谁？她就是我为之敬重的赵锁仙大姐。她既不言商，也不在官；一没豪宅，二没名车，只是一位普普通通的母亲，而她的名字都可由无数母亲脱口而出，她与两个女儿一起成长的故事在阳泉、在山西，甚至更远的一些地方相传。

慈慈母爱——托起清华北大姐妹花

赵锁仙大姐有一对令人羡慕的女儿。大女儿娉娉1997年考入南开大学，2001年考取北京大学硕士研究生，2003年又考取北京大学博士研究生，现在中国人民银行做博士后。小女儿婷婷1998年榜中清华，2002年直读清华大学硕士研究生，2005年赴英国攻读博士学位，2008年年底就职于上海某跨国制药公司从事研发工作。

一所中学如果有一两个学生考上清华北大就算放卫星了，那是学校和老师共同的骄傲；一个家庭培育出"清华北大两支花"，这是无数学子和家长最为羡慕的，于是，这个普通的家庭成为大家关注的焦点。

赵锁仙大姐从小女儿婷婷两周岁生日那天起，为女儿记日记一直坚持到现在，35本、近200万字的日记真实地记录了两个孩子成长的每一天。她当初的想法很简单，就是想把女儿成长过程中有意思的地方以及小小的闪光点记下来，到女儿18岁的时候，作为一份礼物送给女儿。

赵锁仙和两个女儿

最初的日记特别好玩儿，写真式的、拍照式的，一一如实记录。女儿说什么，她就写什么；女儿怎么做，她就怎么写，不修饰，不拔高，原汁原味，本色本香。之后有一点浅浅的引导：告诉孩子应该朝哪儿去努力，应该定位在一个什么样的目标，使女儿在幼小的心灵中对自我有一个良好预期，让她们努力有方向，前进有动力。对她们好的地方及时肯定大加赞扬，强化她们的优势。对她们做得不到位、不大妥当的地方婉言相劝，从来没有过板着面孔的说教，没有过无情的谩骂和责备，连正儿八经的批评也极少，而是亲切的、友善的、设身处地的、和风细雨式地提醒，不让孩子有任何难堪，不被认为是一种处罚，让她们感受到一种被关爱的安全感，知道妈妈之所以这样说全是为她们好，让她们在快乐中改正不足。

1985年3月24日的日记是这样写的："'娉娉可真够倔的，有时我一点儿办法也没有'，当我把这句话念给娉娉的时候，她居然哈哈大笑说：'妈妈，我能改'，批评的效果在欢愉的氛围中达到了。"

念日记，一直是她们家的"保留节目"。孩子认字不多的时候，妈妈天天念日记给女儿听，因为记的全是她们说的话、做的事，女儿百听不厌，日记本都翻烂了；上大学回来后的每个假期，妈妈依然念日记给女儿听：一是赵大姐写的字潦草；二是每篇日记都是在极度疲乏的情况下写成的，有时字串行，字压字，女儿看起来比较吃力。常常是：妈妈念，女儿听，一念就是几个小时，一起回味快乐的童年，共同展望美好的未来。

为女儿记几篇成长日记，谁都能做到，这样的父母不在少数；20多年如一日坚持为女儿记日记，这就不是每一位母亲能够做到的。事情虽然不大，因为坚持，把女儿一个送到北大，一个送到清华，实在让人感叹！

网友"天使之王"在一篇博文中讲到："因为一直致力于家庭教育课题的研究，国际蒙台梭利协会总部给我提供了各种家庭教育的成功范例！

在北大街幼儿园和孩子家长交流

国外的案例举不胜举，国内的案例比比皆是，独独两位母亲的做法感动了我，也震撼了我。美国的露易丝二十多年如一日每天给孩子拍一张照片，把孩子成长的过程"定格"；中国的赵锁仙二十多年如一日，一天不误，为两个女儿记日记约200万字，直到大女儿娉娉考上北大，小女儿婷婷考上清华……看似两个毫无关联的新闻事件，其实事件本身蕴含着更深层次的成功育子的理念！"

"中国当代十大孟母"组委会给她的颁奖辞非常精彩："给孩子一个笑容，这容易做到；呵护孩子的衣食住行，这也容易做到；用二十年的时光，追逐孩子的心灵跳动，不容易！您做到了，您告诉世人什么是奇迹！"

2003年，她们家的经济条件大大宽松，买了电脑，上了宽带，和孩子的联系更加方便、快捷、及时。有时一天发好几封电子邮件，妈妈传过去，女儿接起来，短的像造句，长的是万言书。

妈妈对人情冷暖的感知，对人世万象的理解，总是多一些，随时谈谈，及时提醒，像打预防针一样注入女儿的肌体，让她们少走一些弯路，减少一些不必要的麻烦，帮助她们早日完成由父母监护到完全独立这样一个过程；女儿全新的生活理念、对新生事物的快速反应、对生活的饱满热情、对困难的勇敢挑战又常常感染妈妈、激励妈妈，使妈妈思想保持新锐，不致落伍。

家书抵万金！川流不息的家书成为一条涓涓细流，流淌在妈妈和女儿心田，滋润着她们的生活，丰盈着她们的感情，陶醉其中，妙不可言。通过细致入微的心理交汇，妈妈能清晰地听到女儿的呼吸，触及到女儿的心动，能无所不在感受到女儿关爱父母的赤子情怀，更欣赏女儿马不停蹄永不言倦的向上攀登，也能真真切切地体悟到女儿成长的不易和跋涉的艰辛！不是让女儿"依葫芦画瓢"立此存照，是让她们有所选择有所批判地吸收利用，为她们做一个好人、一个优秀的人而言有所依行有所规。

婚姻需要经营，亲情一样需要经营，需要打理，需要浇灌，需要施肥。长女娉娉在一次来信中这样说："任何一种爱都是互动的，双方配合默契才会精彩。亲情是一个奇怪的东西，需要想，需要做，也离不开说。"她们没有因为长时间不在一起而心生淡漠之情，相反的，母女间的感情愈发加深了，母女的心愈发贴近了。

10年来，妈妈写给女儿的书面通信78封，电子邮件1320多封，两个女儿差不多每信必复，上百万字的家书落在纸上，存入硬盘，留存记忆，成为她们家一笔宝贵的精神财富。

赵大姐对我说："日记和书信是我教育孩子的左膀右臂，是一种教育子女的良好形式。无论如何想不到这一点点努力、一点点坚持，200万字的日记、100万字的家书，居然帮助两个女儿健康地成长起来。真正做这件事的时候，并不是有意识的，并不明白它的作用何在？意义何在？只是今天见了收获，才知道不知不觉中做了一件了不起的事情。"

她是女儿的老师，女儿也是她的老师，精神反哺在她们家是绝对存在的。年轻时的赵大姐自感没有毅力,没有恒心,做什么事只有"三分钟"热度,狂热起来努力个十天八天,很快冷却下去就无声无息再无下文,以至35岁的时候还一事无成两手空空。

1987年1月4日,年仅7岁的娉娉一天中午写成三封信这件事震惊了她,一度迷惘的她一下子被女儿唤醒了。女儿用一双小小的、劳动的手告诉她一个简单不过的道理:只要肯做,就能做成。她第一次懂得生命的真谛:行胜于言。这是女儿给她上的最生动、最精彩的一课!

从那一天开始,她像一支箭,拔出箭囊离弦而去,如一匹马扬蹄四起陷阵冲锋,不再庸庸碌碌人云亦云,不再浑浑噩噩无所事事,一改青春时代的"冷热"毛病,修正了自己的人生态度,开始了她的读写人生。她说自己是一位幸运的母亲,是女儿扭转了她的生命方向!

她说,完整的母爱不只是母亲对儿女的爱,也包括儿女对母亲的爱,单向的爱是不成功的。理性的母爱应当是:让孩子一手承接爱的乳汁,一手播洒爱的甘露。在孩子还做不了多少事的时候,让他们充分地感受爱,并学会爱,这是一门更重要的课程。娉娉上初中的时候,每天晚上七点多才能回家,常常是刚刚端起碗,邻居家小妹妹就来家请教,这时候的娉娉二话不说放下碗就开始给小妹妹辅导,一般要耗上三四十分钟,差不多天天如此。妈妈看在眼里,疼在心上,有一天忍受不住对女儿说:"你的作业那么多,时间那么紧,每天睡得那么晚,长此以往,怎么能受得了?"娉娉说:"妈妈,没关系的,能尽自己的力量帮助别人做一点什么,那是一件非常开心的事情啊!我乐意。"

望子成龙是天下父母的共同渴望,赵大姐至深至切的体验是:望子成龙不如做个样子。她说:"爱孩子,不是要母亲折断翅膀,以萎缩自己牺牲自我为沉重代价,相反的是要母亲振翅高飞扬帆远航,这样,才能牵引孩子不断飞升搏击长空,才能导引孩子生出鸿鹄之志面向未来。"

她以透支身体为代价拼命做事,就是想传递给孩子一种拼搏向上的精神,让孩子从她的苦拼中获得力量,从而踏上学习的快车道,她让女儿从她亡命般的写作中知道:妈妈不是最优秀的,却是最努力的。她欣慰地

赵锁仙家庭教育演讲活动

讲：她的初衷实现了，已经将顽强、执著的精神成功地植入女儿的骨髓，是苦有所值、苦超所值了。

赵大姐酷爱读书，同时注重向生活学习。对于报刊上关于教育子女的文章、专论一一拜读，从中吸取营养。她经常收看、收听一些教育类型的电视广播节目，了解新的教育信息，不断更新教育理念；她坚持阅读一些家教书籍，努力搜集古今中外精英人物的成长故事、家教经典和成功范例，取其精华，尤其注重向身边每一位家长朋友学习，把他们一星一点好的做法，及时地补充到教育女儿的实践中，进行积极的探索与尝试，与女儿一同成长。

妈妈在前面领跑，女儿在后面紧追，顽强与执著已经成为她们家不改的血脉与家风，一家人相互鼓舞，两代人一起赛跑，最终母女双赢，皆大欢喜。

珍惜生命——莫过于好好做事

在社会经济空前发展的今天，人们想方设法保健养生，以求长生。赵大姐认为：求索创新的一日，长于醉生梦死的百年。她说："如果此生只有说一句话的权利，我会说'善待生命莫过于好好做事'。做事永远比享受重要；生命的过程就是做事的过程、尽责任的过程。老子曰：'天下难事，必做于易；天下大事，必作于细。'我们凡夫俗子，理当脚踏实地做一点小事，不惧其小，不惧其微，为国家的繁荣尽匹夫之责，为帮助他人舍绵薄之力，为家庭的安宁幸福负重打拼。多做好事多做善事多做实事多做难事多做小事永无止境，努力做到再也做不下去、再也做不动的那一天才有权利休息。"

萨特说，文学的写作活动就是文学主体对社会的一种"介入"。从事文学创作以来，她以敏锐的目光观察社会，以独特的视角洞悉人生；以匹夫之勇关注生活，以匹夫之责呈达民意；以辛辣之笔触及社会的硬壳；以率真、泼辣、果敢的个性，直击生活中不善、不美、不真之处；以逢山开路遇水架桥的勇猛，揭露社会不好的一面；用铮铮事实、柔柔民情伸张正义、主持公道；用血与火、雷与电的语言刺激人们的麻木，以唤醒大家的良知。她的文章没有一丝一毫的抱怨之心，没有星星点点的隐晦之意，以公民之责、血肉之躯仗义执言，她爱国如家，与劳苦民众血浓于水，即便是疾言厉色之时，一腔赤子情怀苍天可鉴，有一股直入人心的力量！她说："一个吃文字饭的人，如果避实就虚，风花雪月，显示文学技巧，卖弄文学天资，不敢直视现实，不敢触及社会硬伤，没有独立思考，没有鞭辟入里的分析，充其量，不过是社会看客。"严格地说，她算一个杂文作家。

她的作品充满阳刚之力，张扬个性风采，展现人性之光，彰显奋斗精神；许多文章引经据典，旁征博引，历史掌故信手拈来，名人轶事俯拾皆是，名言警句点缀其中……拜读她的作品，犹如置身于一座美丽妖艳的文学迷宫。不敢说她的作品篇篇上乘，但绝对没有一篇文字垃圾；可能有败笔之处，却字字良心酿，句句血泪成。

她惜时如金，铢积寸累。两个孩子上中学吃大苦的时候，正是她人生爬大坡的岁月，读书到忘我，写作到亡命。恨不得不食人间烟火，"一分钟掰成八瓣用"。她无情地刻薄自己，挤对自己，向人生的极限挑战。一般职业女性每天做"两个工作日"就叫苦连天，而她一副肩膀扛着三副担子往前走：上班、料理家务，种文字责任田。人到中年，在单位正是挑大梁的时候，工作任务排山倒海，家务活繁重琐碎，爱人搞公安，天天泡在发案现场，三天两头不着家，人情往来一一打点；孩子的吃喝拉撒她来安排。那是整整"八年抗战"啊，没有睡过一个囫囵觉，每天至多睡五个小时。眼睛疼涩难支，依然"开读"不止；写得胳膊发困手指发麻，还是舍不得放下手中的笔。家务活穿插进行，洗衣机里转着衣服，手里提溜一张报纸，见缝插针溜几眼；锅上蒸着馒头，可能构思一个作品，十分投入，锅冒烟了，水耗干了，浑然不觉，一个月曾经烧破过三把水壶，两只蒸锅。

人到中年，赵大姐放了一把奋斗之火，燃起一片希望之光。她以超负荷的努力，诠释着生命的意义——不羡开花时节的争相斗艳，重在金秋之际硕果累累。她从"豆腐块"起步，先后有300多篇文章约50万字的散文、杂文、随笔刊发于《工人日报》、《中国妇女报》、《博览群书》、《中国青年》、《语丝》、《杂文报》、《做人与处世》、《人才》等40多家报刊。以厚实的文学作品，敲开山西省作家协会、中国煤炭部作家协会的大门。

2005年以来，她用自己的800多篇原创作品，建立了一间"网上小屋"，网友的访问量突破23万人次之多，迅速结识了一大批全国各地的文朋好友，经常进行心对心的交流。

2005年，23万字的纪实作品《姐姐北大妹妹清华》由中国广播电视出版社出版，已经再版。2006年，散文集《心有一缕阳光》由中国文史出版社出版。散文集《伯乐就是你自己》和杂文集《我有一肚子话要说》刚刚封笔，正在和出版社接洽出版事宜。

大爱无边——撒向孩子都是爱

孔子曰："芝兰生幽谷，不以无人而不劳；君子修道立德，不为贫穷而改节。"赵大姐为人谦和、正直高尚、和蔼可亲、平易近人，不愧为当代"孟母"。

一个人生命的价值不在于自己有多么的光鲜夺目，而在于他能全身心地照亮别人，温暖别人。她的女儿幸福得像花儿一样，她愿意普天下的孩子都拥有一个快乐的童年；她的女儿的前景一片光明，她期望更多的孩子都有一个美好未来。她的心里装满孩子，她的口头禅是："天下没有一朵花不美丽，没有一个孩子不可爱"。她不仅爱自己的女儿，也爱更多的孩子；她不仅属于自己的女儿，也属于更多的孩子。只要有利于孩子们的健康成长，她都愿意做，不怕苦，不嫌累。她很有亲和力，和孩子们在一起是她最开心的时候。她是一个长不大的"老小孩儿"，看见孩子她就乐，再内向的孩子也会被她的率直和真诚所打动，孩子们对她总有说不完的"悄悄话"，讲不完的"小秘密"。

一天，一位妈妈领着10多岁的儿子到赵大姐家请教。一进门，那位母亲就用手指头指着自己的孩子的额头不停地数落，说孩子笨、不听话、不争气、没出息，气得她头疼，把孩子说得一无是处，训得孩子眼泪汪汪，头都不敢抬。那位母亲走后，赵大姐和孩子亲切交谈，孩子终于含泪而笑，向她敞开了心扉，道出一肚子"苦水儿"，她大胆鼓励，因势利导，帮助孩子重树信心。通过这件事，她第一次意识到：如果孩子发生问题，不一定是孩子的错，可能是家长教育不力，方法不对，她第一次感觉到家庭教育的重要性！

她是爱的使者，撒向人间都是爱。

当看到有的家长为教育孩子而苦恼，她感同身受；听到有的孩子因无法与家长沟通而痛苦，她心急如焚。生活中，她低调做人、不事张扬，是傅雷的一句话激发了她，打动了她。傅雷说："一个人对人民的服务，不一定是做出什么惊天动地的大事业，随时随地、点点滴滴地把自己知道的、想到的告诉大家，无形中就是替国家播种、施肥、垦植。"2005年9月，阳泉市妇联启动家庭教育工程，她被聘请为阳泉市家庭教育指导服务中心首席讲师，为她开展家庭教育工作提供了舞台。

她撰写了两万字的《我与女儿一起成长》的演讲稿，讲稿分"施行爱的教育、做游戏是孩子们的天然功课、同伴教育不可或缺、日记和家书是一种教育、女儿是我师、望子成龙不如做个样子、顽强可以将山移动、在读书中成长、莫让分数遮锐眼、孩子做错之后、女儿不再任性、好孩子是夸出来的"共十二部分，详细讲述了她教育女儿的切身体会。为了保证演讲效果，她不顾年龄偏大，一遍又一遍熟读、记忆，直到完全脱稿。

几年来，她身体力行，不辞劳苦，先后到上海、海口、三亚、儋州、太原、吕梁等地做巡回演讲，深受欢迎；她还深入到平定、盂县、郊区、城区、矿区中小学、幼儿园、居民区、农村，义务做了近百场家庭教育专题报告，好评如潮。

赵大姐50多岁了，精神总是那么饱满，对人总是那么热情，她像一团火，走到哪里，就把笑声带到那里，用真诚和激情感染人。

每次演讲，随叫随到，没有报酬，不讲条件。在上海一所贵族学校讲过；在阳泉郊区几十里盘山路的偏僻小村庄讲过；在海口人民大会堂的讲台上讲过；在一个生着小炉子的教室里讲过，只要有孩子、有家长的地方，她都去。到北大街幼儿园演讲，家长到的特别多，会议室容不下，临时改在操场。那一天她穿的衣服不多，依然滔滔不绝谈笑风生，讲完后病了好几天。到平定东回镇后石窑村学校演讲，开讲时晴空万里，讲着讲着，突然雷声大作，下起瓢泼大雨，会场只好从操场转回教室，她一样神采飞扬、激情依旧。到刘家垴学校演讲的那一天，大姐正闹肠胃病，她深知基层社区组织一次活动不容易，大剂量服药后坚持到会。讲台就是阵地，就是战场，面对家长期待的目光，大姐做到"轻伤不下火线"。2007年夏天，她的腿不慎拉伤，几个月不见好，白天不能走路、上下楼，一夜一夜疼得不能入睡。国庆节前，郊区妇联给她安排了四场演讲，她二话没说就答应了。那一段日子，阴雨连绵，她拖着两条病腿一瘸一拐，坚持演讲，非常投入。

从两百万字日记中提炼的《姐姐北大妹妹清华》一书备受家长欢迎；她的一系列教育观点为大家所认同；她的教育格言被孩子们熟读铭记；她的演讲声情并茂，铿锵有力，语言优美，感染力强，演讲现场，掌声不断；演讲场外，反馈强烈。

她有几句话与广大家长朋友共勉：

对孩子负责，就是对家庭负责，对国家负责；善待孩子，就是善待自己，善待自己的老年。

自己的孩子自己管，才是硬道理！

平等、民主、宽松、友好，这是父母对孩子必须坚持的基本态度；表达、沟通、理解、关爱,应当是每一个家庭的关键词!

让孩子玩个够。

学校只不过交给学生一把钥匙,能不能启开生命的辉煌乐章,全看孩子是否一生一世坚持努力。持之以恒,必成正果;终身学习,便是天才!

教育子女不是一朝一夕之功,不能一蹴而就,只要锲而不舍持之以恒,子女终是顽石,亦可雕成美玉;终是锈铁一块,亦可化成赤体通金。

望子成龙不如做个样子。

为人父母者对于孩子,第一是榜样,第二是榜样,第三还是榜样。

和孩子做最好的朋友。

父母是孩子的第一任老师,孩子也是父母的最好老师。

对孩子要永远充满希望,您的孩子就会大有希望!

父母的目光像太阳,照得孩子暖洋洋。

好孩子是夸出来的!

……

每场报告会前后,她和家长朋友形成良好互动,就不同孩子出现的不同问题,共同商量解决的办法。每场报告会结束的时候,她总会把自己的QQ号与电子邮箱告诉大家。有的家长是听了她的演讲后到QQ查找她的,有的孩子是读了《姐姐北大妹妹清华》一书后加她为好友的。北到黑龙江,南到海南;大到上海,小到乡村,凡查找她的网友一律通过;凡留言给她的网友马上接应。截至目前,大姐先后与180多位家长及学生建立了网上联系。有时一来一长串,都有些招架不住,眼睛不好使的她,往往要聊到午夜;及时回复家长朋友的电子邮件成了她生活的一项重要内容,这类邮件有上百件之多。

演讲现场,一些感人情节让她铭心难忘;演讲之后,网友美好的留言成为她继续做好家教工作新的动力源!

阳泉市七中一场报告安排在下午5点至6点,就在她准备结束演讲的时候,会场气氛顿时活跃起来,与会家长和老师齐声说:"继续,继续讲,讲到晚上12点也行。"她非常感动。

刚刚过了18岁生日的阳泉一中学生史佳可在QQ上对她说："听了您的演讲，非常震撼，非常振奋，我要努力，我得加油。"

天津高二学生"pain"在QQ上说："赵妈妈，您的书我翻来覆去看过很多遍了，每次都热泪盈眶，好喜欢您的性格与为人，好崇拜您和两位姐姐的奋斗精神，您永远是我做人做事的一面旗帜！我会加倍努力的！"

网友"星星雨"说："您的演讲深深地打动了我。原来我很迷惘，不知道怎样教育孩子，羡慕别人家的孩子能上名牌大学，我做梦都想把孩子送进北大清华。现在我不这样想了，首先让孩子做一个好人，这是最重要的，我感到教育孩子有方向了。"

蒋轶敏留言："我是含着泪听完您和女儿共同成长故事的，非常感动，非常震撼。母爱的无私和伟大与手足情义感情，才成就了这小姐儿俩。也让我又一次懂得成功绝非偶然，而是在于每一点每一滴的努力和持之以恒的精神。谢谢！"

一位家长朋友对她说："您的报告非常棒，您的书写的非常好，鼓励了阳泉一代人啊！"

一位年轻妈妈说："好生动、好感人、好鲜活、好温暖的一场演讲，我无法用任何语言来诠释此刻心中的激荡与感动，您是一位伟大的母亲，也是普天之下所有父母的典范。每一位母亲都是爱子惜女的，而她们却没有能力将这份慈孝爱心固化在文字中，天下母亲感谢您为她们代言，天下儿女因此懂得感恩父母，谢谢您。"

一位留美博士这样留言："在网上，无意看到电子版《姐姐北大妹妹清华》一书，说真的，看到这个书名的第一眼我有些反感，这样的书有可能吸引10000个望子成龙的父母去购买，也可能拒绝了5000个像我这样的读者去阅读。我在美国读博，谈笑伯克利，往来斯坦福，清华北大已经不是什么吸引眼珠的金字招牌了。之所以忍不住想看一看，完全出于好奇，我快要做爸爸了，想看看其究竟念的是怎样一本"育儿经"。这一读不要紧，我的眼睛紧紧粘在显示屏上整整5个小时"没动窝"，实在是一本不可多得的好作品。我之所以喜欢这本书：一是亲情扑面，妈妈对女儿无所不在细致入微的爱跃动在字里行间，如果不是妈妈，断断写不出来；二是这本书读来格外亲切、生动，全是儿童化、生活化的语言，有趣的句子随手捻来，比比皆是，让人拍案。"

　　亚美学校翟林爱老师的一篇日记成了赵大姐的珍藏。林老师在日记中写道："上星期五，学校组织一场家长讲座，学校要求没有课的老师都去听听，我老师出身，自认为家教得法，很不情愿到了会议室，特意在靠门口的地方坐下，随时准备溜。演讲一开始，就被您培养出一个北大、一个清华的优秀女儿所吸引。听着听着，完全入迷了。您那不太标准的普通话、质朴的语言传递着您高洁的内心品质、顽强拼搏的精神和对女儿广博的爱。说真的，我不太艳羡您的两个优秀女儿，却被您的精神所打动。可以说，您给我上了很好的一课，不是关于教育，而是关于做人。"

　　网友"我很平凡"在QQ上留言："如果用一个比喻来形容您在我生命里的地位：您像一道闪电划过我灰暗的天空。好多年来，一直找不到自己的生活坐标，常常为自己的碌碌无为而苦恼。通过您的讲述，我要换一种活法了。对您来说只是一场普通的演讲，对我来说意义却不平凡，它胜过任何一堂课，不仅改变了我的人生态度，而且会影响到我的女儿。从前，我常常表现对孩子的不满，其实我的孩子很优秀。今后，我要向您学习，放大孩子的优点，用孩子的优点消灭她的缺点。我会吸取您生活的精华，正确地引导我的女儿健康成长"。

　　……

　　看了这样的留言，她的心情久久不能平静，没想到自己的演讲居然能产生这样大的触动，尤其是来自学生方面的反馈，她十分震惊，备受鼓舞，快言快语、爽朗热情的赵大姐都有些坐不住了。长时间地和家长和孩子频繁接触与深入交流之后，她对孩子的特点有了进一步了解，对孩子身上存在的一些共性问题有所掌握，对家庭教育的重要性有了更深层次的认识，也因此坚定了她做好家教工作的信心。她愿意以自己持之以恒的努力，对更多的家长以启发，给更多的孩子以信心！

　　有的家长告诉她开始为孩子记成长日记了，学着和孩子交朋友了，她很高兴；有的孩子告诉她：爸爸妈妈现在态度和蔼了，不再打骂了，心情好多了，她很开心。

  56个冬去春来，56年风雨岁月，铸就了她一腔大爱在心中。她敬父母，爱丈夫，爱女儿，亲手足，重友谊，善同仁；她爱工作，爱学习，爱写作，爱劳动。她对故土一往情深，对矿工兄弟敬重有加，对祖国忠贞不贰。她说："如果把出生和死亡视做人生的两个点，那么中间几十年时间充斥着的就是我们对光明的渴望，对黑暗的憎恶，对正义的寻找，对邪恶的唾弃。置身于这样一个伟大的运行过程中，我力争做一个优秀的精神传承者。"

  她因为爱才来到这个世界，她因爱而活得生动，活得精彩！

当代中华最感人的十大慈孝人物·中华慈孝提名奖

吴建平

母爱感动天地　唤醒植物人养女

慈孝心语

　　永不放弃，让她从死神手中抢回了养女的生命。一声迟来的"妈妈"，让她流泪满面，也彰显了母爱的伟大。

推荐单位：宁波市江北区中马街道浮石社区居民委员会
推　荐　人：严雪芳

　　吴建平，女，浙江省宁波市江北人。
　　10多年来，吴建平命运多舛，亲生女儿花季夭折，人到中年下岗失业。当厄运再一次降临到她的养女身上时，这名瘦弱的妇女擦去泪水，变卖房屋，筹资救女。用母爱创造了一个奇迹，使一度成为植物人的养女再次拥有灿烂的人生。

她只是一位母亲，却创造了伟大的奇迹。她用母爱，将女儿从死神手里夺回！她的两个女儿，相继与病魔斗争。而她，在痛失亲生女儿之后，又用母爱唤醒了植物人养女。宁波市三江口北岸，中马街道浮石社区，吴建平就是这样一位母亲。

这对于一个普通家庭来说该是怎样的不幸！这对于普通百姓来说又需要多大的支撑！"当代中华十大慈孝故事"走进他们一家，让我们看清：什么叫生的希望，死的挣扎，什么叫绝望的冬天过后，春暖花开！

花季女儿夭折

他们的女儿1981年出生，如果现在还活着，应该快30岁了，是而立之年。不过如果还活着，他们也不会更轻松。

1980年，吴建平结婚，次年生下爱女。那时候，她和老公范启岳在城里双双上班，一家子过着平稳而幸福的小日子。如果上天眷顾的话，她的爱，一定和每一位普通母亲一样，细碎而值得一生的回味。没有轰轰烈烈，却幸福细水长流。

一切都在1990年改变。女儿上学一次上体育课跑步，突然晕倒。这引起老师同学们的注意。送到医院检查——左胸骨、肋骨偏高。女儿才10岁，还以为是发育过早呢，吴建平没想到，医生给的答案竟然是，肋骨被心脏顶起来，心脏比常人大，肺动脉血压过高。这样心脏不堪负荷，受到的压力很大，而肺循环血压通不过。这就是先天性的心脏病啊！他们转战南北，从上海到北京，再到杭州。看了几家大医院。最后在杭州，一位美国医生诊治，试做一根导管插入心脏，并建议同时换肺和心脏。那时候，在美国换肺的手术都很少，而成功率也只有十分之一。当时他们家经济状况很是一般，这样冒险而又花费不起的手术，自然只有放弃。1996年7月19日下午，女儿16岁，正处于花季妙龄，因肺动脉血管破裂，喷血而亡。就这样，唯一的亲生爱女猝然离开了他们。女儿只读完小学，没有办法读中学。读小学时候，就是妈妈背她上学。这以后，妈妈连照顾的机会都没有了。

养女成了植物人

失去心爱的女儿,这份痛谁能承受!他们的爱又将如何寄托?夫妻俩决定领养一个,以此寄托对女儿的思亲之痛,弥补失亲之痛。

1998年,夫妻俩从福利院领来了一个出生才两个月的女婴,给她取名"范亚君"。自那以后,吴建平便将全部的母爱倾注在小君君的身上。

然而,命运似乎总和她过不去。不久,吴建平夫妇双双下岗。2000年,吴建平买断工龄,只好去旅馆做服务员。一年后,老公也下岗,从一家机械维修的工厂里出来了。日子开始过得紧张起来。

就在日子还算比较平稳的时候,又一巨大的厄运降临。2002年,范亚君只有4岁。回忆当天发生的那一幕,吴建平至今心有余悸:"当我从走进房间的一刹那,顿时傻了,我看见君君脖子套在窗帘套里,脸色铁青,嘴唇发紫,手脚都不会扑腾了。"原来,范亚君误将窗帘上的绳索当玩具套进了自己的脖子里,造成窒息。悲痛之余夫妻俩迅速将小君君急送到医院救治。范亚君被紧急送往第三医院抢救,孩子心跳停止了,连呼吸都停止了。医生对她宣布了"死刑"。吴建平说死了也不认命,亲女病亡,那是先天性的,是老天爷的捉弄,难道这活生生的养女,老天爷也要这么狠心将她从身边夺走吗?她苦苦哀求医生,无论如何也要救女儿的命。包括医生在内很多人见此情景,都觉得她是在跟命运开玩笑,万分之一的机会。医生已经尽力了,这钱也是打水漂了。这样只能是徒劳。然而吴建平夫妇不认这个命。最后,她决定倾家荡产也要继续抢救。经过5天5夜的抢救,小君君奇迹般地有呼吸了,命终于保住了!却从此成了植物人。

母爱唤醒植物人女儿

在医院里的抢救,一开始是在呼吸科。保住命后在脑神经科治疗了20

来天才醒。带着植物人的女儿，出院，接受更为漫长的治疗。

很多人劝说吴建平：反正不是自己的亲生孩子，这样对她已经仁至义尽了，一个植物人能有什么希望，还是放弃算了。"我下不了这个狠心，我要对君君负责。"吴建平始终这样认为。

由于长期缺氧大脑受损，君君像一个初生的婴儿一样什么都不知道。看着丝毫不能动弹的女儿，吴建平暗暗下决心："君君，妈妈一定要让你醒过来。"她从此踏上了漫漫求医路。

一天，她在报纸上看到杭州有家医院有医治植物人方面的成功经验，她马上抱起君君启程。杭州的专家给了她三个"药方"：打针灸、吃中药和按摩。"但是就算能醒过来，也不能和正常孩子一样了。"专家告诉吴建平。

尽管这样，希望仍在吴建平心中燃起。

从那以后，吴建平的生活有了一张固定的时间表，每天上午，先去医院为君君做针灸治疗，然后，再转到一位老中医那做按摩，接着回家，煎中药。等闲下来的时候，她就坐在床前给女儿唱儿歌，并一边轻轻地呼唤她："乖宝宝，醒来吧，不要睡懒觉了，小朋友们等着和你一起去玩呢！"一边为君君按摩肢体。

人过中年的吴建平学会了注射，每天给女儿打针。在君君昏迷的4个多月里，吴建平没有连续睡过3小时，因为每隔3小时，她都要用针筒往孩子的嘴里注射药物和奶粉。

洗澡的时候，她平抱着女儿一点点地擦洗，每次洗完后自己都会虚脱；君君不能自己排泄，她就用手亲自为君君把粪便从肛门里抠出来。由于每隔三小时就要为君君喂一顿奶粉，吴建平经常是通宵不能睡觉。"我晚上静静地看着君君，眼泪就会不知不觉地流下来。"吴建平说，那一阵，体重一度降到了72斤。

也许是上天被这份真挚的母爱感动，4个月过去了，君君突然有了反应，开始会像小猫咪一样发出微弱的呻吟，这让吴建平惊喜不已。女儿昏睡半年后，一天，吴建平正在床边打电话时，只听身后"扑通"一声响，扭头一看，竟是君君翻身滚到了地上。吴建平又惊又喜，赶紧将女儿抱到医院检查。

为筹医药费变卖房子

由于康复仪器费用昂贵，吴建平家花费不起，丈夫就多次去康复医院看那些仪器，回家后按样子自己做了一套，给君君练习站立；考虑到君君骨头脆弱，容易脱臼，吴建平又为女儿在关节处包上厚厚的布料；为了让君君学会说话，夫妻俩又将女儿送到康复中心，进行说话训练。半年后，当君君再次开口叫"妈妈"时，吴建平幸福地哭了。

丈夫工作在外，家里的一切事情和照顾女儿全落在吴建华一个人的肩上。

刚开始给孩子喂食采用的是"鼻食"。后来是吞食。

她怕长期卧床的女儿肌肉萎缩，于是抱着女儿去按摩店里学习按摩。在店子学会了按摩就回家自己做，因为店子里按摩的次数少，而在家她一天按摩两次。

女儿躺在床上没有知觉的那阵子，她每天早上给女儿扎银针。脑部、身体各穴位都扎。后来慢慢的拔针时候女儿有反应了会哭，她便给女儿一边唱儿歌。这样知觉恢复过来后，她又为女儿打针打了一年多。出医院一年左右都坚持两个疗法：打针和高压氧舱。因为脑部严重缺氧。注射一支治神经方面的针就要80元每支，高压氧舱60元每天。而光从医院里抢救过来就花了十万元。算下来，女儿的医药费让他们为之倾家荡产。

孩子出事前，他们在郊区买了新房子。为了更好地给孩子治疗，吴建平两口子一合计，把房子卖了，带着几件破旧的家具住进了从亲戚处借来的房子。

她成了女儿的家庭教师

范亚君7岁那年，吴建平收到了区教育局下发的上学通知。由于女儿的智力还停留在两三岁的阶段，根本没法上学。为了让女儿能和正常的孩子一样，吴建平自己在家当起了老师。一年后，吴建平将君君送到了江花小学读一年级。由于范亚君手脚控制能力差，体育课、广播体操课都没法上，甚至还不会握笔，两个月后，范亚君无奈地退了学。

教她读书。读"a"，她始终不会，无奈只有将跟着老师读过的声音用录音机录起来，她跟着自己的声音，会读。她记忆力还可以，教她朗读的课文能背，但是字却默不出。教她写字，握笔很差，歪歪斜斜的。这也够为难女儿，吴建平想，她连筷子都拿不好，夹不起来。"我们让她去夹圆圆的玻璃弹子，就是为了训练她使用筷子。"

女儿也有不听话的时候，比如不肯做作业。说她作业做错了，还来脾气。早几年早上叫醒她起床，也闹得邻里不安。他们不能像别的父母那样打骂，因为毕竟怕给脆弱的孩子增添伤害。三四年前她小，讲道理不听。他们的方法一般是不理她。

出事后，女儿已经失去了记忆。治疗的过程之后，夫妇俩也开始帮助女儿一点一点的恢复记忆。他们教她唱儿时的歌。君君小时候爱唱歌。慢慢的，她从歌声中找到了熟悉的感觉。他们又带她到已经卖掉的以前的房子那边去玩，让她回忆过去的路，以及过去所经历过的，发生过的，一切的一切。只要能让她想起。记忆就是这么慢慢的恢复起来。小君君知道了四岁以前的依稀往事，零零星星，点点滴滴。她也认得了，爸爸、妈妈。

女儿找回了去学校的路

在区教育局的帮助下，小君君来到了宁波达敏学校，一所智障儿童学校。

但是，吴建平从来没将孩子当成智障儿童。每天君君放学后，就在家教她算术，晚上睡觉时，又教君君用爸爸妈妈的手指头、脚趾头做加减法。从一年级开始，君君就每年被评为"三好学生"、"优秀学生"。家里的墙上贴满了君君的奖状。当老师问君君为何成绩这么好时，君君的一句"妈妈好严,每天教到眼睛眯起来"逗乐了大家。

现在君君已经达到四级残疾。在这个学校估计要读八年左右。我们也希望她把自己的智力能发挥到最大水平。她现在就读五年级,已经会两位数的乘法。这个成绩虽然相当于普通孩子的一年级水平,但是她确是智障孩子中的优等生。尽管这样,爸爸还是谦虚地说,她思维能力差,不会分析。

她从上学开始,就能自理大小便。每天妈妈送她上学。从义庄巷的家出来,经过槐树路,穿过永丰桥,再到市第二医院,不远处就能看见宁波达敏学校,这20分钟的路程,吴建平已走了4年。

有一天,爸爸正要上班,孩子突然闹个性,跟着就跑出去了,把一家人急坏了,满大街找,结果找了大半个小时,她已经到达了学校。她能辨认去学校的路了!爸爸妈妈在惊吓同时,又得到一丝安慰。不过尽管这样,妈妈还是不放心的,每天坚持,送她上学,接她放学。

"妈妈"两个字 她教了一年

由于体质弱,抵抗能力差,君君每天都要吃药,为此,她所在社区专门为她办理了一份精神康复救助医疗卡,每年可享受600元的医疗补助。现在的君君,不仅学习成绩好,偶尔还喜欢和家人开玩笑。一天,一家三口一起去新华书店买书,到了转弯的地方,君君对着爸爸说:"小羊,转弯了。"原来,君君爸爸属羊,等反应过来,大家不禁哈哈大笑。

每天一早起来,吴建平就对君君的四肢进行按摩,孩子慢慢学会了爬行,终于有一天重新站了起来。自那以后,吴建平天天搀着君君在家里一步步挪动,指着身边的东西一遍遍教孩子说话,"妈妈两个字,差不多教了1年。"

"她的舌头越来越软,以前是硬的,走路以前是一脚高一脚底,常常被别的孩子取笑。"夫妇俩常常在学校会目睹这样的情景,但她本人是觉察不到的。不过女儿能有今天,他们不会再有所抱怨。

女儿又学会游泳，他们经常会带她去游泳俱乐部。也会做一点点饭菜。

有时候妈妈还会故意让她去买东西。给她五元钱叫她买面包，一块钱三个，叫她买六个。结果她拿着找回的一块三回来了，自以为还多了几个钱。现在，她还没学会认钱、花钱。

我们打电话到他们家，是君君接的电话。她的声音就像六七岁的小孩的童音，甜甜的尖尖的，不但会应答电话，还会叫"阿姨"。丝毫感觉不出她是智障孩子。分明就是年幼几岁而已。所以我们完全相信：在妈妈的悉心教导和培养下，君君一定可以还当年那个聪明活泼的样子，一定可以和平常孩子一样茁壮健康成长。

妈妈我也会永远孝顺你

近年，吴建平将母亲和中风过的公公接到了自己家中。一室一厅的房子住不了这么多人，吴建平又在楼下租了一间小屋，构筑起了这样一个特殊的三代同堂之家。90岁的老母亲双目失明已久，行动不便，88岁的老公公曾重度中风，且患有老年痴呆症。下岗后的老公在附近打工，月薪也就一千多。自己也算是退休两年了。从清晨一睁开眼到深夜入眠，吴建平每天就要围着家里的两个老人和一个孩子忙个不停。对于这日复一日的艰辛，吴建平却从不抱怨，她只是说："围着他们转，是我的本分！"

"谁打动了妈妈的心，我就把你送给谁。"吴建平偶尔会这样对孩子说，可小君君却说："我哪都不去，就要你们。"

妈妈所做的点点滴滴全都落入了小君君的眼里，趴在妈妈的肩膀上，她总喜欢说上一句悄悄话：妈妈，我也会永远孝顺您。

"现在她的手指还不够灵活，不过我最担心她摔倒，总是要撞得头破血流。我知道，上天已经给了我许多奇迹，可是我想再争取更多。"浓浓的母爱，闪烁在泪光中。

10多年来，吴建平命运多舛，生女夭折，中年下岗，当厄运再次降临到养女身上，这名瘦弱的妇女擦去泪水，变卖房屋，筹资救女，用母爱创造了一个奇迹，使一度成为植物人的养女再次拥有灿烂的人生。

"大难不死，必有后福。"面对生活中巨大的悲痛和灾难，我总习惯以此勉励。相信吴建平一家，一定会像她所希冀的那样：让孩子将来能够做一个普通的人，有爱，人安在。

当代中华最感人的十大慈孝人物·中华慈孝提名奖

王三花

母爱无疆——六旬慈母捐肾救子纪实

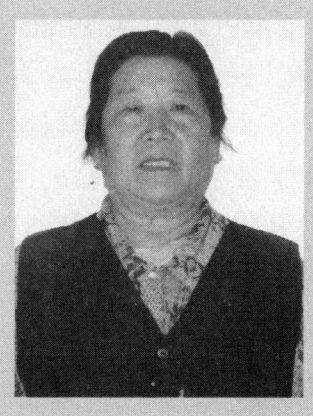

慈孝心语

36年前,她孕育了儿子的生命,36年后,她毅然捐献器官给予儿子新的未来,她的名字是母亲。

推荐单位: 枣庄中联水泥有限公司
推 荐 人: 陈学锋

王三花,一位普普通通的农村妇女,为了挽救患尿毒症的儿子的生命,62岁的她毅然将自己的一个肾脏捐了出来,慈母的爱让她的儿子有了第二次生命。

厄运突至　母爱筑起宽厚的山

1997年8月，大学毕业的郑再石进入枣庄中联水泥有限公司的前身山东安厦水泥集团工作。美好的生活之路展现在他眼前。因工作勤奋扎实，2003年被调入回转窑生产线。他更加努力了。有一段时间感冒频繁，头痛淌虚汗，乏力酸软，他也舍不得请假休班检查一下。2005年6月，郑再石在母亲的陪同下到枣庄市立医院检查身体。

王三花、郑再石母子

不久，郑再石被确诊患上尿毒症。作为母亲，王三花更是不敢相信这个事实，险些晕倒。儿子才31岁，正值风华正茂，与儿媳王淑玲结婚6年来感情非常好，小孙女才5岁，这可怎么办呢？痛苦过后，王三花头脑渐渐清醒，儿子已经病了，自己可千万不能倒下呀，一定要想方设法为儿子治病。于是她和丈夫领着儿子辗转就医，并多方筹集医药费。一开始，专家建议保守治疗，所以，她领着儿子几乎跑遍了全省的各大医院。然而郑再石的病情迅速恶化，从一开始用药维持到血液透析，后来发展到每3天就要透析一次。看着病痛中的儿子，母亲王三花的心都要碎了。

这是个不太富裕的家庭，郑再石的父亲郑显进和母亲王三花均已62岁，妻子王淑玲35岁，都在家务农，仅有一个女儿年仅5岁。全家人仅靠郑再石一个人的工资和1.5亩山岭薄地为生。

治病初期，为给儿子坚持做保守治疗，郑再石的家人将家里能卖的东西都卖了，能借到的钱都借了。几年下来，先后花去了10多万元，亲人们也到处找偏方抓药，但令他们没想到的是，郑再石的病却越来越重。"无论怎么困难，当父母的都有一个念头，一定要救活儿子，哪怕是砸锅卖铁。"母亲王三花讲述他们的决心时，眼圈红了。

2008年2月，郑再石在父亲的陪同下到济南军区总医院住院治疗，母亲在家筹集医疗费用。

3月中旬，由于所带的费用全部花光，郑再石父子不得不回家。见到久别且日渐消瘦的母亲，郑再石哭着说道，作为家中长子，不能为父母养老尽孝，有愧于父母养育之恩，当时他的情绪极不稳定。由于郑再石的肾脏不能正常工作，毒素无法排除，导致他神情呆滞，恍惚疯癫，甚至有些歇斯底里，自己的家人也不认得，不吃不喝，连最爱的小女儿一声声地叫着爸爸他好像未听到似的。当晚，郑再石陷入深度昏迷之中。枣庄中联水泥有限公司的有关领导闻讯后，立即派车将他送进医院。第二天，公司党委副书记冯相德、工会主席种化祥等领导立即赶往医院慰问郑再石。在了解郑的病情后，当天下午，把10000元现金送到郑母手中。

整整透析了三天，郑再石才苏醒过来。医院的大夫告诉郑母，郑的尿毒症已发展到后期，随时都有生命危险。

母亲捐肾救子　挑战医学极限

看着躺着病床上危在旦夕的儿子，母亲王三花欲哭无泪。

后来，郑再石的主治医生告诉郑母，治疗此病的最佳方法就是做肾移植。听到这个消息，王三花的眼里见到了曙光，然而做肾移植手术不但费用惊人，而且肾源也非常难找，但病情不等人，怎么办？医生说，实在没办法可以在直系亲属中寻找适合的肾源，这种手术成功率较高。听到这个消息，王三花喜出望外，当即提出："我一定要为儿子捐肾。为了儿子，别说是一个肾，就是两个肾都捐出我都愿意呀，快帮我联系医院做检查。"听到这儿，全家人都愣住了，并纷纷表示反对。老伴郑显进和女儿表示要为郑再石捐肾。王三花看在眼里，痛在心上，她把家人招集到身边说："你们的爸爸妈妈年纪大了，为儿子捐肾，是父母应尽的责任。咱们是农民，以种地为生，没有劳动力，咱们的日子怎么过呢？你爸爸是家庭的主要劳动力，以后咱们的家还得靠他支撑。所以，如果我合格，就捐我的。"儿女和亲属们一听，都被感动得哭了。他们为拥有这样伟大的母亲而骄傲、自豪。

其实，王三花已不是第一次提出为儿子捐肾的想法了。在儿子刚住进济南军区总医院时，她就跟丈夫提出了这个想法。因为她年龄太大了，丈夫当时就表示反对。此时此刻，王三花看着危在旦夕的儿子，再也坐不住了，她要求丈夫马上联系医院为她做检查。

王三花说："上最好的济南军区总医院，听说咱北庄许坡村一位五十多岁的老人为自己的儿子捐肾效果不错。"没有钱，王三花当机立断：先借一部分，再卖房子。"一位农村母亲从哪里来的力量，两个字：母爱！

不久，在济南军区总医院，肾移植中心很快就为他们母子做了配型试验，结果显示各方面的条件都非常适合。听到这个消息后，王三花兴奋地掉下了眼泪。

据济南军区总医院的主治医生介绍，因为这项手术是活体肾移植手术，要经过取肾、修肾和植肾三个过程，实际上是同时进行两项大型手术，手术难度大，技术要求高，也存在相当大的风险。对普通人来说，一个肾足以提供正常日常所需，但捐肾后人体肾脏储备减少一半，还是存在一定健康风险。虽然亲属间肾移植实属无奈之举，但它是解决供体缺乏的有效方法。亲属间肾移植存在万分之三的死亡率以及并发症、感染等风险，所以在实施前一定要慎之又慎，高度重视供者所承担的风险，确保不发生捐献者死亡的悲剧。以王三花的年龄做这么大的手术在医学上也是一个严峻的挑战。为此，医生多次向王三花讲述手术的复杂性和风险性，并从伦理学、专业技术等多个层面分析手术的可行性和可能存在的后果。

然而王三花却十分坚决："作为母亲，因自己儿子年龄还小，以后要走的路还很长，他还有一个8岁多的女儿要养，他本人又需要工作养家糊口，我又不能看着我自己的儿子每天靠血透过日子，再等下去可能很难救他了，所以我决心捐个肾给自己的儿子。"医院组织相关多个科室主要负责人进行了多次大会诊,并反复讨论手术方案,划分手术小组,进行各项检查。

经过一系列精心准备,手术于6月8日上午开始。经过漫长的三个小时手术做得十分成功,王三花刚被推出手术室,母亲的肾便开始在儿子体内正常工作了。

据负责此次肾移植手术的主治医生介绍,郑再石母子俩的身体恢复得很好。虽然郑母年事已高,但肾的表面质地很好,输尿管完整无病变,且由于她长期干农活,血管弹性还很好,估计这颗"母爱之肾"能在儿子体内工作20年之久。

爱心在生命中延续

郑再石换肾手术成功,母子均在康复中的消息传来,枣庄中联公司职工欢呼跳跃,好像庆贺母亲节提前到来似的,到处洋溢母爱的温情。

6月28日的《齐鲁晚报》、山东新华网、中国新闻网、《中国建材报》、《鲁南晨刊》等国家、省市新闻媒体纷纷在显著的位置以《6旬老母捐肾救子手术很成功母子均在康复中》为标题报道了枣庄慈母王三花捐肾救子的事迹。这一切感动了齐鲁大地,网友馨香一缕随即发表感言:"昔有孟母三迁择邻处;今有王三花割肾救子。郑再石你要好好地活着,为你的女儿,你的母亲,为所有关心支持你的人……"

人们都被这位平凡而伟大的母亲所感动。大家纷纷慷慨解囊相助。山亭区政府的一位领导亲自登门捐款10000元,山亭街道办事处的一位负责人送来2000元,青石岭村的张老板捐款2000元,郑再石的5

记者在采访换肾成功的郑再石

位同学专程赴济南看望他,每人捐款1000元……闻讯而来的亲戚、朋友纷纷解囊相助。另外,郑再石患病期间也得到了社会有关单位的救助,市中区工会救助1400元,获得中央财政救助800元。至今,社会各界累计捐款达16万余元。

郑再石的病情一直牵动着他所在工作单位枣庄中联水泥有限公司领导和员工伙伴们的心。6月18日,公司党委副书记冯相德、工会主席种化祥和生产部经理刘相奎一行3人专程赴济南军区总医院,看望了成功实施换肾手术的郑再石母子,再次将捐助的1万元现金交到郑父手里。同时,公司专门设立了"扶贫济困救助基金"。3年来,累计救助郑再石8万余元,助其平稳渡过了大病难关。公司领导还积极与有关部门协调他的医疗保险费用报销事宜,为其办理了职工大病救助保险。

据了解,郑再石母子的肾脏移植手术虽然成功了,但换肾手术花费10万余元,现在每个月还需要7000元的后续治疗费。如此巨额的费用,对于困境中的郑家无异于天文数字。但郑母表示,最困难的时期已经过去了,一切都会好起来的。

战胜困难 鼓励儿子回报社会

7月3日,王三花和儿子一同出院。王三花勉励儿子:"你只是比正常人多吃了几粒药!一切都变好的。"正是在父母亲殷殷关爱和一次次鼓励下,儿子的身体和受伤的心灵都得到了痊愈。

生活上,器官移植后的人有许多东西需要忌口,比如豆制品、肉类等都不能吃,为此,这些以前全家人爱吃的食物,再也没有端上郑家的餐桌。由于儿子体质较弱,每当季节变化,特别是冷暖交替时分,稍淋上几点雨,马上就会感冒咳嗽,但是等儿子身体恢复差不多时,王三花还是积极鼓励儿子做一些力所能及的工作及参加一些社会公益活动,并争取在最短的时间内回到工作岗位上,以报答枣庄中联水泥有限公司全体员工和社会所有好心人的恩情。

8月25日，郑再石在父母亲和青石岭村领导的陪同下来到枣庄中联水泥有限公司，泣不成声地将写有"大爱无言，侠骨柔肠"的锦旗交到了总经理赵绪礼手中，感谢公司在他换肾期间给予的资金支持和精神鼓励。

母爱深厚　感动齐鲁

由中国文联、宁波市政府提供支持，中国民间文艺家协会、中国伦理学会、宁波市江北区人民政府联合腾讯网举办的"首届中华慈孝节——寻找当代中华最感人的十大慈孝故事大型公益活动"经过全国海选，枣庄中联水泥有限公司员工郑再石之母王三花割肾救子的事成为山东省唯一候选故事。此次大型公益活动共收到慈孝故事稿件1500余件。范围遍及全国31个省市自治区。经过专家初选的20个候选感人慈孝故事，录制宣传短片在全国媒体进行公示。广西卫视为此拍摄的专题片《六旬母亲王三花，捐肾救子给予儿子第二次生命》在该台《让爱住我家》栏目首播后，在枣庄中联水泥有限公司职工中引起强烈反响，公司迅速掀起了看专题片、投爱心票为"母爱"加油的热潮。

王三花捐肾救子的事迹感动了齐鲁，让很多人对母爱有了更深的理解，母爱与各界人士的爱心共同汇成齐鲁大地最美丽动人的交响，爱亲人、身边的人、爱社会，成了一个热点话题。

是啊，没有家庭的和谐就没有社会的和谐，没有家庭的稳定就没有社会的稳定，王三花用自己博大无私的母爱，诠释了和谐社会最深层次的内涵，展示了妇女坚强善良的精神风貌。

一个愿意用生命来给予儿女的母亲，是伟大的母亲。这厚重的爱足以感天动地。这也为天下的儿女们深深地上了一课，我们应该用什么来回报我们的母亲！

当代中华最感人的十大慈孝人物·中华慈孝提名奖

胡 兰

从侍奉双亲到关爱社会 演绎"孝"字人生

慈孝心语

乐善好施，重孝重教。"小孝孝双亲，大孝孝社会"，胡兰用自己的实际行动写出了一个"孝"字人生。

推荐单位：安徽省天长市秦栏镇人民政府
推 荐 人：王诗根

胡兰，出生在天长市秦栏镇，现为天长市秦栏镇金盾涂料有限公司总经理、共产党员胡兰在家20年如一日照顾生病的公婆；在企业以人为本，讲道德和诚信，营造了和谐"大家庭"氛围；在社会上，乐善好施，重孝重教，成为当地人人称道和学习的楷模。胡兰还先后荣获全国第二届"中华孝亲敬老楷模"提名奖、安徽省第二届"十大孝星"、滁州市"热心春蕾计划先进个人"和"敬老家庭"天长市首届"十大公益之星"。另外胡兰还获得全国"农村双学双比女能手"，安徽省"创业女标兵"、"巾帼建功先进个人"、"乡镇企业十五发展创新工程先进个人"，滁州市"优秀女性"、"三八红旗手"、"劳动模范"、"巾帼创业标兵"，天长市"优秀共产党员"、"优秀人大代表"、"巾帼创业标兵"等荣誉称号。

家庭之孝：公婆也是"亲父母"

胡兰出生在宋代大孝子朱寿昌的故乡天长市秦栏镇，浸染着孝子之乡淳朴善良之风气，令胡兰从小就在心中种下了"孝"的种子。1984年和爱人结婚后，夫妻俩就一直和公婆同住一个院、同吃一锅饭。婆婆从年轻时起身体就不好，有冠心病、胃下垂等老病，每年都要住几次院，每次都是胡兰服侍在身边。

1997年，胡兰主动辞去村妇女主任这一职务，同丈夫创办金盾涂料有限公司。从这以后，胡兰肩上的担子就更重了，既要忙厂里的工作，又要照顾身体不好的公婆。有时正为公司的业务在外打拼的时候，婆婆病重的消息传来，她也会立即放下手上的事情，赶到医院，直到婆婆病情稳定下来。

正当胡兰的企业发展蒸蒸日上的时候，灾难却接二连三地来了。2002年初，婆婆被确诊为胃癌晚期，胡兰和爱人将婆婆送到了扬州苏北医院进行手术，治疗期间，她将厂子委托给他人管理，一直陪着婆婆。那一年春天，婆婆的病情刚稳定，公公又被确诊为食道癌晚期。公公知道得的是绝症，不想让儿女白花钱，就拒绝治疗。胡兰一次又一次做他的思想工作，给他谈过去的苦，谈现在的好日子，说："钱不是问题，就是把厂子卖了，也要为你治疗，没有厂子，我们照样过日子。"做通了公公的思想工作，胡兰从厂里抽出5万元，将公公带到南京肿瘤医院手术，并且在医院陪伴了一个多月。

二老出院后，胡兰挤出时间带他们去南京、扬州等地游玩，为他们摄像、拍照，"哄"他们开心。后来，公婆的病情再次加重，卧床不起，医院放弃了治疗。于是，胡兰每天坐在二老的床前，同他们说话，为他们洗脸、洗脚、擦洗身子、按摩，邻居们都说，胡兰照顾公婆比亲生女儿还要周到。这样的生活，胡兰一坚持就是半年多，直到2005年上半年公婆相继安详地离开人世。

企业之孝：营造和谐"大家庭"

出生于20世纪60年代的胡兰，耳闻目睹了一些农村老人由于种种原因吃喝无着落，看病无钱的辛酸场景，胡兰曾从生活上关心过他们，但经济上的窘迫，还是不能从根本上解决这些老人的问题。于是，乘着改革开放和全民创业的浪潮，胡兰在1997年创办了自己的企业，她认为，办企业是自身发展的需要，也能为行善积德尽孝心提供一定的经济基础。

胡兰的企业由小变大，厂区面积从原来的2000平方米增加到现在的3万多平方米，固定资产由原来的76万元增加到现在的2000多万元，2008年实现产值8000万元，比建厂初期增长10多倍，可以说有着传奇的发展经历。但最让人敬佩的还是胡兰把孝文化带进了企业，以人为本，厚德诚信，把企业营造成了一个和谐的"大家庭"。

尽管是一家涂料生产企业，但胡兰的企业就像一个花园，鲜花、草坪随处可见。员工每天上班时间不足8个小时，周日一律放假休息。除了基本工资外，员工工龄每增加一年，每月还能多拿20元的工龄工资，企业还为工龄满5年的员工全额缴纳养老保险。因此，胡兰的企业员工基本没有跳槽的，更不存在用工难问题。由于经常和苏南的企业打交道，胡兰学习了很多先进的管理理念和方法，她结合自己孝的思想，运用到了企业。企业建立了党支部、工会、妇联和家长学校，并经常组织员工学习、活动。

特别是家长学校，胡兰夫妻俩每次都是亲自给大家上课，讲自己的事、身边的事、身边的人，教育员工如何在家做一个好丈夫、好妻子、好媳妇、好儿女、好父母，如何在社会上做一个合格的公民。

胡兰夫妇为秦栏镇特大龙卷风灾区捐款

久而久之，企业形成了一种和谐"大家庭"氛围，每名成员都积极争优比佳，一些以前有不良习惯和品行的人进入企业后，很快就被这种氛围感化。有员工子女考上大学的，胡兰都会拿出2000元的专门奖学金奖励，员工父母、亲戚有问题到企业来的，胡兰都会竭尽全力帮助解决。

社会之孝：慈善重教播爱心

2006年4月19日，胡兰企业的车子在明光市将一位42岁的农民撞死了，按照当地的赔偿标准，胡兰只需要交7万元钱即可了解此事，但她却作了另一种选择。胡兰当天就赶到明光，实地了解了死者家庭困难情况后，主动要求多赔偿1.8万元，并把死者20岁的大女儿徐玉珊带到自己的企业上班，同时，她还接徐玉珊的爷爷和外公到扬州、镇江玩了一趟。现在，徐玉珊成了企业的一名保管员，还住在胡兰家里。"大姨（胡兰）的善良和真诚让我们全家感动，本来应是仇人的两家现在就像亲戚一样相处。"提起胡兰，徐玉珊充满了感激。

企业发展了，胡兰将她讲慈善、讲孝道的思想不断在社会上传播。胡兰所在的官桥街道由于路灯经费无处着落，供电部门只好停止供电，好几位老人晚上外出时跌跤摔伤，或者被放晚自习的学生骑自行车撞伤。胡兰觉得心里不是滋味，她主动联合其他企业将路灯经费承担下来，仅这一项，胡兰每年都要缴纳5000元路灯经费。官桥街道的砂石路年久失修，晴天一身灰，雨天一身泥，老人都不敢出门。胡兰起早带晚做居民户的工作，集资30万元做路款，其中胡兰一人就捐资6万元，终于将路修好。金集镇益民村有一位老人，家庭困难，因患哮喘发病而找到胡兰，胡兰心生怜悯，当即资助1000元。胡兰又将其护送回家，并到益民村卫生室打招呼，只要老太太有病，就直接为其治疗，费用有她支付，还留下手机号码，以方便联系。目前，为了解决老人生活困难，胡兰每月发给她生活补助300元。几年来胡兰先后救助了100多位老人。

胡兰深知教育对孩子一生的重要性，她总是竭尽全力帮助那些贫困学生。朱恒衡同学是一名品学兼优的学生，可父亲的去世让他几乎辍学打工以孝敬可怜的母亲。胡兰知道后，找到朱恒衡，告诉他完成学业、学有所成才是最大的尽孝。胡兰把朱恒衡的母亲安排到自己公司上班，并承担了他上学的一切费用。从初中、到高中、再到大学，胡兰帮朱恒衡实现了愿望，度过了人生中最困难的一段时光。胡兰先后资助了5名品学兼优的贫困家庭子女读书，平均每年花费5万多元。为表示对教育的一贯支持，2007年12月，胡兰率先发起并捐资一万元，在家乡的秦栏镇官桥社区成立了"官桥教育基金会"。在她的带动和影响下，一些企业和个人纷纷捐款，在成立之始就募得资金近5万元，为官桥师生的教学积极性注入了活力。

　　胡兰的所作所为感动了很多人，也改变了很多人，不论在自己的企业，还是周边的街道、乡村，谁家里闹矛盾，她都会赶去调解，以自己的亲历亲为帮助化解矛盾，人们也总是能被胡兰所感化。正如胡兰的企业员工李萍所说："看看胡兰的为人处世，我们没有理由不去学习她，多尽孝道、多献爱心。"

　　胡兰的孝行倍添了她的人格魅力，增强了企业的凝聚力，企业发展连年上台阶。她自己也先后荣获全国第二届"中华孝亲敬老楷模"提名奖、安徽省第二届"十大孝星"、滁州市"热心春蕾计划先进个人"和"敬老家庭"天长市首届"十大公益之星"，另外还获得全国"农村双学双比女能手"，安徽省"创业女标兵"、"巾帼建功先进个人"、"乡镇企业十五发展创新工程先进个人"，滁州市"优秀女性"、"三八红旗手"、"劳动模范"、"巾帼创业标兵"，天长市"优秀共产党员"、"优秀人大代表"、"巾帼创业标兵"等荣誉称号。

　　胡兰说："能有机会奉献社会、造福乡亲、助人为乐，是我最大的光荣！"

当代中华最感人的十大慈孝人物·中华慈孝提名奖

傅 维

困苦家庭有真爱　换回幸福写真情

慈孝心语

6年的坚持，6年的艰辛，换取了一个家庭的美满和幸福。傅维用她的实际行动树立了一位新时代女性的慈孝榜样。

推荐单位：北京怀柔区怀柔镇宣传部
推 荐 人：张春华

今年27岁的傅维来自北京市怀柔区怀柔镇石厂村的一个特殊的六口之家。说它特殊，是因为这个家庭可谓"东拼西凑"，奶奶共有4个儿子，排行老大的公公由于常年生病一直没有成家，和奶奶一起生活。傅维的丈夫是奶奶在公公40岁时托人从外地抱养回来的，当时丈夫还非常瘦弱，连喝奶都不会，是奶奶含辛茹苦将还在襁褓中的他抚养成人。丈夫10岁时，智障的婆婆才改嫁给已近50岁的公公。当时家里只有年迈体弱的奶奶和丈夫能够正常生活和劳动，生活一贫如洗，及为艰辛。21岁，在绝大多数女孩还在逛街买衣服、幻想着美好爱情的如花年龄时，傅维毅然从河北丰宁嫁到怀柔，开始一心一意地照料年老体弱的奶奶和公公婆婆，操持家务，以热忱的孝心和柔弱的双臂撑起了这个天南地北组成的家庭。

爱让我们走到一起　再累也快乐

至今，傅维还清晰地记得第一次走进这个家庭的情景：老式的立柜，掉了漆的方桌，还有几把破旧的春秋椅，家里最值钱的就是一台21英寸的电视机。智障的婆婆一边择菜，一边对她嘿嘿地笑；公公则用含糊不清的话招呼着她……虽然之前已经有了心理准备，但是眼前的景象还是让她惊呆了。丈夫一边洗着全家人的衣服，一边用期盼的目光看着她，笑里充满了歉意。"家里的情况就是这样的，你都看见了。"望着丈夫那被水泡得发白的双手和真诚的目光，傅维感动了，想到母亲对她说过的话："女孩找对象不能光图有钱，还是要图人好，他能够孝顺父母，那么对你也错不了。现在条件虽然不好，但是年轻人只要好好努力什么都不怕。"这么一想，傅维坚定地对丈夫说："你放心吧，我相信真正的爱是可以超越一切的，既然缘分让我们走到一起，就让我们携手共同撑起这个家吧！"

从此，年轻的傅维真正开始体会了"上有老下有小"的滋味——累并快乐着。她俨然成了家中的一把手，勇敢地挑起家庭生活的重担。为了让丈夫安心工作，为了更好地照顾残疾的公婆与替年近八旬的奶奶减轻家务劳动的压力，傅维毅然辞去了工作，全身心地投入到照顾起全家人的生活中去，用自己的行动谱写了"久病床前有孝媳"的孝老爱亲之歌。奶奶是位勤劳和善的老人，心疼这个孙媳妇，经常帮着以前从未干过家务活的傅维操持家务。看见奶奶日见衰老的身体还要帮忙做家务活，傅维打心眼里觉得过意不去，从那时起她改变了生活习惯，每天早上5点起来为家人做早饭，洗衣服，给公婆端水喂饭、熬药按摩、洗漱更衣、倒屎倒尿，日复一日、年复一年，任劳任怨，从不嫌弃。

顺者为孝　我们就是一家人

常言道："顺者为孝"。和奶奶、公婆生活了这么多年，即使偶尔老人有严厉过分的言语行为，傅维也是一如既往地用真诚的爱心与孝心去对待他们，以求换得他们的理解。

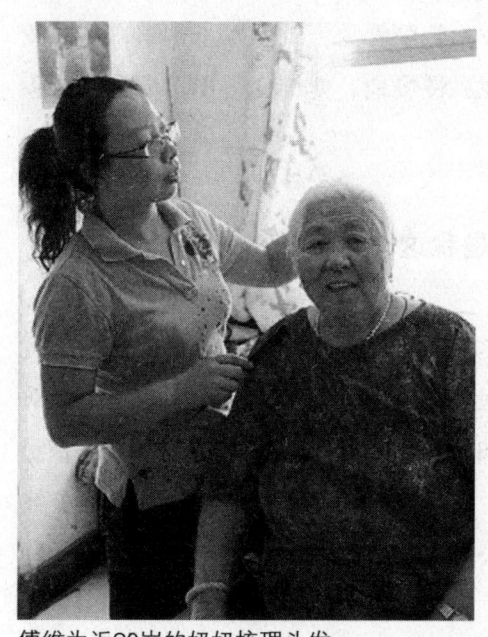

傅维为近80岁的奶奶梳理头发

傅维是河北姑娘，丈夫是北京人，两个地方口味不同，起初做饭时因没有经验，着实费了些心思。公公偏瘫，又有高血脂、高血压等疾病，长期卧床，因此脾气难免暴躁，旁人的百般照顾有时换来的却是无休止的谩骂。由于医生建议他少吃些油腻的食物，当傅维提醒公公少吃点肉时，公公把筷子往桌子上一摔："我不吃了，死了得了。"听了这话，她耐心地向公公解释："爸，您别生气。不是怕您吃，是为了您身体着想啊！"

有一次，傅维把饭盛到碗里送到公婆面前，没想到公婆嫌饭菜不好吃，将碗一把推到旁边，饭菜撒了一桌子，委屈的泪水溢满了傅维的眼眶。遇到这种时候，傅维就给自己打气，一个家最需要的就是包容和互相体谅，丈夫这么信任我，把整个家交到我手里，我应该做得更好一些，再好一些，不然这家就散了。从此她开始苦练做饭的手艺，跟着奶奶学，对着菜谱学，看着电视学。终于，皇天不负有心人，现在她已经能够轻松自如地做出让全家人赞不绝口、无可挑剔的既营养又可口的饭菜了。

夏天，家里的电风扇坏了，为了不让公婆热着，傅维赶紧买了个新的回来，没想到公公已经自己买了一个排风扇回来了，她说："爸，这个不是电风扇，在哪买的？一会我拿去帮您退了吧。"公公脾气上来了，一气之下把排风扇扔在地上，摔坏了。有时候傅维心里觉得委屈极了，也想过不管了，爱买啥就买啥吧！但转念一想，公公身体不好，我这个做儿媳的怎么能跟老人家较真呢。再说，我不管谁管呢，既然嫁进这家，从此我们就是一家人了，有什么好抱怨的呢！慢慢地，傅维变得不再那么多愁善感，又恢复了以前开朗的性格。

你们在我的身边　就是我这一生最大的幸运

婚后的第二年傅维怀孕了，对这个家来说是个天大的喜事。谁知天有不测风云，公公突发脑梗塞住进了医院。虽然孕期身体反应不适，但面对病中的公公、无法料理家务的婆婆和已年迈的奶奶，她还是拖着越发笨重的身体在家里和医院之间来回奔波。在她的悉心照料下，两个月后公公终于转危为安出了院。然而病好后，公公的行走变得比以前更困难了，她和丈夫一有时间就搀着公公出门散步。过了一段时间夫妻俩又买了一辆三轮车让他以车代步，老爷子不仅通过骑车锻炼了身体，更把它当成了一种乐趣，每每空闲都会骑着三轮车到附近公园里转转。看到公公开心得像个小孩子似的，傅维心里比什么都高兴。

2003年由于水源九厂临时管道占地，傅维一家搬进了楼房，全家人十分高兴，但是公婆住惯了平房，住楼房很不适应。特别是公公腿脚不便，上下楼都需要有人搀扶着。而婆婆由于智力障碍的缘故，找不到自家楼层或者打不开家门的情况时有发生。有一次婆婆吵着非要一个人下楼，傅维不放心只好隔着窗户盯着楼底下，等了许久也不见婆婆出来，这下可把傅维急坏了。她边找边喊，生怕婆婆走到顶楼发生意外。跑到楼顶不见婆婆的身影，傅维彻底慌了，又赶紧往下找，最后终于在地下室找到了气恼的婆婆："门在哪呢？怎么都出不去啊？"婆婆一遍一遍地埋怨着，看到她没事，这时傅维悬着的一颗心终于落了下来，这时才发现自己两条腿早已酸痛得抬不起来了。后来为了解决这个问题，傅维想到把家里的楼牌号和电话号码写在纸上，放到他们的口袋里，方便日后再有意外发生时二老能够安全顺利地回家。再遇到这种情况，傅维只能像哄小孩似的哄着他们消消气。她经常开玩笑说，老人家年龄大了就跟小孩子一样，越活越小，不哄怎么行呢，谁能没有老的时候啊。我庆幸的是他们都还在我身边，能够让我来照顾他们，这已是我最大的幸运，千万不要等到失去了才开始追悔莫及。

奶奶，现在我终于可以尽上这份孝心了

　　傅维从小跟着奶奶一块儿生活，所以对老人的脾性极为了解，一点也不觉得和老人家难以交流。结婚前傅维的奶奶去世了，她总想，奶奶生前对我那么好，可是我还没让奶奶享上清福就离开了，这成为十分孝顺的傅维心里最大的遗憾。她说："我嫁到这个家来，上天又赐给了我一个奶奶，看到奶奶我就觉得特别亲切，特别熟悉，现在我终于可以尽上我那份孝心了。"

　　2007年，77岁高龄的奶奶身体开始不如以前了，为了照顾好奶奶，傅维把年仅2岁半的儿子提前送进了幼儿园，每天看着年幼的儿子那不舍的眼神，傅维心如刀绞。有一回儿子眼泪汪汪地对她说："妈妈，我不想去幼儿园，我想妈妈。"听到这番话从儿子口中说出，傅维心疼极了。她在心里默默地对儿子说："宝贝，其实妈妈也舍不得让你这么小就去幼儿园啊。"可一想到奶奶的身体，傅维还是狠下心把儿子送去了幼儿园。

　　秋冬时节，奶奶因哮喘不得不住进医院。白天，一方面要去医院陪护奶奶，一方面要回家里照顾生活无法自理的公婆，傍晚还要去幼儿园接回年幼的孩子。一边带孩子，一边操持烦琐的家务，巨大的压力让傅维几乎喘不过气来，辛酸、委屈一阵阵袭上心头。她也抱怨过，迷惘过，也常常一个人在没人的角落里徘徊，思考着自己以后的生活。那段时间傅维常想，我这是图的什么呢？这样的日子什么时候是个头呢？我嫁到怀柔这么多年了，可怀柔对我来说还是陌生的。为了这个家，我基本失去了与外界联系的机会，每天的生活重心都是围着3位老人，围着灶台，围着这个家的里里外外的琐事转。难道我的人生就要这样一直过下去吗？可是一想起丈夫那真诚的眼神，想起奶奶慈祥的面孔，公婆憨憨的笑容，儿子稚嫩的童

声,想起当初对这个家庭所做过的承诺,又着实让她品尝到了生活重担之下的丝丝甜蜜。慢慢的,傅维的心渐渐平静下来,也许这样的生活的确辛苦,但在辛苦付出后,得到的却是一家六口人的满足与幸福,这世上还有什么能比家庭的欢乐更重要呢?还有什么能比亲情更加弥足珍贵的呢?

现在,傅维每天都会陪奶奶去公园散步聊天,看到奶奶脸上的笑容是她最快乐的事。每天她依然要照顾残疾的公婆和年迈的奶奶,照顾老人的三餐起居,家务依然是双倍的,生活艰辛,她却不再觉得痛苦与迷惘,只要看到老人和小孩健康快乐,再多的苦都是值得的。俗话说:"养儿为防老,不养儿不知父母恩。"现在,她为人母了方知抚养孩子的不容易,也就更能体会到当年奶奶还在襁褓中的丈夫抚养成人的艰辛了。

宝贝,你是妈妈的骄傲

这样,傅维也给孩子树立了一个很好的榜样。她认为,父母的言语和行为时刻影响着孩子的身心发育。如果身为父母的自己都做得不好又如何能以身作则去引导孩子做正确的事呢?她对孩子从来不过分溺爱,而是培养孩子既懂事,又有独立的性格。尽管生活辛苦,但是该买的东西傅维还是会尽量满足孩子。傅维说我这几年亏欠孩子太多,像他这么大的小孩还在妈妈面前撒娇,闹着要礼物要出去玩呀,可他已经开始懂得心疼妈妈,时常说妈妈你不要太辛苦了这样的话儿。有一回,傅维的姐姐带侄子去超市,小宝贝只拿了一袋牛奶,傅维的姐姐说:"宝贝,再多选些别的呀!"他懂事地用奶声奶气地声音拒绝到:"不要了,阿姨。妈妈说花太多钱不好。"姐姐回来后对傅维提起这事,傅维心里又欣慰又心疼。她还一直教育孩子要孝顺爷爷奶奶,她说慈孝一定要从小抓起,父母辛辛苦苦把我们养大,我们长大了怎么能忘恩负义不去孝敬父母呢?中午吃饭时奶奶抱着小曾孙,小宝贝仰着稚气未脱的小脸蛋夹着面条就往奶奶嘴里送,天真可爱的样子让人看着心里软绵绵的。一家人都说他现在是家里的贴心小棉袄。

常言道：一夜夫妻百日恩，百日夫妻似海深。傅维从没有因为生活上的苦和丈夫抱怨过，丈夫虽然没有过多的甜言蜜语但对妻子关爱有加。两个人都说这是修来的福分，小日子虽然不富足但也过得和睦美满。和所有的家庭一样，小两口也会为了孩子的事闹别扭。憨厚耿直的丈夫心疼傅维，觉得妻子嫁进来后为这个家操劳得太多了，照料整个家庭的重担都压在了她一个人柔弱的肩膀上。因为工作的缘故自己经常不在家，给她的太少了，实在是对不住妻子，所以回家的时候都会抢着揽下家中的活，让傅维抽空回娘家看看父母和朋友或者出门逛逛街，放松一下心情。傅维开玩笑说，我们现在是轮班制，他不在家我就值班，他回来了我就休假。孩子难免有调皮的时候，丈夫训斥孩子不要让妈妈太操心时，傅维心疼孩子，有时不乐意了就会和丈夫争论起来，为这事夫妻俩没少闹别扭。但是傅维性格大大咧咧，老公心眼又好，这些小情绪在两个人之间一下子就过去了，不到一会儿又好得跟一个人似的。

她对生活的最多表达是"习惯了"

在石厂村的一处平房里，刚刚午睡醒了的公公尿湿了裤子，他坐在床上用含糊不清的话说着什么。"您是想换一条吧？"傅维边问着，边熟练地从衣柜里取出了干净的裤子，麻利地帮公公换上。她一边换，还一边开着玩笑："您最近有点胖了吧，裤子有点小，赶明儿再给您买一条吧。"老人咧着嘴嘿嘿地笑着点了点头。拿着公公刚换下的尿湿的裤子，傅维走到院里的水池前，轻轻地用肥皂搓洗起来。10多分钟后，散发着肥皂味儿的裤子已经挂在院子里了。"我看不惯脏衣服堆着不洗，只要看见有换下的就赶紧洗。咳，习惯了。"

傅维淡淡地说着这些，起早贪黑，忙里忙外，这一切对她来说已经是她生活中重要的不可或缺的一部分。是的，对傅维来说，这些都已经"习惯了"，习惯了像个快乐的陀螺一样围绕着家庭唱着一首又一首平淡却快乐的歌谣。

她总是这样爽朗地笑着，浑身散发着轻松与愉快的气息，和她讲话会让人身上所有的烦恼与不快乐刹那间都烟消云散了。在这6年不长也不短的婚姻生活中，傅维牺牲了许多东西，可她还是一如既往坚持着，笑着。现在你看到的傅维成长得越发自然，真实，不再彷徨。她最大的愿望就是家人能够身体健康！对于傅维来说，拥有一个健康快乐的家庭就是她这一生中最大的财富！

当代中华最感人的十大慈孝人物·中华慈孝提名奖

莫欣萌

智慧妈妈和智慧女儿

慈孝心语

　　身为母亲，她为儿子照亮成长之路；作为女儿，她把阳光带进了母亲的老年生活。当亲情融入了智慧，就能给家人带来更多的幸福。

推荐单位：广西电视台《让爱住我家》栏目
推 荐 人：潘　力

　　莫欣萌，女，今年49岁，是广西南宁市的一名公务员；经济师、高级政工师，在职研究生毕业；民建会员，民建南宁市委会专职副主委兼秘书长；民建市委会经济工作委员会主任、妇女工作委员会主任。2004年，她用快乐教育方法，使孩子张驰成为品学兼优的好学生，保送清华大学，被媒体誉为"智慧妈妈"；2008年，她用快乐疗法和精心护理使妈妈变得"年轻"，又被媒体誉为"智慧女儿"。由于她成绩突出，莫欣萌于2005年荣获"为国教子以德育儿全国好家长"、2006年荣获"中国百名优秀母亲"、2007年荣获"当代十大孟母"与"广西十大孝心人物"等荣誉称号。

莫欣萌，女，今年51岁。广西南宁市政协教科文卫体委员会副主任，南宁市政协常委，南宁市政府特邀监察员；在职研究生毕业，经济师、高级政工师、国家二级心理咨询师；中国民主建国会会员，民建中央妇女委员会委员，民建广西区委妇委会主任。

身为母亲，她用快乐的教育方法陪孩子长大，儿子张弛如今已从清华大学本科毕业，并继续在清华读研。身为女儿的莫欣萌，她以快乐的心态理性行孝，陪伴妈妈走完人生最后的旅程。曾被媒体誉为"智慧型妈妈"的她，又成了"智慧女儿"。

莫欣萌的母亲名叫黄霞飞，1985年从广西大学退休。20世纪90年代，原本就有高血压的老人，又先后患上了帕金森综合症和脑萎缩。自1990年在广西大学工作的父亲病故后，母亲多年来大多数时间住在柳州的大儿子家，得到儿子媳妇的精心照料呵护，过着令人羡慕的晚年生活。2007春节期间，莫欣萌把妈妈接回南宁，她要在妈妈有生之年，好好地尽尽孝心。

为了母亲：心存感激传真爱

莫欣萌的乐观性格和对待困难的勇气来自于父母从小的熏陶。1970年，莫欣萌的父母支援三线建设从天津电气传动设计研究所来到位于广西河池金城江的广西水力发电设备厂，那时莫欣萌还不满12岁。住在山边的石头房子里，不但开门见山，躺在床上也能见山。种菜、砍柴、养鸡，和邻居小姑娘结伴去上厕所……。最记得的是母亲操持一日三餐的情景：当时天津已经用上蜂窝煤，而山区烧柴火，刚开始母亲由于掌握不了在地灶上煮饭的技巧，不是弄得灰头土脸，就是把饭煮糊了不能吃。生活条件较艰苦，但爸妈从无怨言，不但工作上年年当先进，还带着孩子们上山采野花、下河游泳、骑自行车看风景、到子弟学校打乒乓球。简单的日子过得有滋有味。长大后莫欣萌才明白，其实当时父母承受的压力是很大的，但他们笑对人生际遇，凭良心做好自己的工作，并影响着孩子们保持乐观心态，健康成长。莫欣萌曾在壮乡插队三年三个月，妈妈会在农活最忙的

"双抢"时节，请假住到女儿的知青房去，帮女儿做饭洗衣服，修改放农忙假的农村老师们纷纷送来的宣传稿。为的是让女儿能在干了一天活后早点吃饭，然后去大队的广播室播稿子。挑灯夜战的农民们，听着田间地头高音喇叭里鼓劲的声音，忘记了疲劳，而母亲也备感欣慰。

从父母身上，莫欣萌学到了乐观的人生态度；从哥哥嫂子身上，莫欣萌学到了处处用心的尽孝方法。她暗暗发誓，一定要尽最大努力，帮助母亲减轻病痛，有尊严地走完人生最后的旅程。所以，当母亲被确诊为需要动手术才能治好的脊柱结核后，跑了几家医院、因为思绪太乱驾车时产生误操作而冒出一身冷汗的莫欣萌，坚强地擦干眼泪，打起精神开始做母亲的思想工作。为了让她能得到更好地治疗，莫欣萌耐心地跟医生沟通，争取谅解并为妈妈办理转院。谁知临到动手术的日子，很权威的医生却告诉她：老太太的身体太虚弱，不能开刀！医生的话让莫欣萌感到非常难过，她觉得好不容易帮妈妈克服了恐惧，又不能上手术台了，妈妈心里该有多绝望啊。她马上体会到"子欲养而亲不待"的无奈，却有一百个不甘心。为了让母亲坚持保守治疗，她又一次为老人家转院，并在心底里做好了打持久战的准备。

因为还在上班，不可能时时陪在母亲床前，莫欣萌为老人请了陪护，并以感恩的心对待她，关心她的饮食起居，经常当着众人的面，夸奖她为母亲所做的一切，还为她从广东回来的儿子找工作；她经常为护工和母亲拍照，把照片洗印装册，放在母亲床头，让陪护拿给老人家一同欣赏。广西五十大庆，街上到处花团锦簇，莫欣萌专门开车带陪护到处转转，拍了好多照片。当有人觉得她为一个护工做这么多没有必要时，莫欣萌很明确地说："人心都是肉长的，你对护工好，她自然会对你家老人好。而且，任何时候，都要心存感激，感谢那些为你付出劳动的人，这很重要，是一种美德！"

因为需要保守治疗，莫欣萌把妈妈从广西医科大附属医院转到了南宁市中医院。这里的硬件设施不是最佳的，环境也不太好，但医生和护士们都很尽心尽力，也很有亲和力。为了表达自己内心的感激，莫欣萌常常毫不掩饰地表示对他们的绝对信任和依赖，相信他们能治好妈妈的病，并经常向他们了解病情，以便调整康复手段和饮食。有了家属的理解和支持，医护人员的信心更充足了，治疗效果也较理想。

莫欣萌的两个兄弟都不住在南宁，为了让他们能够及时了解母亲的情况，她写博客、发电邮或短信；亲戚们也非常关心母亲的病情，每每问及，莫欣萌都会详细解答；她的几位好友会时常去医院探望她的妈妈，偶尔当她因公出差或晚上不能去医院时，就会有朋友轮流过去陪伴老人。

众人的关爱对病中的老人是很好的安慰。明白事理的母亲知道：大家都在关心她、牵挂她，都希望她早日康复，所以一直都很有信心。每当莫欣萌问她"要活到一百岁，还差多少年？有没有信心？"时，老人都能准确地算出来，并大声回答"有信心"！

看到母亲开朗的笑容，莫欣萌的心里特别舒畅。

为了母亲：活学活用见真效

孝敬老人，光有理念是不行的，还必须付诸行动。然而，自己尚未进入老年，无法准确理解老人的心态和掌握他们的需求。所以，莫欣萌决定：要行动，要更好地走进老人的精神世界，就必须先学习。

2007年5月，莫欣萌考取了国家认证心理咨询师。在此前的复习备考中，她阅读了大量的心理学书籍；在广西医科大附属医院的心理门诊实习期间，也接触到不少病例，积累了一些经验和知识。她还经常上网邮购图书或到广西图书馆借阅那些人体经络穴位按摩、健康饮食、中医养生、帕金森、脑萎缩等相关知识的书籍，还自学了音乐疗法和国家认证营养师的考级教材，并根据母亲的病情发展（用药后产生副作用），上网查阅大量有关肺炎、尿路感染、皮肤病以及脊柱结核等疾病的护理资料。从中央电视台的《心理访谈》节目和邮购的《心理医生手册》中，也学到了不少与老年人沟通的方法。当她的头脑中有了科学的"理论武装"，行动上就有了明确的目标和正确的方法。

首先，为母亲配制营养餐。五谷杂粮、蔬菜水果、肉蛋、坚果、各种调料，还有"食药同源"的中药材……她把从书上学来的营养食谱，先在家做出来自己尝试，果真没有不良反应，就总结经验，做成更好的给妈妈吃。由于这些食谱大多有严格的烹制流程，营养丰富，通常是熬制一碗看似简单的粥（到后期是再磨成糊状），有时要放入20多种食材。科学的食疗，使老人家虽然重病在身又长期卧床，却一直保持较好的胃口，且嘴唇红润、眼睛明亮，气色不错。病友中不时有人患上感冒或肠胃不适，可她的妈妈却从未发生。最令人惊喜的是：老人家的头上竟然又长出了毛茸茸的黑头发！

其次，对母亲进行精神护理。通过学习心理学，莫欣萌知道：病人的康复，不单只是躯体方面，更要注重心理上的健康。因此，她除了时常给妈妈以精神鼓励外，还针对她喜欢看小说的特点，为她朗读少儿版的《红楼梦》和《读者》杂志上的小美文；为了帮助妈妈保持口齿清晰，她打印唐诗让妈妈每天朗读（后来发现老人家竟能背诵呢）；为了让妈妈关心国家大事，她安排妈妈每天收听中央人民广播电台的"中国之声"节目；为了让妈妈能听到她以前熟悉的老歌，莫欣萌买了从20世纪50年代到90年代的怀旧经典歌曲集的磁带，让妈妈一边听一边跟着打拍子；想着母亲是一个老党员，每年年初都特积极地催着她去广西大学交党费，在党的十七大胜利召开当天，莫欣萌便用特大号的字体，打印了胡锦涛总书记报告中的主要内容，送到妈妈病床前，让她"组织大家学习"；哥哥的儿子在单位刊物上发表了文章，莫欣萌也拿去读给妈妈听；自己的儿子出书了，她第一时间就告诉了妈妈，让老人家从内心里为孙辈们的成绩而骄傲。

第三，为母亲进行康复训练。莫欣萌认为身体的锻炼不能靠临时抱佛脚，也不能全都依赖别人。所以，妈妈住院以前，她经常给妈妈编写"康复训练课程表"，让她对照着做练习。妈妈也像听话的小学生一样，每天都"照表操课"地按要求全身上下做活动，逐渐改正了一些不良体态，从而减缓颈椎腰椎的疼痛。住院之后，特别是因脊柱结核采取保守治疗而绝对卧床时，她教会陪护每天为妈妈做全身按摩、梳头、揉耳朵、烫脚，每晚送去营养餐，她又重点按摩一些从书本上学来的、经过向针灸医生咨询、确实安全的穴位。因此，虽说妈妈长期卧床，却安然度过了潮湿的春天、炎热的夏天和干燥的秋天，更度过了南宁几十年不遇的高寒冬天，身上没有生褥疮，四肢肌肉的萎缩进度也比较缓慢。卧床初期妈妈曾患上了肺炎，治好后为了扩大肺活量、增强抵抗力，她专门去公园里买了一种叫"吹气小辫子"的儿童玩具，鼓励妈妈练习吹气。看到妈妈卧床太久下肢运动不够灵活，她又亲自设计并辗转请人制作了可以让妈妈躺着做踩自行车脚踏训练的架子，增加了妈妈每日锻炼的趣味性。连主治医生都惊讶地对她说：你怎么想得出那么多好办法啊？简直比我们的办法还管用！

第四，尝试音乐疗法。自从莫欣萌从书上了解到"音乐疗法"是一种十分有效的辅助治疗方式后，她就给自己加了一个活儿：每天中午休息时，用MP3从电脑上下载轻音乐及经典民歌，晚上拿到医院，接在先生专门为妈妈买的既可收音又能放磁带，还能接CD和MP3的"大声王"上，让妈妈在愉悦的音乐中享受营养美食。有时她也会应同屋病友的邀请，唱歌给大家听。每到这时，妈妈总是很自豪，不断地为女儿鼓掌，脸上也一直挂着笑容，精神状态特别好。后来，莫欣萌买了便于携带的葫芦丝，每晚带到医院吹给妈妈听，还逐句教会陪护唱好几首歌，在病房里经常"微型演出"呢。2008年6月13日，老人家遵医嘱"绝对卧床"一周年，因为恢复的较好，获准坐起来啦。莫欣萌喜出望外，邀了几个朋友，带着乐器，在病房里举办了一个小型音乐会。

第五，学习"孟母三迁"，营造良好环境。我们都知道，当年孟母三迁，是为了给孩子创造良好的成长环境，让他健康成长。老人住院19个月，莫欣萌帮她转过两次医院，所以老人一共住了四个科室的三家医院。在病房里，为了让妈妈能够躺在床上享受冬日暖阳，莫欣萌在征得护士长同意的前提下，数次调整妈妈的床位，让她跟着一年四季不同方向的太阳转。后来可以坐轮椅了，她又找人制作了特殊的支架，让妈妈头颈都靠得很舒服，平时带妈妈到走廊"东张西望"，天气暖和的早晨，带妈妈到楼下逛步行街，双休日，带妈妈到广场看人家唱歌跳舞练太极……

在女儿和家人的共同照顾下，老太太奇迹般地慢慢康复着：白发变灰、新生黑发、眼睛"贼亮贼亮的"、没生褥疮！尽管脊柱结核这种"消耗性疾病"令老人后期骨瘦如柴、慢慢发展成四肢僵硬，但老人家胃口一直很好，脑子也保持清醒。每月例行拍片和抽血检查，各项指标也都基本正常，显示出强大的生命力！

为了母亲：快乐孝行勤分享

莫欣萌很喜欢这样一句话：爱一个人，就是要让她快乐！

因为爱孩子，莫欣萌想出很多方法让儿子快乐成长。为此她曾先后获得"南宁市优秀家长标兵（1998年）"、"为国教子以德育儿全国好家长（2005年）"、"中国百名优秀母亲（2006年）"和"全国十大当代孟母（2007年）"等荣誉称号。为此莫欣萌很感欣慰：她说：在儿子的成长已经进入"良性循环"、不需要我更多操心的时候，我要抓紧时间，为妈妈多做一些事情。

莫欣萌说："老年人进入人生暮年，如同下坡的车子，走向生命的尽头，速度有快有慢。这是自然规律，无法阻挡。我们能做的是调整心态、接受现实。同时，想尽一切办法帮他们'刹车'，让他们往下滑得慢一点，尽可能减轻病痛的折磨，让生命更有尊严。"接受采访说这话时，莫欣萌眼里闪着泪花。她说，"倾力反哺，及时尽孝"是她的"敬老理念"。她盼望母亲能长命百岁，所以从一开始就做好了"打持久战"的心理准备。

别看莫欣萌每天都往医院跑，但她的内心一点也不孤单。她的先生也非常孝敬老人，在她一次次为母亲配制营养餐的过程中，先生给了不少好的建议和行动上的支持。双休日只要不出差，就一定会去医院探望；远在美国的弟弟经常来电话问候母亲，在柳州工作的哥哥嫂子也时常叮嘱她不要太累；在深圳工作的侄子一有机会出差来南宁就去医院看望奶奶；儿子更是在她为母亲的病感到焦虑和沮丧时，给她以"隔代人"理性的支持，这些都令莫欣萌十分欣慰。2008年11月，莫欣萌的哥哥一家三口、弟弟一家四口分别从柳州和美国回到南宁来了看望妈妈，病入膏肓但头脑仍很清楚的老人家在那些日子里一直乐得合不拢嘴，尽享天伦之乐的母亲使莫欣萌觉得自己做了这一生最有意义的事！

一个快乐两个人分享，就变成了两个快乐。为了记录自己和妈妈的快乐，莫欣萌先后在网上写了400多篇博客，记录跟妈妈在一起的快乐时光。从她博客中的点点滴滴，我们可以看到这位智慧女儿对母亲深深的爱：

2007年5月14日（住院之前——编者）：

妈妈现在能自己起床和躺下了，所以，总想尽量自理，减轻护士的劳累。结果呢？就常常高估了自己的能力。半夜睡得迷迷糊糊，起来上厕所，"办完事了正往外走，不知怎么回头看了一下，就摔倒了"，说这话时，妈妈还在不服气呢。

嗨，不管怎么说，节日，还是要快乐的。想带妈妈出去吃饭，她担心走不稳坐不住，就算了。儿子说过：对老人的"好"，主要是体现在"满足她的愿望"。希望明年的这个时候，能带妈妈出去到处转转，看一场电影。

2007年6月7日（住院初期——编者）：

昨晚去看妈妈，照例是问问"今天是怎么过的？听到什么新闻？扎针灸了吗？中药泡脚了吗？打吊针了吗？做烫疗了吗？"……妈妈最爱说的话是：忙乎乎的又过了一天。汇报完毕，妈妈就对小潘说：咱们唱歌吧。于是，我和小李（陪护）站在她病床的两边，小潘（小李的丈夫）站在床角那边，我们几个人一起唱歌，妈妈边唱边打拍子。想想啊，一位身穿病号服的老太太，斜靠在床上，虽然有气无力，但兴致盎然，"指挥"着我们，唱了一首又一首：《社会主义好》、《歌唱祖国》、《我们的队伍向太阳》、《红色娘子军》……

生老病死乃自然规律，没有人能够和岁月相抗衡。无论家人如何精心照顾，无论女儿如何不舍，常年多病缠身的黄霞飞老人还是一步步地走向了生命的尽头。2008年的圣诞夜，老人在睡梦中驾鹤西去。莫欣萌帮她擦身穿上寿衣后,"乐回天家"的老人原本眯着的眼睛睁大了,满含笑意……

回想和母亲在一起的日子,莫欣萌感到无比的快乐和幸福。她说:每当别人说到妈妈因为有我这样的孝顺女儿而"好幸福"时,我同时想到的是:我才是真的幸福,因为我在孝敬妈妈的过程中,获得了精神上的充实感,感受到了敬老的人生意义。

为了有强健的身体和充足的精力照顾妈妈,莫欣萌比以往任何时候都更加自觉地锻炼身体(比如每天晚上骑山地车去医院);为了能和更多的同龄人一起探讨孝敬老人的方法,在民建广西区委领导的支持下,她在重阳节到来之际主持了妇委会的"敬老沙龙"。姐妹们各自谈到许多孝敬老人的小故事、好经验,大家都互受启发;在平时与人交谈中,她也会不由自主地把话题引到孝老爱亲方面。常常有人获益于她的见解和方法,马上行动:或给家中老人打电话关心问候,或讨要她的"营养配方"为家中老人调理饮食。

尽管在全力照顾妈妈的过程中,莫欣萌停下了自己一系列的业余活动,但她觉得她做的是为人女儿最应该做也特别想做的事情,并且也收到了一定效果,换来的是妈妈色彩缤纷的幸福晚年和她老人家脸上时常挂着的微笑。

"当今社会已经进入老龄化,关爱老人,让他们度过幸福晚年,是我们每个做儿女的义不容辞的责任。同时,这也不再仅仅是一家一户的愿望,而是关系到构建和谐社会的大课题。这一系统工程,需要我们每个人身体力行地去思考、去实践、去交流、去提升。"

莫欣萌精心照顾母亲的事迹感动了很多人。2007年,她被广西壮族自治区妇联等单位评为"广西十大孝心人物"。相信她的理念,一定会传递到每个需要关爱及快乐的地方!

下卷　媒体报道篇

800万张选票推选出的慈孝人物故事

一本让一代代人永远读下去的书

一本让所有人读后都落泪的书

一本让所有家庭都受益的书

一本从20个活鲜的感人的故事全面诠释中华慈孝文化精髓的宝典

一、征集故事阶段报道

1. 新华社：我国首届中华慈孝节将征集十大慈孝故事

据新华社北京7月7日电 记者日前从中国伦理学会获悉，将于2009年10月26日在浙江宁波举行的我国首届"中华慈孝节"，开始面向全国及海内外征集十大慈孝故事（人物）。

为进一步树立孝亲敬老的高尚道德情操，中国文联民间文艺家协会、中国伦理学会、宁波江北区政府等部门联合举办了首届"中华慈孝节"。作为中华慈孝节重点活动之一，"寻找当代中华最感人十大慈孝故事（人物）公益活动"，将面向全国及海内外征集慈孝故事。

征集的慈孝故事将通过组委会及专家的初复选后，将在电视、网络、报刊等媒体公示，接受网友、读者的投票，根据票数选出当代最感人的十大慈孝故事（人物），并在10月26日举行的颁奖晚会中对故事主人公进行表彰。（李菲）

2. 新华每日电讯：我国首届中华慈孝节将征集十大慈孝故事

记者日前从中国伦理学会获悉，将于2009年10月26日在浙江宁波举行的我国首届"中华慈孝节"，开始面向全国及海内外征集十大慈孝故事（人物）。首届"中华慈孝节"由中国文联民间文艺家协会、中国伦理学会、宁波江北区政府等部门联合举办。

征集的慈孝故事将通过组委会及专家的初复选后，将在电视、网络、报刊等媒体公示，接受网友、读者的投票，根据票数选出当代最感人的十大慈孝故事（人物），并在10月26日举行的颁奖晚会中对故事主人公进行表彰；希望通过寻找典型的慈孝故事，倡导全社会树立尊老孝亲的现代文明孝道观和良好社会风尚。（记者王茜 李菲）

3. 光明日报：寻找十大慈孝故事（人物）活动启动

本报讯（记者肖国忠）寻找当代中华最感人十大慈孝故事（人物）公益活动近日正式启动。从6月20日至7月30日，组委会将面向全国及海内外征集慈孝故事，通过组委会及专家的初选、复选及网友、读者投票，根据票数多少选出当代最感人的十大慈孝故事（人物），并将于10月26日（重阳节）在宁波江北举行的颁奖晚会中进行表彰。

此次活动由中国民间文艺家协会、中国伦理学会联合中华慈孝之乡宁波江北主办。旨在通过寻找典型的慈孝故事（人物），引导天下父母正确教育子女，倡导全社会树立尊老孝亲的现代文明孝道观和良好社会风尚，促进家庭和睦、社会和谐。

4. 农民日报：寻找当代最感人的十大慈孝故事

作为将于今年重阳节在浙江宁波市江北区举行的中华慈孝节重要活动内容之一，寻找当代中华最感人十大慈孝故事（人物）公益活动日前拉开帷幕。

从6月20日至7月30日，中华慈孝节组委会将面向全国及海内外征集慈孝故事，通过组委会及专家的初选复选及网友、读者的投票，选出当代最感人的十大慈孝故事（人物），并在10月26日中华慈孝节的颁奖晚会中揭晓并进行表彰。

发生在您身上或者身边的慈孝故事可以通过腾讯网专题提交，或者发送电子邮件至cixiao2008@126.com邮箱。

参加此次慈孝故事征集的主人公须：思想道德高尚；爱国爱岗敬业，对社会有突出贡献；故事感人，具有典型代表意义；具有大爱大孝精神等。

此次活动由中国民间文艺家协会、中国伦理学会联合中华慈孝之乡宁波江北主办。

5. 中国妇女报：寻找十大慈孝故事（人物）活动启动

寻找当代中华最感人十大慈孝故事（人物）公益活动近日正式启动。从6月20日至7月30日，组委会将面向全国及海内外征集慈孝故事，通过组委会及专家的初选、复选及网友、读者投票，根据票数多少选出当代最感人的十大慈孝故事（人物），并将于10月26日（重阳节）在宁波江北举行的颁奖晚会中进行表彰。

此次活动由中国民间文艺家协会、中国伦理学会联合中华慈孝之乡宁波江北主办，旨在通过寻找典型的慈孝故事（人物），引导天下父母正确教育子女，倡导全社会树立尊老孝亲的现代文明孝道观和良好社会风尚，促进家庭和睦、社会和谐。

6. 中国贸易报：中华慈孝节：将征集十大慈孝故事

10月26日，首届中华慈孝节将在浙江宁波举行。

父慈子孝，是中华慈孝文化源远流长的见证。而在当今社会中，虐老、弃老、不赡养老人以及由于父母不能正确地教育子女导致孩子能力低下、人格扭曲的现象时有发生。为进一步树立孝亲敬老的高尚道德情操，中国文联民间文艺家协会、中国伦理学会、宁波江北区政府等将联合举办首届中华慈孝节。

作为中华慈孝节重点活动之一——寻找当代中华最感人十大慈孝故事（人物）公益活动，将面向全国及海内外征集慈孝故事。据了解，参加此次慈孝故事征集的主人公需思想道德高尚，爱国爱岗敬业，具有大爱大孝精神，有利于家庭关系的和睦、社会的稳定发展、和谐社会的构建和民族精神的培育。

7. 燕赵都市报：寻找最感人的十大慈孝故事我省故事最多

本报驻京记者 程福俊 作为"首届中华慈孝节"活动的重要组成部分，寻找当代最感人的十大慈孝故事公益活动已在全球范围内征集到660个故事，其中，发生在河北的感人故事就有50个，为全国最多。据本次活动主办方，中国伦理学会和"中华慈孝节"组织委员会负责人刘先锋介绍，来自北京、天津、上海、河北、河南、新疆等全国20多个省份的慈孝故事，经过组委会的严格核实，被上传至组委会的网站。

刘先锋说，河北武安藉海军少校李书杰照顾残妻病母的故事上传到网上以后，网友点击阅读的频率非常高。一个加拿大多伦多的华人网友留言道："动天之德莫大于孝，感物之道莫过于诚"，"百善孝为先"，孝是儿女向善向上的动力，是成功的阶梯，尤其是华人，哪怕远走他乡，孝是不离手的拐杖。

660个慈孝故事，河北就有50多个，这个比例为全国之最。这其中就有曾经入选"感动河北十大人物"之一的捐肝救公爹的张建霞；有用行动书写忠孝两全的人生的廊坊供电公司国家电网优秀调度员杜维刚；照料回民支队残疾老军人二十余年的饶阳县里满乡郭村田桂荣；含辛茹苦收养失明女婴14年，10多年如一日坚持为失明养女寻医求药的广宗县东街村贫困村民曹世保夫妇等等。刘先锋说，自古燕赵多慷慨悲歌之士！那是说燕赵儿女浴血疆场誓死捐躯。而在现代社会涌现出的这些平凡人，用他们的执著与坚守，用他们永不放弃的信念支撑着自己前行，这又是一种慷慨，只不过他们唱的是壮歌，是赞歌。一位网友留言：小爱无私，则能做到大爱无边。

中国伦理协会会长陈瑛强调指出，慈孝文化的根本是协调亲子关系的一种人际道德，其调节的是特殊的亲子关系，作为化解家庭矛盾和危机的手段，它保证亲情之间的和谐，能促进家庭及其他社会集体的和谐、团结及延续，对于社会的稳定和和谐有着重要的作用。另外，慈孝的培养与实践也同样是一个提高当代人道德素质的起点，是形成现代和谐人际关系的一个价值渊源，是形成和睦社会风尚、保持社会稳定的精神措施之一。同时孝与爱国主义，民族团结也密切相关，是两者的精神基础，成为中华民族精神和凝聚力的核心。陈瑛说，孝道作为传统最为根本的承载，应该得到更为重要的继承和弘扬，因为它是"纵贯祖先、父辈、己身、子孙，过去、现在和未来的链条，也是中国一切人际与社会关系得以形成的精神基础"。

8. 半岛都市报：本报全省征集慈孝故事 入围者送选中华慈孝节

"父慈子孝，兄友弟恭"是中华传统文化的精髓。为进一步传承和弘扬慈孝文化，树立新时期的父慈子孝观，中国文联、中国民间文艺家协会、中国伦理学会，联合腾讯网等网站，共同举办"寻找当代中华最感人的十大慈孝故事大型公益活动"，作为此次活动的承办方之一，本报联合半岛网从即日起，开始面向山东省征集慈父孝子的慈善故事，欢迎单位和个人积极推荐报名，符合条件者将送选中国首届"中华慈孝节"。

作为首届中华慈孝节重点活动之一的"寻找当代中华最感人十大慈孝故事（人物）公益活动"目前已全面启动，面向海内外征集慈孝故事，只要故事主人公思想道德高尚；爱国爱岗敬业，对社会有突出贡献；故事感人，具有典型代表意义；具有大爱大孝精神，有利于家庭关系的和睦、社会的稳定发展、和谐社会的构建和民族精神的培育，不分男女、不分年龄，均可报名参加。

应此次活动的组织方邀请，半岛网在青岛市网络文化管理办公室的支持下，作为"寻找当代中华最感人的十大慈孝故事大型公益活动"山东地区唯一推荐单位，负责整个山东省地区的征集、推荐工作，山东地区的所有报名者需将材料上传半岛网，由半岛网递交活动组委会。

本报欢迎山东各个地区的社会各界积极推荐各种符合慈孝要求的人物和事迹，报名时间从7月8日起，截止到7月30日。本报收到报名材料后，将

和半岛网对所推荐的感动人物进行采访报道,并根据情况,选择推荐给活动组委会。半岛都市报报道

9. 新民晚报：首届中华慈孝节征慈孝故事

据新华社电将于2009年10月26日在浙江宁波举行的我国首届"中华慈孝节",开始面向全国及海内外征集十大慈孝故事（人物）。

征集的慈孝故事将通过组委会及专家的初复选后,将在电视、网络、报刊等媒体公示,接受网友、读者的投票,根据票数选出当代最感人的十大慈孝故事（人物）,并在10月26日举行的颁奖晚会中对故事主人公进行表彰。（王茜李菲）

10. 今晚报：树立尊老孝亲文明孝道　寻找当代慈孝故事

本报讯（记者刘杰）作为中华慈孝节重点活动之一的"寻找当代中华最感人十大慈孝故事（人物）公益活动"日前全面启动,面向全国及海内外征集慈孝故事。此次活动由中国民间文艺家协会、中国伦理学会联合中华慈孝之乡宁波江北主办,通过寻找典型的慈孝故事,引导天下的父母正确地教育子女,倡导全社会树立尊老孝亲的现代文明孝道观和良好社会风尚。

主办方还公布了此次慈孝故事征集主人公的评选标准：故事主人公思想道德高尚、爱国爱岗敬业、对社会有突出贡献、故事感人,具有典型代表意义、具有大爱大孝精神、有利于家庭关系的和睦、社会的稳定发展、和谐社会的构建和民族精神的培育。

征集的慈孝故事通过组委会及专家的初选复选及在电视、网络、报刊等媒体公示,接受网友、读者的投票,根据票数多少选出当代最感人的十大慈孝故事（人物）,并在10月26日（重阳节）宁波江北举行的颁奖晚会中揭晓并对故事主人公进行表彰。

11. 海峡都市报：孝心是一种美丽

本报（栏目主持李帅林丹、毛朝青　实习生宗琳）"寻找福建最感人的十大慈孝故事"活动启动以来，就不断有读者向本报推荐身边的慈孝故事。这些家庭都不算富裕，儿孙们工作繁忙，却不忘用自己独有的方式回报父母的养育之恩。

由中国民间文艺家协会、中国伦理学会等联合主办的首届"中华慈孝节"将在10月举行，其中重点环节"寻找当代中华最感人十大慈孝故事（人物）公益活动"已全面启动，面向海内外征集慈孝故事。

海都网（www.hdzxw.com）作为福建地区唯一推荐单位，负责整个福建地区的征集、推荐工作，福建地区的所有报名者需将材料上传至海都网，由海都网递交给活动组委会。入围者选送"中华慈孝节"，并获得万元奖金。广大读者也可登录海都网（www.hdzxw.com）为他们投票。

中华慈孝故事之1

一位国家二级演员，著名歌手，却抽出许多时间陪爸爸吹拉弹唱，他说，孝道里面，"顺"这一条很重要。

孝顺秘诀：投其所好

"唉，您该吃这个，您该练那个……您都这么大岁数了，我都是为了您好啊！"这都是一些儿女挂在嘴边的话，他们经常不顾老人的感受、兴趣、爱好，凡事都要替老人作主，惹得老人不高兴。许有年老人的三个儿子却不是这样，而是想方设法支持爸爸的文艺爱好，用三儿子许振旗的话说："这就是'投其所好'。"结果老人每天吹拉弹唱，动不动出去旅游，真是老有所乐，邻居、朋友都说：这才是把"孝顺"两个字琢磨透了。

昨天下午，在福州市凤凰新村里，一户普通人家里发出了打节拍的声音，"啪，啪，啪……"三儿子许振旗打节拍的声音和谐而轻缓，74岁的许依伯正在演奏葫芦丝，悠扬清脆。节拍声伴着乐声，而且融合得恰到好处。许振旗坐在爸爸的身旁，看着爸爸演奏葫芦丝时认真的神情，微笑着告诉主持人，老人从年轻时就开始热爱文艺，唱歌、唱闽剧、唱京剧、拉二胡、吹笛子，到了退休以后更是酷爱。

许振旗现在是国家二级演员，获得过东南电视台《银河之星大擂台》首届"东南歌王"的称号。许振旗说，自己从小就受父亲的影响，喜欢艺术。

许依伯常和一些老朋友在一起唱歌、唱戏，有机会还参加一些自娱自乐的演出，现在有一个自己的"文艺圈"。许振旗常给爸爸钱，用于买乐器、剧场门票、演出服等，他说："我出的钱少，我的两个哥哥，还安排旅行社，尽力满足老人的心愿，让他去全国旅游。"许依伯伸出两个手指说："还有两个地方准备去玩一玩，台湾和西藏……"看到许依伯每天活得有滋味，邻居们也羡慕。

音乐人游先生是许振旗的朋友，他对这家人的孝顺家风很有感慨，他说，现在都说孝顺，可见在孝道里面，"顺"这一条是很重要的。像他们家这样，顺着老人的心意，让老人做自己想做的事情，不仅老人家能够老有所乐，还让家庭生活更加和谐愉快了。

中华慈孝故事之2

一个儿子开大排档，一个儿子开出租车，起早贪黑忙着干活，辛苦钱都成了老妈的旅费让80岁老妈畅游四方。

"爸爸、妈妈，你们两老好好看着家，我们带孩子去旅游了！"现在好多老年人都会听到儿子、儿媳这样的告别，老人都是眼巴巴地看着儿孙背着旅行包去游山玩水。可是在80岁的施依菊家里，正好反过来，老人家到处旅游，6个儿女起早贪黑忙着干活，赚来的钱供老妈畅游全国。

昨天晚间，在白马路南禅山公交站附近的居民区里，主持人见到了施依姆，她虽说是白发苍苍，却是红光满面。她说，这是她走南闯北带来的好处。最近，她又要去厦门旅游了，算是去避暑。小儿子翁金祥赶来给老人送行，帮忙打点行装。

施依姆去过的地方还真不少，省内几乎跑了个遍，武夷山去过好几次。大江南北也去过不少地方，她很引以为傲的是自己曾经去过北方，还见到大雪。2004年的时候还去了北京，看过香山的红叶，老人还把她在天安门前拍的照片展示给主持人看。施依姆说，她现在最想去的地方，就是台湾。

今年47岁的翁金祥是开大排档的，他每一天都要工作到凌晨4点，工作很忙、很辛苦，钱赚得很不容易。跟施依姆的走南闯北比起来，翁金祥可以说几乎没有出去旅游过，最远的也只去过武夷山，他说主要是因为工作太忙，没有时间。

翁金祥说，他有一个哥哥，名字叫翁金木，是一位出租车司机，每天是"一脚油门，一脚刹车"地讨生活，他也常常会给老人提供资金。

翁金祥说："我知道有一句俗话叫做：子欲养而亲不待。老人家今年都80岁了，现在再不多尽点孝心，到时候就后悔莫及了。"所以他现在都会尽量满足老人家的心愿，觉得只要母亲能够开心就好，自己再辛苦也没有关系。

主持人在施依姆家采访时，正好赶上她的弟弟施先生来看望老姐姐，他说："我的老姐姐真是好福气呀！"

中华慈孝故事之3

老爹长期服侍百岁奶奶，现在他无微不至服侍老爹，儿子们也像他一样孝敬老人，邻居们都说这一家有"孝顺基因"。

"孝顺的家风不是天上掉下来的，不是地里长出来的，而是一辈人一辈人传下来的。"昨天晚上，40岁的施光伟正在给73岁的爸爸施良进按摩、捏肩膀。他说，在孝道这个方面，父亲是他最好的榜样，因为奶奶活到100岁，爸爸和姑姑、叔伯们都无微不至地照顾老人家，不嫌脏，不怕累，直到奶奶去世。作为晚辈，他是看在眼里，刻在心里，身教重于言教啊！施良进家在台江区交通路牡丹园小区，一家三代五口人都住在一栋60

平方米的房子里。身高1.86米的施光伟回到家，总是先俯下身来，问问坐在沙发上的爸爸有没有吃过晚饭……此时，施光伟已经疲惫不堪，他2000年下岗后，当上了个体货车司机，每天都在忙碌奔波。

施良进满头白发，一边催儿子歇一歇，一边告诉主持人："儿子四十岁了，上有老、下有小，忙里忙外，很不容易。他非常孝顺，我和老伴爱吃什么，他都记在心里，天天下班都会买回来。儿子还能烧一手好菜，白天握方向盘，晚上回家还要做饭端菜盘。还有，我儿子捶背、捏肩膀的按摩功夫可是一流的，晚上回来，他都要按一按我这把老骨头。"施良进说，别人花钱让人按摩，可是他们不知道，自己的儿子按起来，才知轻知重，而且"有儿子按摩，睡得特别甜"。

施光伟告诉主持人，他这一手按摩的功夫也是跟爸爸学的，可是，他跟爸爸学来的又岂止是一手按摩的技巧，他学到的更是一片孝心。

他无法忘记，奶奶90多岁时，腿脚还不错，时常拄着拐杖在社区绿地转上几圈，爸爸和叔叔必定陪护左右。

当奶奶想上台阶时，爸爸和叔叔们立马扶住她的腰。有时候老人一高兴，还会上社区体育器械运动两把，那时他们就会张开两手跟在后面。奶奶在伏天时生病在床，爸爸会给老人按摩，几位父辈给老人洗澡、擦身、换衣，避免让老人生褥疮……这些温暖的细节都永远地烙印在施光伟的心坎上。

去年10月，施光伟百岁的奶奶去世了，但孝顺的家风却由施家的子孙们继承并延续下去。施光伟家几位父辈孝顺的感人事迹，邻居们有目共睹。大家平时开玩笑说："这一家有孝顺的基因！"施良进说，他有三个儿子，一个比一个孝顺，现在孙子、孙女渐渐长大，他们对爷爷、奶奶、爸爸、妈妈也非常好。

中华慈孝故事之4

老妈大半辈子助人为乐，扶危济困，深得乡邻的敬重儿子写诗献给"偶像妈妈"。

"好人一定会有好报，年轻的时候多做善事，老了就会有孝顺的儿女……"在福州市仓山区仓山镇霞湖村，村民们提到黄爱金老人都会这样说，因为她的儿子张敬兴特别孝顺。昨天下午，主持人看到了黄依姆和她的儿子，张敬兴先生透露了一个"隐私"，近几年，他每到母亲节，都会给妈妈写诗歌，读给妈妈听。

"慈母手中线，游子身上衣。临行密密缝，意恐迟迟归。谁言寸草心，报得三春晖。"千百年来，歌颂母亲的诗歌都是最能打动人心的，张先生在诗歌中这样写道。

年已79岁的黄依姆耳不聋、眼不花，还经营着一个食杂店。黄依姆还是一个心灵手巧的人，她从小喜欢剪纸，当着主持人的面，她轻轻松松就能剪出一个红色的双喜字。张先生说，从小到大，觉得妈妈是他做人的楷模，就拿这红色的喜字来说，多少年来，村里每次有人结婚，妈妈都会剪喜字送过去。这还不算，她还帮忙接新娘、下厨房，忙里忙外不停手。

黄依姆年轻的时候，做的好事就更多了，谁家婆媳不和，小两口吵架，她总会去劝一劝，村里人都说她是"和事佬"。村里人对她印象最深的是，黄依姆最爱扶危济困。

20多年前，村里面有一位老阿婆，无儿无女，晚年一个人居住，日子过得清苦孤独。

每到逢年过节，黄依姆都会做好粽子、年糕，给老阿婆送过去，年年如此，直到老阿婆去世。

用现在时髦的话来说，妈妈是张先生的"偶像"，张先生就是妈妈的"粉丝"，所以写诗给妈妈也是言由心生。黄依姆说，儿子对她一片孝心，比如说，她喜欢吃水果，儿子就会买来好多。不过难得的还是儿子的这些诗歌，她说，现在人有钱了，可以给父母吃好的，穿好的，可是那些老人，可曾听到过儿子写给自己的诗歌？自己虽然也不完全明白儿子写的诗里面的字句，但是儿子有这个心意，还是让自己很开心。

12. 杭州都市报：我国首届中华慈孝节 将征集十大慈孝故事

将于2009年10月26日在宁波举行的我国首届"中华慈孝节"，开始面向全国及海内外征集慈孝故事（人物）。

征集的慈孝故事将通过组委会及专家的初复选后，在电视、网络、报刊等媒体公示，接受网友、读者的投票，根据票数选出当代最感人的十大慈孝故事（人物），并在10月26日举行的颁奖晚会中对故事主人公进行表彰。

13. 山西晚报：本报征集当代十大感人慈孝故事

本报7月17日讯 从今日起，山西省寻找当代最感人的十大慈孝故事活动正式启动。10月26日是传统的九九重阳，中华慈孝节组委会将对入围的慈孝故事主人公进行表彰。

宁波江北区是全国首个"慈孝文化之乡"，为进一步传承和弘扬慈孝文化，树立新时期的父慈子孝观，本报联手江北区政府、中国文联民间文艺家协会、中国伦理学会及有关单位举办"首届中华慈孝节"，寻找当代中华最感人十大慈孝故事（人物）。

本次征集到的慈孝故事，通过组委会及专家初选复选后将通过电视、网络、报刊进行公示，接受网友、读者的投票，根据票数多少，最终选出当代最感人的十大慈孝故事。

发生在您身上或身边的慈孝故事，可通过http:/news.qq.com/zt/2009/cxgs/专题提交，或者发送电子邮件至cixiao2008@126.com邮箱，也可拨打本报新闻热线0351—4286666报名。

14. 昆明日报：中华慈孝节征集慈孝故事

本报讯（记者刘波报道）为进一步传承和弘扬慈孝文化、树立新时期的父慈子孝观，由中国民间文艺家协会、中国伦理学会和中华慈孝之乡宁波江北联合主办的"寻找当代中华最感人十大慈孝故事（人物）公益活动"，开始面向海内外华人征集慈孝故事。

据了解，首届"中华慈孝节"将于10月26日在宁波举行。活动内容包括寻找当代中华最感人的十大慈孝故事公益活动、中华慈孝节开幕式和颁奖晚会、中华慈孝论坛、慈城文化旅游推介活动和中国首届手工DIY产业博览会等5项，还包括企业慈孝文化、慈孝文艺巡回展演等近10项系列活动。

作为首届"中华慈孝节"的活动之一，寻找当代中华最感人十大慈孝故事（人物）公益活动，旨在通过寻找典型的慈孝故事（人物），引导父母正确教育子女，倡导全社会树立尊老孝亲的现代文明孝道观和良好社会风尚，促进家庭和睦、社会和谐。本次活动分为五个阶段：慈孝故事征集、征集故事初选、候选故事专题片拍摄、公示和公布阶段。10月26日（重阳节），组委会将在宁波江北区举办首届中华慈孝节开幕式及晚会，晚会将揭晓当代最感人的十大慈孝故事，并对故事主人公进行表彰。

参加此次慈孝故事征集的主人公要求：思想道德高尚；爱国爱岗敬业，对社会有突出贡献；故事感人，具有典型代表意义；具有大爱大孝精神，有利于家庭关系的和睦、社会的稳定发展、和谐社会的构建和民族精神的培育。有意参选的市民可到提交到腾讯活动专题页面http://news.qq.com/zt/2009/cxgs/或发送电子邮件至cixiao2008@126.com。

15. 郑州晚报：我国首届中华慈孝节将征集十大慈孝故事

记者日前从中国伦理学会获悉，将于2009年10月26日在浙江宁波举行的我国首届"中华慈孝节"，开始面向全国及海内外征集十大慈孝故事（人物）。作为中华慈孝节重点活动之一，"寻找当代中华最感人十大慈孝故事（人物）公益活动"，将面向全国及海内外征集慈孝故事，希望通过寻找典型的慈孝故事，引导天下的父母正确教育子女，倡导全社会树立尊老孝亲的现代文明孝道观和良好社会风尚。征集的慈孝故事将通过组委会及专家的初复选后,将在各媒体公示,接受网友、读者的投票,根据票数选出当代最感人的十大慈孝故事(人物),并在10月26日表彰。据新华社电

16. 南宁晚报:寻找身边的慈孝故事

您身上或身边有令人感动的慈孝故事吗?寻找当代中华最感人十大慈孝故事(人物)公益活动组委会正面向全国及海内外征集慈孝故事(人物)。今日起,南宁新闻网、南宁晚报将联合腾讯网、中国文联民间文艺家协会、中国伦理学会、宁波市江北区政府与您一起寻找中华最感人的十大慈孝故事。

"母亲的健在,就是我最大的幸福。"这是南宁市新竹小区57岁的潘国坤一句朴实的话。2008年1月潘国坤以全票通过荣获"第四届广西十大孝心人物"称号。他多年如一日地照顾多病的老母亲,不离不弃。为此,他放弃了自己的小生意,牺牲了自己的小幸福,至今未婚。在广西,在南宁,还会有更多的不同身份的慈孝人物以不同的慈孝理念、不同的慈孝方式在共同诠释"老吾老以及人之老,幼吾幼以及人之幼"这个中华民族最古老也最瑰丽的慈孝精神。如果您是或您身边有这样的人物:思想道德高尚;爱国爱岗敬业,对社会有突出贡献;故事感人,具有典型代表意义;具有大爱大孝精神,有利于家庭关系的和睦、社会的稳定发展、和谐社会的构建和民族精神,我们热切期待您的加入。

此次活动是中华慈孝节的重要活动之一,通过寻找典型的慈孝故事(人物),引导天下的父母正确的教育子女,倡导全社会树立尊老孝亲的现代文明孝道观和良好社会风尚,促进家庭和睦、社会和谐。

活动已于6月20全面展开,南宁新闻网与腾讯网已开通专题链接,请您在7月30日前,登陆南宁新闻网http://www.nnnews.net进入《寻找身边的慈孝故事》专题参与评选。同时也可直接向晚报投稿,优秀文章将会在晚报刊发。(记者陆丹丹)

17. 德州日报：首届中华慈孝节将举办开始征集十大慈孝故事

据新华社北京7月7日电 记者日前从中国伦理学会获悉，将于2009年10月26日在浙江宁波举行的我国首届"中华慈孝节"，开始面向全国及海内外征集十大慈孝故事（人物）。

为进一步树立孝亲敬老的高尚道德情操，中国文联民间文艺家协会、中国伦理学会、宁波江北区政府等部门联合举办了首届"中华慈孝节"。作为中华慈孝节重点活动之一，"寻找当代中华最感人十大慈孝故事（人物）公益活动"，将面向全国及海内外征集慈孝故事。

18. 大连日报：中国征集最感人的十大慈孝故事

我国首届中华慈孝节将征集十大慈孝故事。希望通过寻找典型的慈孝故事，引导天下的父母正确教育子女，倡导全社会树立尊老孝亲的现代文明孝道观和良好社会风尚。

日前从中国伦理学会获悉，将于2009年10月26日在浙江宁波举行的我国首届"中华慈孝节"，开始面向全国及海内外征集十大慈孝故事（人物）。

19. 老年时报：征集当代最感人慈孝故事启动

本报讯（记者葛登扬）由中国文联民间文艺家协会、中国伦理学会等举办的"寻找当代中华最感人十大慈孝故事（人物）公益活动"日前启动，面向全国及海外征集慈孝故事。

发生在您身上或者身边的慈孝故事可通过http://news.qq.com/zt/2009/cxgs/专题提交，或者发送电子邮件至cixiao2008@126.com邮箱。

20. 保定日报：首届中华慈孝节将征集十大慈孝故事

本报7月12日讯　记者日前从中国伦理学会获悉，2009年10月26日浙江宁波将举行的我国首届"中华慈孝节"，开始面向全国及海内外征集十大慈孝故事（人物）。

父慈子孝，是中华慈孝文化源远流长的见证。本次活动的主办单位为中国文联民间文艺家协会、中国伦理学会、宁波江北区政府等部门。

作为中华慈孝节重点活动之一，"寻找当代中华最感人十大慈孝故事（人物）公益活动"，会面向全国及海内外征集慈孝故事，希望通过寻找典型的慈孝故事，引导天下的父母正确教育子女，倡导全社会树立尊老孝亲的现代文明孝道观和良好社会风尚。

征集的慈孝故事通过组委会及专家的初复选后，将在电视、网络、报刊等媒体公示，接受网友、读者的投票，根据票数选出当代最感人的十大慈孝故事（人物），并在10月26日举行的颁奖晚会中对故事主人公进行表彰。

21. 焦作日报：我国首届中华慈孝节 将征集十大慈孝故事

焦作日报7月9日讯，据新华社北京7月7日电（记者王茜、李菲）记者日前从中国伦理学会获悉，将于2009年10月26日在浙江宁波举行的我国首届中华慈孝节，开始面向全国及海内外征集十大慈孝故事（人物）。

父慈子孝，是中华慈孝文化源远流长的见证。而当今社会中，虐老、弃老、不赡养老人以及由于父母不能正确地教育子女导致孩子能力低下、人格扭曲的现象时有发生。为进一步树立孝亲敬老的高尚道德情操，中国文联民间文艺家协会、中国伦理学会、宁波江北区政府等将联合举办首届中华慈孝节。

作为中华慈孝节重点活动之一，寻找当代中华最感人十大慈孝故事

（人物）公益活动，将面向全国及海内外征集慈孝故事，希望通过寻找典型的慈孝故事，引导天下的父母正确教育子女，倡导全社会树立尊老孝亲的现代文明孝道观和良好社会风尚。

据介绍，参加此次慈孝故事征集的主人公须思想道德高尚；爱国爱岗敬业，对社会有突出贡献；故事感人，具有典型代表意义；具有大爱大孝精神，有利于家庭关系的和睦、社会的稳定发展、和谐社会的构建和民族精神的培育。

征集的慈孝故事将通过组委会及专家的初选、复选后，在电视、网络、报刊等媒体公示，接受网友、读者的投票，根据票数选出当代最感人的十大慈孝故事（人物），并在10月26日举行的颁奖晚会中对故事主人公进行表彰。

22. 来宾日报：我国首届慈孝节征集十大慈孝故事

据新华社北京7月7日电 将于2009年10月26日在浙江宁波举行的我国首届"中华慈孝节"，开始面向全国及海内外征集十大慈孝故事（人物）。

父慈子孝，是中华慈孝文化源远流长的见证。作为中华慈孝节重点活动之一，寻找当代中华最感人十大慈孝故事（人物）公益活动"，将面向全国及海内外征集慈孝故事，希望通过寻找典型的慈孝故事，引导天下的父母正确教育子女，倡导全社会树立尊老孝亲的现代文明孝道观和良好社会风尚。

征集的慈孝故事将通过组委会及专家的初复选后，将在电视、网络、报刊等媒体公示，接受网友、读者的投票，根据票数选出当代最感人的十大慈孝故事（人物），并在10月26日举行的颁奖晚会中对故事主人公进行表彰。

23. 钦州晚报：首届中华慈孝节将征集十大慈孝故事

新华社北京7月7日电 记者日前从中国伦理学会获悉，将于2009年10月26日在浙江宁波举行的我国首届"中华慈孝节"，开始面向全国及海内外征集十大慈孝故事（人物）。

父慈子孝，是中华慈孝文化源远流长的见证。而当今社会中，虐老、弃老、不赡养老人以及由于父母不能正确地教育子女导致孩子能力低下、人格扭曲的现象时有发生。为进一步树立孝亲敬老的高尚道德情操，中国文联民间文艺家协会、中国伦理学会、宁波江北区政府等部门联合举办了首届"中华慈孝节"。

作为中华慈孝节重点活动之一，"寻找当代中华最感人十大慈孝故事（人物）公益活动"，将面向全国及海内外征集慈孝故事，希望通过寻找典型的慈孝故事，引导天下的父母正确教育子女，倡导全社会树立尊老孝亲的现代文明孝道观和良好社会风尚。

据介绍，参加此次慈孝故事征集的主人公需思想道德高尚；爱国爱岗敬业，对社会有突出贡献；故事感人，具有典型代表意义；具有大爱大孝精神，有利于家庭关系的和睦、社会的稳定发展、和谐社会的构建和民族精神的培育。

征集的慈孝故事将通过组委会及专家的初复选后，将在电视、网络、报刊等媒体公示，接受网友、读者的投票，根据票数选出当代最感人的十大慈孝故事（人物），并在10月26日举行的颁奖晚会中对故事主人公进行表彰。

24. 榆林日报：我国首届中华慈孝节将征集十大慈孝故事

记者日前从中国伦理学会获悉，将于2009年10月26日在浙江宁波举行的我国首届 "中华慈孝节"，开始面向全国及海内外征集十大慈孝故事

（人物）。

作为中华慈孝节重点活动之一，"寻找当代中华最感人十大慈孝故事（人物）公益活动"，将面向全国及海内外征集慈孝故事，希望通过寻找典型的慈孝故事，引导天下的父母正确教育子女，倡导全社会树立尊老孝亲的现代文明孝道观和良好社会风尚。

据介绍，参加此次慈孝故事征集的主人公需思想道德高尚；爱国爱岗敬业，对社会有突出贡献；故事感人，具有典型代表意义；具有大爱大孝精神，有利于家庭关系的和睦、社会的稳定发展、和谐社会的构建和民族精神的培育。

25. 新华网：浙江：首届"中华慈孝节"将于重阳节在宁波举

新华网长三角频道5月28日消息：5月27日，慈城孔庙明伦堂，小学生们在朗读《三字经》。当天，中城小学第四届读书节闭幕式暨"亲近孔庙，感受传统"读书游园活动在此展开，让大家在读书中领略慈城经典，感悟慈孝文化。据悉，首届"中华慈孝节"将于重阳节举行。

江北区昨在北京人民大会堂举行新闻发布会称首届"中华慈孝节"将于重阳节举行。"六一"开始向全国征集"当代中华最感人十大慈孝故事"。

26. 新华网：首届"慈孝节"将在宁波举办评选十大感人故事

新华网北京7月7日电（记者 王茜 李菲）记者日前从中国伦理学会获悉，将于2009年10月26日在浙江宁波举行的我国首届"中华慈孝节"，开始面向全国及海内外征集十大慈孝故事（人物）。

父慈子孝，是中华慈孝文化源远流长的见证。而当今社会中，虐老、弃老、不赡养老人以及由于父母不能正确地教育子女导致孩子能力低下、人格扭曲的现象时有发生。为进一步树立孝亲敬老的高尚道德情操，中国文联民间文艺家协会、中国伦理学会、宁波江北区政府等部门联合举办了首届"中华慈孝节"。

作为中华慈孝节重点活动之一，"寻找当代中华最感人十大慈孝故事（人物）公益活动"，将面向全国及海内外征集慈孝故事，希望通过寻找典型的慈孝故事，引导天下的父母正确教育子女，倡导全社会树立尊老孝亲的现代文明孝道观和良好社会风尚。

据介绍，参加此次慈孝故事征集的主人公需思想道德高尚；爱国爱岗敬业，对社会有突出贡献；故事感人，具有典型代表意义；具有大爱大孝精神，有利于家庭关系的和睦、社会的稳定发展、和谐社会的构建和民族精神的培育。

征集的慈孝故事将通过组委会及专家的初复选后，将在电视、网络、报刊等媒体公示，接受网友、读者的投票，根据票数选出当代最感人的十大慈孝故事（人物），并在10月26日举行的颁奖晚会中对故事主人公进行表彰。

27. 人民网：中国伦理学会会长陈瑛：建议设立"中华慈孝日"

近日，在中国文联民间文艺家协会、中国伦理学会、中共宁波市江北区委、江北区人民政府、宁波市城投公司联合举办的首届"中华慈孝节"北京新闻发布会上，著名伦理学家、中国伦理学会会长陈瑛就设立"中华慈孝日"发出倡议。

陈瑛说，慈孝的"孝"强调的是晚辈对长辈的尊重和孝顺，"慈"强调的是长辈对晚辈的慈善和爱护，慈孝就是要使家庭乃至整个社会长幼、上下之间和睦相处。慈孝乃是人类最美好的情感，慈孝文化是人类最基本、最淳朴、最持久的"人性和谐"平台，它作为中华文化的重要组成部分，在中华民族的生存和繁衍过程中发挥了重要作用，已成为凝聚海内外炎黄子孙的一根心灵纽带。弘扬中华民族的慈孝文化，对于增强中华文化的凝聚力和吸引力，提高中华文化的国际影响力，具有深远意义。

基于此，陈瑛建议，将每年的农历九月初九重阳节定为"中华慈孝日"——在这一天，可以让孩子享受父母的关爱，让父母感受子女的温暖，让祖国母亲倾听到全体中华儿女的祝福。而之所以将"中华慈孝日"定在农历九月初九，是因为在民俗观念中，"九九"与"久久"同音，包含有生命长久、健康长寿的寓意，代表着天下子女对长辈的一种良好祝愿，更是所有中华儿女对祖国母亲天长地久、国运昌隆、长治久安的美好祝福。（记者　肖国忠、通讯员　荣文库）

28. 人民网：寻找当代中华最感人的十大慈孝故事公益活动

寻找当代中华最感人十大慈孝故事（人物）公益活动在北京新闻发布会后正式拉开帷幕。从6月20日至7月30日，组委会将面向全国及海内外征集慈孝故事，通过组委会及专家的初选复选及网友、读者的投票，根据票数多少选出当代最感人的十大慈孝故事（人物），并在10月26日（重阳节）宁波江北举行的颁奖晚会中揭晓并对故事主人公进行表彰。

参加此次慈孝故事征集的主人公需：故事主人公思想道德高尚；爱国爱岗敬业，对社会有突出贡献；故事感人，具有典型代表意义；具有大爱大孝精神，有利于家庭关系的和睦、社会的稳定发展、和谐社会的构建和民族精神的培育。

此次活动是中华慈孝节的重要活动之一，由中国民间文艺家协会、中国伦理学会联合中华慈孝之乡宁波江北主办。通过寻找典型的慈孝故事（人物），引导天下的父母正确的教育子女，倡导全社会树立尊老孝亲的现代文明孝道观和良好社会风尚，促进家庭和睦、社会和谐。

发生在您身上或者身边的慈孝故事提交到http://news.qq.com/zt/2009/cxgs/腾讯网专题，或者发送电子邮件至cixiao2008@126.com邮箱。来源：人民网-社会频道

29. 凤凰网：首届"中华慈孝节"宁波举行

我国首届"中华慈孝节"将于2009年10月26日（重阳节）在宁波市江北区举行，届时将举办寻找当代中华最感人的十大慈孝故事、中华慈孝论坛、中国首届手工DIY产业博览会等系列经贸文化活动。

据介绍，此次活动以"弘扬慈孝文化，构建和谐社会"为主题，由中国文联民间文艺家协会、中国伦理学会、中共宁波市江北区委、宁波市江北区人民政府和宁波市城投公司主办。主要活动内容包括寻找当代中华最感人的十大慈孝故事公益活动、中华慈孝节开幕式和颁奖晚会、中华慈孝论坛、慈城文化旅游推介活动和中国首届手工DIY产业博览会等5项。此外，还将举行企业慈孝文化、慈孝文艺巡回展演、慈孝文化主题教育、网络征集活动及志愿者活动等近10项系列活动。

"慈孝文化是中华优秀传统文化的重要组成部分。传承和弘扬慈孝文化，对构建和谐社会，振兴中华民族具有深远的现实意义。"宁波市江北区相关负责人表示，希望可以通过举办节庆活动，有效助推慈城旅游、古县城的保护开发及以其为依托的DIY产业，推进经济健康平稳发展。同时，打响慈孝品牌，深入挖掘慈孝文化在当代社会中的价值，更好地推进社会主义精神文明建设和提高群众的文明素养。

据悉，宁波江北区是全国首个被中国文联、中国民间文艺家协会授予的"中国慈孝文化之乡"。地处宁波腹地，区域面积208平方公里，户籍人口23万，是宁波最大的中心城区。

30. 中国网：首届"中华慈孝节"将于10月26日在宁波举行

为弘扬慈孝文化，构建和谐社会，5月28日，宁波市江北区在北京人民大会堂举行发布会，向与会海内外媒体发布，首届"中华慈孝节"将于10月26日举行，届时将举办寻扎当代中华最感人的十大慈孝故事、中华慈孝论坛、中国首届手工DIY产业博览会等系列经贸文化活动。

江北地处宁波腹地，是宁波最大的中心城区，是一片兼具深厚历史文化底蕴和现代都市气息的土地。这个有着1200多年历史的古县城，与慈、孝渊源关系久远，汉代大儒董仲舒的六世孙董黯为病母汲水的故事传说就是江北"慈城"之名的来源。如今，慈城、慈江、慈湖这些以慈为首的地名，昭示着江北慈孝文化的深厚与久远。

2007年江北区向中国文联、中国民协提出申报"中国慈孝文化之乡"。经中国文联民间艺术家协会组织的"中国慈孝文化之乡"考察组实地考擦，去年一月，江北区被中国文联、中国民间艺术家协会授予"中国慈孝文化之乡"称号，成为全国首个获此称号的区（县、市）。

江北慈孝传统的深厚，在当代也得以薪火相传，遍地开花。入选"感动上海2007年度真情人物"的少年陈吉五年如一日背同学上学；居民励雪君冒险高龄怀孕，只为用脐血救治身患白血病的6岁儿子，母子情深，邻里相助，这样的故事在江北还有很多很多。

为进一步打响慈孝文化品牌，实现"文化搭台、经济唱戏"的目标，去年8月，江北提出要举办首届"中华慈孝节"。希望通过举办节庆活动，有效助推慈城旅游、古县城的保护开发及以其为依托的DIY产业，推进经济健康平稳发展。同时打响慈孝品牌，深入挖掘慈孝文化在当代社会中的价值。

据悉，首届中华慈孝节将于今年"九九重阳节"举行，由中国文联民间艺术协会、中国伦理学会、中共宁波市江北区委、宁波市江北区人民政府和宁波市城投公司主办。主要活动内容有寻找当代中华最感人的十大慈孝故事公益活动、中华慈孝节开幕式和颁奖晚会、中华慈孝论坛、慈城文化旅游推介活动和中国首届手工DIY产业博览会等5项，还包括企业慈孝文化、慈孝文艺巡回展演、慈孝文化主题教育、网络征集活动及志愿者活动、中华慈孝连环画创作、孝子挑水、慈孝家庭建设、慈城非物质文化遗产博物馆（冯骥才祖居）挂牌、中华慈孝馆挂牌等近十项活动。

31. 腾讯网：首届"中华慈孝节"将举行

记者27日从在京举行的"中华慈孝节"新闻发布会上了解到，我国首届"中华慈孝节"将于2009年10月26日（重阳节）在宁波市江北区举行，届时将举办寻找当代中华最感人的十大慈孝故事、中华慈孝论坛、中国首届手工DIY产业博览会等系列经贸文化活动。

据介绍，此次活动以"弘扬慈孝文化，构建和谐社会"为主题，由中国文联民间文艺家协会、中国伦理学会、中共宁波市江北区委、宁波市江北区人民政府和宁波市城投公司主办。主要活动内容包括寻找当代中华最感人的十大慈孝故事公益活动、中华慈孝节开幕式和颁奖晚会、中华慈孝论坛、慈城文化旅游推介活动和中国首届手工DIY产业博览会等5项。此外，还将举行企业慈孝文化、慈孝文艺巡回展演、慈孝文化主题教育、网络征集活动及志愿者活动等近10项系列活动。

32. 中新网：中国将举办慈孝节表彰感人的十大慈孝故事

5月27日电　旨在弘扬中华慈孝文化，促进和谐社会的构建，中国文联民间文艺家协会、中国伦理学会和宁波市江北区人民政府今天在北京人民大会堂举行新闻发布会宣布：首届中华慈孝节将于今年10月在宁波举行，届时将揭晓感人的十大慈孝故事，举办中华慈孝论坛等系列活动。

同时，中国伦理学会今天向社会发出将每年"九九"重阳节设定为中华慈孝日的倡议。

慈孝文化是中华优秀传统文化的重要组成部分，举办寻找感人的十大慈孝故事活动就是传承和弘扬慈孝文化的一项有力举措，主办方希望通过榜样的力量，引起全社会的共鸣，倡导全社会树立尊老孝亲的现代文明孝道观和良好社会风尚，为促进家庭和睦和社会和谐贡献力量。

该活动将广泛征集慈孝故事，通过新闻媒体发布信息，组织专家筛选确定20个感人慈孝故事并录制成为短片进行公示，通过公众投票选出十大慈孝故事，并今年重阳节期间举办首届中华慈孝节开幕式及晚会，揭晓十大慈孝故事，并对故事主人公进行表彰。

据悉，中华慈孝节活动还包括企业慈孝文化、慈孝文艺巡回展演、慈孝文化主题教育、志愿者活动、中华慈孝连环画创作、孝子挑水、慈孝家庭建设、慈城非物质文化遗产博物馆和中华慈孝馆挂牌等10项。

33. 组委会：全国三百余家网媒参与寻找十大慈孝故事

组委会讯　截止至7月30日下午17点，已经有300家网络新闻媒体参与"寻找当代中华最感人的十大慈孝故事"公益活动。自活动开展以来，得到社会各界的大力支持，特别是新闻媒体的支持，在得知此活动后，纷纷表示此次活动在当代社会的现实意义，慈孝文化是中华传统文化的精髓，父慈子孝、兄友弟恭，是中化文明的具体体现，特别是在中国进入老龄化社会后，养老问题成为一个亟待解决的社会问题，在社会养老体制不健全的现实情况下，家庭养老还是当今社会中主要的养老方式，特别是在农村。同时也是成本最低的一种养老方式。

在建国60周年之际，通过这样一个活动寻找身边的孝子慈母，树立更多的道德榜样，让我们更多的人有意识的去做一个有道德的人，品质高尚的人。为祖国的和谐进程从自身做起，为自己的行为自豪，为身在这样一个文明的、伟大的国家而自豪。

在此，中华慈孝节组委会全体工作人员感谢对此次活动给予支持的新闻媒体，感谢大力推荐慈孝故事（人物）的单位和个人，感谢为此次活动付出努力的所有人员！

二、公示阶段报道

1. 深圳特区报：我市居民事迹入围"当代中华十大慈孝故事"候选

本报讯（记者叶志卫）近日，从"中华慈孝节"组委会传来消息，我市居民倪烈水事迹入选"寻找当代中华最感人的十大慈孝故事"，并在目前的网络投票中名列第二。

"慈孝故事"征集由中国伦理学会、腾讯网、中央电视台等单位主办。经全国各省市推荐与网上上传，在腾讯网新闻频道上发布了1285件慈孝故事。经过专家评选，共评出胡兰、付维、倪烈水、萧金定等20人的候选慈孝故事事迹，于9月10日向全国公示。我市倪烈水的慈孝事迹入选，并在首轮网上投票中名列第二。10月5日，10个最感人的十大慈孝故事将评选产生。

据了解，倪烈水今年64岁，目前居住宝安。他是一名民间文艺家，几十年来，一直把传播、践行孝道文化当作自己生命的重要组成部分。在他的教育下，很多不孝之子都悔过自新；他收养帮助教育了20多位贫困少儿，大多成了公务员和企业家。在倪烈水的影响下，一批企业家成立了"爱心中华行孝文化促进会"；他还撰写出版了《劝孝歌》一书，向社会捐赠1.5万册，引起了热烈的社会反响。

2. 辽沈晚报：傻子"成20名中华十大慈孝故事（人物）候选人

本报推荐的感恩"傻子"曹伟近日成为由中国文联民间文艺家协会、中国伦理学会、浙江宁波市江北区人民政府联合腾讯网举办的"寻找当代中华最感人的十大慈孝故事大型公益活动"的全国20名中华十大慈孝故事（人物）候选人。（驻葫芦岛记者冯玉兴）

3. 城市晚报：我省农妇照顾疯婆婆的故事
入围"十大慈孝故事"候选事迹

本报讯 由中国伦理学会、中国民间文艺家协会、宁波江北区人民政府联合广西卫视、腾讯网等单位共同举办的"寻找当代中华最感人的十大慈孝故事（人物）"公益活动20个候选事迹产生，我省长春市奋进乡王春艳的故事：《农家少妇撑起疯婆婆生命的天》入围。

王春艳1998年结婚后一直照顾有残疾的公公和患老年痴呆症的婆婆，在丈夫不慎触电身亡后继续照顾两位老人。2005年再婚后，现任丈夫吕秀财和她一起担负起照顾残疾公公和疯婆婆的责任。记者李靖/报道

4. 宝安日报："十大慈孝故事"候选人倪烈水
计划再出书、开讲座、搞书画展要将忠孝文化推向海外

倪烈水老人孝行故事入选"十大慈孝故事"了！近段时间，新安街道海滨花园居民倪烈水成了远近闻名的新闻人物，不但邻居们纷纷谈论他的事迹，各大媒体也纷纷约访。"我现在最想做的是尽自己最大的努力进一步推广忠孝文化。"面对人们的肯定和赞赏，倪烈水老人觉得自己肩头上的责任更大了。

目前，倪烈水老人正通过三种方式，进一步倡导弘扬忠孝文化，他还通过自己编著的《劝孝歌》一书，致力于将忠孝仁义这一中国传统文化推广到全球。

事迹回顾：丢掉生意照顾老母

倪烈水现年64岁，出生于广东揭阳县一个小乡村。解放前，倪烈水的父亲常年在外贩卖牛羊，家里全靠母亲照料。倪烈水的母亲对儿女要求极严，她从来不许孩子们与人争执。一有空闲，她就会给孩子们讲古代的忠

孝节烈故事，母亲的言传身教，让倪烈水一生受用。

在母亲的影响下，倪家兄弟姐妹都十分孝顺。家里最好的东西，一定都会留给父母吃。上世纪六七十年代，商品实行配给制，为了给母亲缝制一件棉袄，倪家兄弟们全家都穿破衣服，把布票积攒起来给母亲。

由于常年劳累，倪烈水的母亲不到50岁就患上了严重的胃病，医院也无法治愈。倪烈水翻遍医书寻找偏方，后来终于在《千家妙方》中找到一偏方给母亲治疗，竟然得以痊愈。1997年6月，倪烈水在深圳做生意，年过九旬的母亲不幸病倒，他立即丢掉生意，赶回家里照顾母亲，一直到4个多月后，母亲病逝。

2001年，倪烈水的父亲也不幸生病，卧床4个多月。当时父亲病情严重，排不出便，胀得十分难受，有时一个晚上要上20多次厕所，倪烈水一次次服侍他，整夜都无法睡觉。50多岁的倪烈水一直呆在父亲床前5天5夜没有合眼。

几个儿子都热心慈善

倪烈水不但自己一生践行孝道，也经常教导子女要行孝道。目前，倪烈水的几个儿子，都开办了自己的公司，都热心行善助人。倪烈水的大儿子倪壁雄资助了多个贫困地区的孩子读书，他还与爱心企业家赵泽标等人一起，于2008年6月15日，发起成立了"爱心中华行孝文化促进会"，并在深圳市潮人海外经济促进会支持下在湖北革命老区黄梅县建成了两座希望小学，在四川内江建成了一座敬老福利院。倪壁雄还多次为汶川灾区捐款，还为广东各地区白内障患者捐款做复明手术。倪壁雄的两个弟弟也颇具爱心孝心，倪壁雄和倪壁卫两兄弟都是"壹基金"第一批加入的永久义工。

编撰《劝孝歌》 2000余本送海外

近几年，倪烈水从媒体的报道中发现，中华民族的传统文化精髓——孝文化，正逐渐被社会边缘化，于是他想编写一部劝人行孝的书，来倡导孝文化。

2007年，倪烈水开始编写《劝孝歌》，2008年8月正式出版发行。"作者一方面采用潮汕歌谣这种传统的劝孝形式撰写了几十首歌谣，另一方面又收集了古今中外许多孝贤、孝子、孝女的故事，连缀成篇，使之既富有民间地方色彩，又赋予了时代的内容，成为一本融古今、达人性的通俗读物。"倪烈水的老朋友、揭阳文化局退休干部徐光华评价说。

《劝孝歌》出版后，受到了社会各界的高度关注。倪烈水把它免费赠送给机关、学校、民间团体、慈善单位等等，希望更多的人来关注孝文化、践行孝道。有些人得知这一消息，通过各种方式向倪家求书。目前，《劝孝歌》第一版15000本只剩下最后几百本了。"不但国内很多人找我要书，还有很多海外侨胞也向我求书。新马泰的、越南的、柬埔寨的，还有海外刘、关、张、赵四大姓的侨胞，很多人都找我要过书，光送给海外侨胞的书就有2000多本了。"倪烈水说。

还要继续编著"劝孝"书籍

昨日，倪烈水老人告诉记者，他目前正在通过三种方式推广忠孝文化。

"首先，我还要继续编著倡导忠孝文化的书籍。"倪烈水老人说，在编著出版《劝孝歌》一书后，他现在正在编著一本关于慈孝文化、忠孝仁义等内容的书籍，内容比《劝孝歌》更加充实。同时，倪烈水还计划在学校、部队、机关开展有关慈孝文化的讲座，向人们传播忠孝文化。今年9月15日，深圳市冠华育才学校专门聘请倪烈水担任学校的德育校长，辅导孩子们学习忠孝仁义的传统文化。

此外，倪烈水还创作了40多幅以忠孝仁义为主题的书画作品，这其中有关于孝道的《二十四孝图》，也有关于忠义的《岳母刺字》，内容十分丰富。倪烈水准备在今年冬天到明年春天期间，在深圳各地举办"中华忠孝文化"专题书画展。

在近期由中国伦理学会、中国民间文艺家协会、宁波江北区人民政府、腾讯网、中央电视台、广西卫视共同主办的"寻找当代中华最感人的十大慈孝故事"公益活动中，倪烈水的孝行故事成功入选。

据了解,"寻找当代中华最感人的十大慈孝故事"公益活动初选结果已于2009年9月10日向全国公示。公示后,20个候选故事的电视专题片陆续播放,将通过观众、读者、网友的点击投票,结合评委意见,根据得票多少,将于2009年10月5日最终产生10个最感人的十大慈孝故事,并于2009年10月26日(重阳节)在宁波江北举办的颁奖晚会上揭晓。目前,倪烈水共有两个事迹入选,而且是惟一一位两个事迹都排名前10位以内的人,其中"潮汕人倪烈水编写《劝孝歌》劝人行孝"获得29433票,名列第二。"倪烈水:劝孝行善动人寰"获得14808票,名列第九。两个故事的得票总数为44241票,比第一名33315票还高出了10926票。(本报记者吴春华 贺斌文/图)

5. 牛城晚报:"本市老兵"
感人事迹成为"中华十大慈孝故事"候选故事

本报讯 用DV记录人间亲情、用身躯坚守抗洪一线、用意志救助汶川灾情,这就是牛城老兵救援突击队队长陈瑞明的故事。日前,这个故事成为"中国最感人十大慈孝"候选故事。

1996年邢台发生特大洪水,陈瑞明与民兵应急分队在洪水中连续奋战几个昼夜。2008年汶川地震发生以后,他通过互联网向战友们发出倡议,组成了"牛城抗震救灾老兵突击队",赶赴四川江油抢险救灾。

与此同时,他还是一名DV爱好者,真实记录社会生活,关注弱势群体及社会热点。这些感人至深的生活细节同时也感动着"中国最感人十大慈孝故事"的工作人员。

据悉,该活动是在中国文联、宁波市政府的支持下,由中国民间文艺家协会、中国伦理学会、宁波市江北区人民政府联合腾讯网举办的。目的在于进一步传承和弘扬慈孝文化,引导父母正确教育子女,倡导树立尊老孝亲的现代文明孝道观和良好社会风尚。(本报记者靳普)

6. 燕赵都市报：邢台陈瑞明
事迹入选"十大慈孝故事"候选名单

本报邢台电（记者卢玉辉）近日，由中国伦理学会、中国民间文艺家协会、宁波江北区人民政府联合中央电视台、广西卫视、腾讯网共同举办的"寻找当代中华最感人的十大慈孝故事（人物）"活动中，邢台退伍老兵陈瑞明的事迹进入"当代中华最感人的十大慈孝故事"20位候选名单。

陈瑞明出生于1971年，15岁参军，在战场上为国尽忠；在家为父母、为岳父岳母尽孝；在社会用DV纪录人间亲情、用身躯坚守抗洪一线、用意志救助汶川灾情；陈瑞明秉承父母遗训做一个好人，上孝国家，下孝父母，传播大爱，尽显一个退伍老兵的军人本色。

1990年陈瑞明退伍后，回到了故乡承德围场，看到满头白发的双亲都卧床病倒，母亲眼睛失明。陈瑞明拿出退伍费200多元钱把父亲送进医院、然后从战友那里借钱把妈妈送到最好的眼科医院治疗。在那些天里，陈瑞明每天就是一个馒头度日守在妈妈的病床前，喂药喂饭。陈瑞明的父母去世后，他把对父母的爱全部都给了岳父岳母，用一个儿子的孝心来关心爱护岳父岳母。与此同时，他还是一名DV爱好者，真实记录社会生活，关注弱势群体及社会热点。

2008年汶川地震发生以后，他通过互联网向战友们发出倡议，组成了"牛城抗震救灾老兵突击队"，77名战友赶赴四川江油抢险救灾，21天中救治伤病员800多人，搬运救灾物资1万多吨。

目前，20位候选人事迹正在广西卫视《让爱住我家》栏目、腾讯网进行公示，最终的十大慈孝故事（人物）于10月26日（重阳节）在宁波江北举办的颁奖晚会中揭晓。

7. 葫芦岛日报：曹伟成为十大慈孝故事（人物）候选人

本报讯 记者李响报道8月31日，中华慈孝节组委会派来广西电视台2名记者，来葫采访大家推荐的"寻找当代中华最感人的十大慈孝故事（人物）"候选人——我市连山区傻子粮油超市经理曹伟。

据介绍，寻找当代中华最感人的十大慈孝故事（人物）大型公益活动自今年6月启动以来，得到了全国各界的高度关注。

傻子粮油超市经理曹伟助人为乐、扶贫帮困的感人事迹本报多次进行了报道，在社会上引起反响。曹伟能成为候选人，是与他多年坚持扶贫帮困分不开的。

8. 新安晚报：安徽省孝媳妇候选慈孝人物

孝媳妇候选慈孝人物由中国伦理学会、中国民间文艺家协会等共同举办的"寻找当代中华最感人的十大慈孝故事（人物）"公益活动20个候选事迹日前正式产生。我省滁州天长市秦栏镇的胡兰入选，这也是我省惟一一个入围者。胡兰是我省第二届"十大孝星"之一，是当地有名的孝媳。1984年，胡兰和爱人结婚后，夫妻俩就一直和公婆同住一个院、同吃一锅饭。2002年初，她的婆婆被确诊为胃癌晚期，几个月后婆婆的病情刚稳定，公公又被确诊为食道癌晚期。胡兰放下手中工作，为二老跑天长、上扬州、去南京，四处求医问药。二位老人因病疼痛，睡不着，胡兰就坐在二老的床前，不时同他们说说谈谈，每天都为他们洗脸、洗脚、擦洗身子，按摩按摩。这样的生活，胡兰一直坚持到2005年上半年公婆相继安详地离开人世。胡兰还极尽"社会之孝"，不但出"路灯经费"让路灯亮起来，方便老人们出行，还积极解决老人生活困难，几年来先后救助了100多位老人，每月固定给这些老人发补贴。（本报记者　胡霞利）

9. 郑州晚报：最感人的十大慈孝故事20个候选事迹产生

由中国伦理学会、中国民间文艺家协会、宁波江北区人民政府联合广西卫视、腾讯网等单位共同举办的"寻找当代中华最感人的十大慈孝故事（人物）"公益活动20个候选事迹产生（排名不分先后）。

胡兰：从侍奉双亲到关爱社会，演绎"孝"字人生。

傅维：生活困苦，孝心换回幸福家庭。

萧金定：永不褪色的母爱，陪瘫痪长子走完48年人生路。

倪烈水：践行孝道，潮汕人倪烈水编写《劝孝歌》劝人行孝。

曹伟：爱润人间，"傻子"情，慈善孝心感天地。

赵锁仙：200万字日记追逐心灵律动，爱心传播育子人生。

史金凤：186个孩子共同的"爱心妈妈"。

王春来：一个警察12年照顾父母的动人情怀。

曹翠花：30年如一日播孝心。

陈瑞明：一个越战老兵的大孝情怀。

王春艳：农家少妇撑起疯婆婆生命的天。

蒋行远：22个少数民族孩子的"父亲"。

谢延信：大孝至爱，一诺至孝30载。

王三欢：六旬慈母捐肾救子，用生命挑战医学极限。

鞠爱彬：大孝无垠，把一切献给老人。

洪战辉：带妹妹上学，为亲人撑起一片天。

莫欣萌：既是智慧妈妈，也是智慧女儿。

林萍：无偿捐肝，跨越血缘的生命延续。

吴建平：母爱动天，唤醒植物人养女。

毛葆庆：大爱无声送光明，海峡两岸传爱心。

10. 西安日报：周至农妇史金凤入围"十大慈孝故事"候选人

本报讯 日前，"寻找当代中华最感人的十大慈孝故事（人物）"公益活动20个候选事迹产生，周至县农妇史金凤是西北五省区唯一入围者。今年55岁的史金凤，是周至县楼观镇塔峪村一位普通农家妇女。多年来，她收养了100多个聋哑智障儿童，为这些可怜的孩子建造了一个温暖的家。（寇健全）

11. 盐城大众报：曹翠花成为十大慈孝故事（人物）候选人

本报讯（肖兆力）日前，中华慈孝节组委会派来广西电视台记者，来建湖采访大家推荐的"寻找当代中华最感人的十大慈孝故事（人物）"候选人——近湖镇神台社区居民曹翠花。

据了解，由中国伦理学会、中国民间文艺家协会、宁波江北区人民政府联合广西卫视、腾讯网等单位共同举办的寻找当代中华最感人的十大慈孝故事（人物）大型公益活动，自今年6月启动以来，得到了全国各界的高度关注和网民的积极参与。

近湖镇神台社区居民曹翠花"30年如一日播孝心"的感人事迹，多家媒体进行了报道，她一诺千金25年，把一对孤儿兄妹抚养成人，直至大学毕业；17年内，她一共做了1856双布鞋底送给全县15个乡镇敬老院里的孤寡老人，在社会上引起强烈反响。曹翠花能成为候选人，是与她多年坚持做好事分不开的。截至9月21日，在腾讯网上公示的20个候选事迹中，曹翠花的网上投票数已达410000张之多，目前排名第二。

12. 孝感晚报：首届"中华慈孝节"将在宁波举行鞠爱彬候选当代最感人的十大慈孝故事人物

本报讯（记者祝伟通　讯员东海）我国首届"中华慈孝节"将于今年10月26日（重阳节）在宁波市江北区举行，记者昨悉，大孝无垠、把一切献给老人的云梦县民政局鞠爱彬入围当代中华最感人的十大慈孝故事20个候选事迹人物。8月底，"首届中华慈孝节——寻找当代中华最感人的十大慈孝故事大型公益活动"摄制组来云梦专程采访了鞠爱彬。

鞠爱彬出生在云梦，从小就是当地出了名的孝子。1978年3月，不满20岁的鞠爱彬应征入伍。只要能挤出时间，他总是为驻地老人劈柴担水、洗衣扫院，为生病在床的老人买菜做饭，送药喂汤。1999年7月，当了云梦县福利院院长的鞠爱彬，始终把敬老、养老放在自己的心坎上，2年多来，他每天工作10多个小时，几乎把全部的心血都倾注在老人们身上。

2006年，鞠爱彬从福利院调到云梦县民政局机关工作，他仍然一如既往在农村养老工作上兢兢业业贡献自己的力量，仍然心系老年人，关爱老年人。他时常利用工作之余到福利院看望老年人，参加一些敬老爱老活动。鞠爱彬说："尽心尽力，不图回报，照顾老人，关爱老年人，我只尽到了一个后辈应尽的责任。"

大孝无垠，鞠爱彬用自己的全部身心，谱写了新时期孝道的乐章，深受老年人和社会的好评，他也先后被评为孝感市十大孝子，湖北省首届荆楚十大敬老好儿女，全国首届"孝亲敬老"之星，在北京人民大会堂受到党和国家领导人接见。

13. 三秦都市报：周至"爱心妈妈"入围"十大慈孝故事"候选

本报讯（亚恒征产记者赵福生）由中国伦理学会、中国民间文艺协会等单位共同举办的"寻找当代中华最感人的十大慈孝故事（人物）"公益活动20个候选事迹产生，西安市周至县楼观镇塔峪村农妇史金凤的故事《186个孩子一个妈》是西北五省区唯一一位入围者。

今年55岁的史金凤本是一位普通的乡村医生，和丈夫经营着近10亩的猕猴桃果园，小日子过得相当舒心也非常平静。不曾想，只因18年前在寒风中抱回一名被父母抛弃路边的小生命之后就彻底改变了她的家庭和人生。多年来，她以博大无私的胸怀和常人难以想像的苦楚，收养了100多个聋哑智障儿童，为这些可怜的孩子建造了一个温暖的家，让他们走出无声的世界。她用自己柔弱的身躯撑起了一片爱的天空，用自己的爱心诠释了一个普通的中华母亲的伟大形象。

14. 钱江晚报：十大慈孝故事（人物）网络投票昨结束

昨天，记者从中华慈孝节组委会获悉，"寻找当代中华最感人的十大慈孝故事（人物）"公益活动的网络投票已于昨天结束，最终决出的当代中华最感人的十大慈孝故事（人物）名单，将于10月26日（农历九月初九重阳节）在宁波市江北区举行的首届中华慈孝节开幕式暨颁奖晚会中揭晓。

据了解，寻找当代中华最感人的十大慈孝故事（人物）公益活动作为首届中华慈孝节的重要活动之一，自6月初向海内外征集慈孝故事以来，共有北京、黑龙江、浙江、青海、西藏、海南及港澳台、美国等地群众向组委会推荐了1529个慈孝故事。该活动是迄今为止全世界华人圈范围内规模最大的一次慈孝故事征集活动。（本报通讯员 叶力 本报记者 段琼蕾）

15. 东南商报：首届中华慈孝节26日开幕

本报讯（记者林伟 通讯员叶力）记者从中华慈孝节组委会获悉，"寻找当代中华最感人的十大慈孝故事（人物）"公益活动的网络投票昨日结束。

10月26日（农历九月初九重阳节），十大慈孝故事（人物）将在江北区举行的首届中华慈孝节开幕式暨颁奖晚会中揭晓。

江北区作为全国首个"中国慈孝文化之乡"和"中国慈孝文化研究基地"，慈孝文化源远流长，慈孝资源底蕴深厚。江北区举办首届中华慈孝节，就是为了传承和弘扬中华民族传统优秀文化，推进和谐社会的构建。寻找当代中华最感人的十大慈孝故事（人物）公益活动作为首届中华慈孝节的重要活动之一，自6月初征集慈孝故事以来，组委会共收到海内外同胞推荐的1529个慈孝故事。

据了解，这也是迄今为止在全球华人圈范围内规模最大的一次慈孝故事征集活动。

目前，首届中华慈孝节各项筹备工作进展顺利。据透露，慈孝节的主要活动内容包括寻找当代中华最感人的十大慈孝故事（人物）公益活动、首届"中华慈孝节"开幕式暨颁奖晚会、中华慈孝论坛、慈城文化旅游推介系列活动和中国慈城——天工之城首届手工DIY产业博览会等5项主要活动。此外，还有企业慈孝文化、中华慈孝连环画、慈孝家庭建设、慈城非物质文化遗产博物馆奠基等近10项系列活动。

16. 陕西日报："爱心妈妈"史金凤入围全国十大慈孝候选

本报讯（记者秦骥　通讯员廉晓君）由中国伦理学会、中国民间文艺家协会等单位共同举办的寻找当代最感人的十大慈孝故事（人物）的公益活动中，周至县楼观镇塔峪村史金凤被评为候选人，成为西北五省区唯一一位入围者。

今年55岁的史金凤是周至县楼观镇塔峪村的一位普通农家妇女。史金凤从1991年收养了一名聋哑的弃婴开始，通过开办聋哑学校，十几年来，使近200名聋哑儿童重获新生，走向社会。目前，她家里还有来自陕西、河南、四川和山西四个省16个区县的116名聋哑孩子，她成了孩子们最亲爱的妈妈。

18年来,史金凤始终把聋哑孩子当成自己的亲生孩子,既当教师,又当保姆,积劳成疾。由于病情严重,医院为她实施了紧急手术,取下一个重达2.5公斤的肿瘤。长期的化疗,使史金凤的头发大量脱落,身体状况也远不如前。面对这些,史金凤表现得相当坦然。她说,这个学校,我一定要竭尽全力地办下去,就是我离开了这个世界,也要让儿媳们把这个学校坚持办下去!

17. 邢台牛城晚报:牛城老兵入围"十大慈孝故事"候选名单

本报讯 近日,由中国伦理学会、中国民间文艺家协会、宁波江北区人民政府联合中央电视台、广西卫视、腾讯网共同举办的"寻找当代中华最感人的十大慈孝故事(人物)"活动中,本市的退伍老兵陈瑞明的事迹进入20位候选名单。

1990年陈瑞明退伍后,回到了故乡承德围场,看到满头白发的双亲都卧床病倒,母亲眼睛失明。陈瑞明拿出退伍费把父亲送进医院,然后从战友那里借钱把妈妈送到最好的眼科医院治疗。在那些天里,陈瑞明每天就是一个馒头度日守在妈妈的病床前,喂药喂饭。陈瑞明的父母去世后,他来到邢台把对父母的爱全部都给了岳父岳母,用一个儿子的孝心来关心爱护岳父岳母。与此同时,他还是一名DV爱好者,真实记录社会生活,关注弱势群体及社会热点。

2008年汶川地震发生以后,他通过互联网向战友们发出倡议,组成了"牛城抗震救灾老兵突击队",77名战友赶赴四川江油抢险救灾,21天中救治伤病员800多人,搬运救灾物资1万多吨。目前,20位候选人事迹正在广西卫视《让爱住我家》栏目、腾讯网进行公示,最终的十大慈孝故事(人物)于10月26日(重阳节)在宁波江北举办的颁奖晚会中揭晓。(本报记者陈雷)

后 记

　　把"寻找当代中华最感人的十大慈孝故事"的活动20位候选人的故事编辑成书，不是我们心血来潮，主要是基于以下两点：一是近年来世界经济的全球化，导致世界文化的全球化，从而严重冲击着中国古老而又充满生机的传统文化。遗憾的是，近年来，博大精深的中国传统文化的精髓慈孝文化被许多年轻人疏远淡忘了，当代人特别是青少年迫切需要来弥补这一不可或缺的重要一课，在全社会形成尊老爱幼、互帮互助的社会氛围，这也是当前社会共建幸福家庭与和谐社会的重要前提之一；二是此次征集20位候选人的故事，从海内外800万人次的点击投票推选出来的，很有代表性，入选故事感人至深，催人泪下，与当前社会迫切需要身边能有一些鲜活生动具有典型性的慈孝事例的需求相吻合。有了这些撼动人灵魂的慈孝故事，这样人们才能深刻理解慈孝文化内涵与真谛，便于人们行善尽孝，让礼义之邦的中国人更文明，更具孝心。

　　我们在编写此书的过程中，得到了一些推荐单位与故事作者以及故事主人公的大力支持，使得20位候选人员故事能更全面、更感人、更精彩。

　　为了把此书赶在中华首届慈孝节"当代中华最感人的十大慈孝故事"颁奖晚会前出版，编辑人员经过半个多月的日夜奋战，在中国财政经济出版社副总编李乃君与张冬梅博士的大力支持下，使本书如期出版，在此我们深为感谢！由于编写时间仓促，错误难免，敬请广大读者，给予多多谅解！

编者
2009年10月20日晚